René Reichel / Eva Scala

Das ist Gestaltpädagogik

Ein Lehrbuch für die Praxis
Grundlagen, Impulse, Methoden, Praxisfelder, Ausbildungen

Ökotopia Verlag, Münster

René Reichel, Eva Scala

Das ist Gestaltpädagogik

Ein Lehrbuch für die Praxis
Grundlagen, Impulse, Methoden, Praxisfelder, Ausbildungen

2. Auflage: Februar 1999, 4.-5. Tsd.

Layout: René Reichel
Satz: Druckerei Müller, Thomas Weber
Titelblatt: Reinhold Rabenstein, Linz
Titelfoto: Gabriela Malin, Kaltenleutgeben
Zeichnungen und Grafiken: Reinhold Rabenstein,
René Reichel, Druckerei Müller, Moritz Wallmüller
Fotos: AutorInnen und SeminarteilnehmerInnen
Druck: Druckwerkstatt Hafen GmbH, Münster

Herausgeber: AGB - Arbeitsgemeinschaft für Gruppenberatung
c/o AGB-Shop
Waidhausenstraße 13
A-1140 Wien

CIP-Titelaufnahme der Deutschen Bibliothek

Reichel, René:
Das ist Gestaltpädagogik : ein Lehrbuch für die Praxis ; Grundlagen, Impulse, Methoden, Praxisfelder, Ausbildungen / René Reichel/Eva Scala, [Zeichn. und Grafiken: Reinhold Rabenstein. Hrsg.: AGB - Arbeitsgemeinschaft für Gruppenberatung]. - 2. Aufl. - Münster : Ökotopia Verl., 1999
ISBN 3-925169-99-7

NE: Scala, Eva:

Inhalt

Dr. Eva Scala

Geboren und aufgewachsen in Graz und verwachsen mit der Landschaft und Kultur der Steiermark. Als Mutter von zwei Kindern und zwei Stiefkindern war ich lange mit Familie und Betreuung beschäftigt, darüberhinaus aber immer schon an Gestaltung von menschlichen Beziehungen und der Veränderung der Umwelt interessiert. Das führte von einer politischen Ausrichtung in den 68er Jahren zur Psychokultur (Gestalttherapieausbildung und systemische Familientherapie) und zur Gestaltpädagogik (Mitbegründerin und Lehrtrainerin von 'Gestaltpädagogik Österreich').

Als Gymnasiallehrerin unzufrieden mit den Veränderungsmöglichkeiten der Regelschule gründete ich mit anderen Interessierten die 'Modellschule Graz' (1983), in der ein Team von Lehrern alles das zu verwirklichen suchte, was ihrer Vorstellung von sinnvollem Lernen entsprach. Nach zehn Jahren Aufbau und Konsolidierung der Schule wollte ich in anderen Feldern tätig werden und schied aus dem Staatsdienst aus.

Im Moment bin ich als Therapeutin und Supervisorin tätig und leite gestaltpädagogische Fortbildungen.
Eine wichtige Lebensleitlinie: "Dein Leben ist einmalig, drum mach das, was dir Freude macht, und Freude macht in jedem Fall, mit anderen gemeinsam zu arbeiten."

Am Silberberg 20, A-8074 Raaba bei Graz,
Tel.u.Fax: 0316-401615.

Dr. René Reichel

Geboren 1948, aufgewachsen in Deutschland und Österreich, verheiratet, drei Kinder. Meine vier beruflichen Füße - Psychotherapie, Gestaltpädagogik, Supervision und Unterricht - geben mir Abwechslung und zugleich Sicherheit.

Zwischen meinem früheren Interesse - Studium der Politikwissenschaft - und meinem späteren Interesse - Integrative Gestalttherapie - geht mein Interessenspendel hin und her. Der Zwischenraum wurde früher von langjähriger Tätigkeit in Kinder- und Jugendarbeit, dann von Spielpädagogik und Animation ausgefüllt.
Heute liegen Gestaltpädagogik, Supervision und Sozialarbeit in diesem Spannungsfeld.

Neben meiner freien Praxis als Psychotherapeut, Supervisor und Lehrtrainer unterrichte ich an der Akademie für Sozialarbeit in St.Pölten. Ich bin Mitbegründer der AGB, von "Gestaltpädagogik Österreich" und der "Österreichischen Vereinigung für Supervision - ÖVS" sowie Lehrbeauftragter am Fritz Perls Institut.

Ich liebe Zusammenarbeit, so auch bei der Erarbeitung von Büchern wie diesem.

Radlberger Hauptstr. 27, A-3105 St.Pölten,
Tel.u.Fax: 02742-363574.

Liebe Leserin, lieber Leser !

Natürlich kommen Sie auch ohne dieses Buch aus! Aber mit ihm macht's vielleicht mehr Spaß: das Erziehen, Unterrichten, Betreuen, Beraten, Fördern, ... Und:

- Vielleicht holen Sie sich hier die Bestätigung, die Ihnen von Ihren KollegInnen und Vorgesetzten zur Zeit verweigert wird.
- Vielleicht wollen Sie Ihre berufliche Identität weiterentwickeln.
- Vielleicht finden Sie hier die Rechtfertigung, die theoretische Begründung für das, was Sie schon längere Zeit versuchen oder praktizieren.
- Vielleicht finden Sie auch Gründe, warum manches bisher nicht so gut gegangen ist, wie Sie es erhofft haben.
- Vielleicht schenkt Ihnen dieses Buch die Erfahrung, wie viele andere KollegInnen auch schon über Ermutigung, Wertschätzung, Kreativität u.a. nachgedacht haben, und wie viele immer wieder Erfahrungen damit machen, manchmal unerfreuliche, manchmal erfreuliche, immer aber bemerkenswerte.
- Und vielleicht haben Sie noch so viel Energie, daß Sie auf neue Impulse, auf praktische Anregungen für Ihre Arbeit neugierig sind.

Wenn ein oder mehrere dieser "Vielleicht ..." für Sie zutreffen, dann wird Ihnen dieses Buch gefallen.

Vom Hl. Augustinus wird folgende Geschichte erzählt:
Er wandelte - versunken in tiefe Gedanken - am Strand, als er ein Kind sah. Als er näher kam, bemerkte er, daß das Kind Wasser in ein Eimerchen schüttete. "Was tust du da?" fragte er. "Ich will das Meer in mein Eimerchen füllen," antwortete das Kind. Der große Mann schüttelte lächelnd den Kopf; dann aber besann er sich und dachte: 'Bin ich nicht auch wie dieses Kind, wenn ich ein Buch über Gestaltpädagogik schreiben will?'

Wir betrachten und behandeln die pädagogische Wirklichkeit als großen Reichtum, der in seiner Fülle Schwieriges und Einfaches, Schmerzliches und Beglückendes, Mögliches und Unmögliches bietet.
Auf diesem Hintergrund ist es gewagt, ein einzelnes Buch "Das ist Gestaltpädagogik" zu nennen. Aber wir sind ohnehin der Meinung, daß "alles fließt", und daß daher nichts anderes als eine Momentaufnahme möglich ist. Für manche LeserInnen wird dieses Buch sehr viel Neues enthalten. Manche werden sagen: "Das ist was anderes, als ich bisher über Gestaltpädagogik gelesen habe." Manche mögen meinen: "Da fehlt ja diese oder jene Weiterentwicklung." Und manche sagen vielleicht: "Ach, das nennen die jetzt Gestaltpädagogik." Ja, es ist durchaus möglich, daß Sie Teile davon auch unter einem anderen Ausdruck kennen oder praktizieren.

Neben vielen praktischen Impulsen und Methoden enthält dieses Buch auch viel Theorie; allerdings:

- Wir bemühen uns um "illustre Theorie", das heißt, sie ist eingebettet in Anekdoten, szenische Beispiele, methodische Impulse, Metaphern, manchmal auch Gedichte, in Zeichnungen und Fotos. Das ist in der Gestaltpädagogik Literatur eine Premiere.

- Dort, wo uns Hintergrundinformation unverzichtbar schien, haben wir eine spezielle Kennzeichnung vorgesehen, die es Ihnen ermöglicht, Ihre Aufmerksamkeit speziell zu sammeln oder aber einfach drüberzuspringen, ohne den gedanklichen Zusammenhang zu verlieren.

Die Kennzeichnungen:

spezielle Theorie

Szenen
Situationen
Anekdoten

Impulse
Anregungen

Und nun zum wichtigen Ritual der Danksagungen:

Da sind einerseits die vielen TeilnehmerInnen unserer Seminare und Lehrgänge, durch deren Mut, Kritik, Experimentierfreude, Infragestellung und Lob wir diese Gestalt der Gestaltpädagogik (weiter)entwickelt haben. Manche haben auch direkt zu diesem Buch beigetragen.

Da sind andererseits einige unserer Förderer, sei es aus pädagogischer oder psychotherapeutischer Richtung, von denen wir vielfältig lernen konnten.

Und schließlich unsere KollegInnen - vor allem von "Gestaltpädagogik Österreich" und aus der AGB, in deren Reihe dieses Buch erscheint. Sie sind überall im Buch präsent. Nur durch diese Kollegialität konnte dieser Stil entwickelt werden.

Ein Buch ist ein Medium der Sprache ... und einiger Zeichnungen und Fotos. Wie jedes Medium ist auch die Sprache mehrdeutig und vorläufig. So sehr wir uns auch bemühen, jeden Satz genau zu formulieren, so gilt doch auch für dieses Konzept der berühmte Satz der Gestaltpsychologie: "Das Ganze ist mehr und etwas anderes als die Summe seiner Teile." Wir hoffen, daß aus dem Ganzen dieser Darstellung der Geist oder "die Atmosphäre" der Gestaltpädagogik spürbar wird.

René Reichel   Eva Scala

Kapitel 1

Begriffe
und ihre Geschichte

1.1. Das ist Gestaltpädagogik
1.2. Vorgeschichte(n)
Grafik "GP-Baum"

1.1. Das ist Gestaltpädagogik

Im unerschöpflichen Reichtum der pädagogischen Wirklichkeit ist der Ausgangspunkt jeder Betrachtung und jeden Handelns der Pädagoge selbst: als Mutter, als Lehrer, als Erzieherin, als Betreuer .... Ihr Selbstverständnis und Ihre Weiterentwicklung als Pädagogin und Pädagoge ist nach gestaltpädagogischer Auffassung die Grundlage für sinnvolle Arbeit mit den jeweils anvertrauten Menschen. Daher konzentriert sich Gestaltpädagogik besonders auf die Persönlichkeitsentwicklung der Pädagogen. Der wohlwollende und kritische Kontakt zu sich selbst begleitet alle weiteren gestaltpädagogischen Arbeitsschritte. Dieser Kontakt zu sich selbst gestaltet sich in der Bezogenheit zu anderen, zu Aufgaben und Zielen.

Davon ausgehend ist Gestaltpädagogik ein umfassendes Konzept ganzheitlicher Pädagogik, welches die persönlichkeitsfördernden Ansätze und Methoden verschiedener Konzepte humanistischer Psychologie und Pädagogik, der Gestalttherapie, des Psychodramas und der Gruppendynamik mit europäischen Traditionen der Reformpädagogik verbindet und integriert. Näheres dazu im anschließenden Kapitel "Vorgeschichte(n)".

Die wichtigsten didaktischen Prinzipien und Ziele sind:

- ❍ Wahrnehmung, Kontakt-, Begegnungs- und Beziehungsfähigkeit werden als Grundlage des Selbstbewußtseins gefördert.
- ❍ Ausdruck, Experimentierfreude und kreative Vielfalt werden ermöglicht und angeregt.
- ❍ Der Mensch wird als ganzheitlich lernendes Wesen aus Körper, Seele und Geist in seiner vielfältigen Bezogenheit ernst genommen und gefördert.
- ❍ Persönlich bedeutsames Lernen vollzieht sich in einer jeweils einmaligen Situation, im Kontext persönlicher und gemeinsamer Geschichte, die im Hier und Jetzt berücksichtigt und für das Lernen fruchtbar gemacht werden (prozeßorientiertes Lernen).
- ❍ Die Lernenden werden ermutigt, sich ihrer eigenen Ziele bewußt zu werden, sie durch Handlungen zu verwirklichen und Ergebnisse selbst zu beurteilen (projektorientierte Didaktik).
- ❍ Lernen und Erziehung finden immer in einem institutionellen Rahmen statt, der die jeweiligen Ziele und Methoden mitprägt. Daher ist auch der organisatorische Kontext und seine Gestaltbarkeit immer wieder ein Thema der Gestaltpädagogik.

Diese didaktischen Prinzipien basieren auch auf der Annahme, daß der Mensch wohl beeinflußbar, aber nicht gänzlich formbar ist. Er ist ein sich auch selbst regulierendes System, er ist nicht "machbar". Das zeigt der Pädagogik ihre Grenzen, und das macht Pädagogik erst wirklich interessant und persönlich wertvoll.

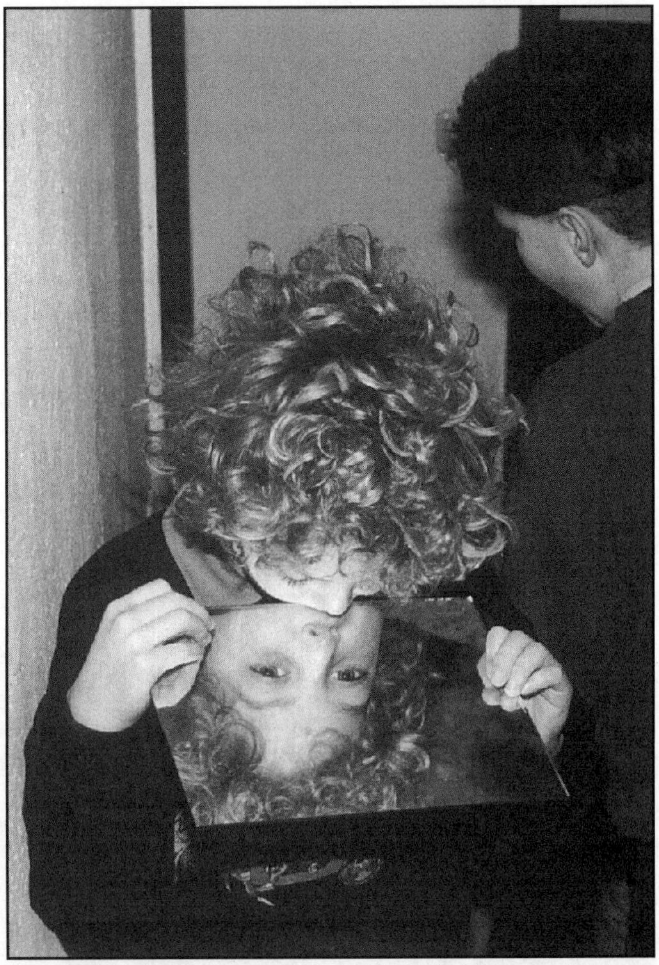

1.2. Vorgeschichte(n)

Die Geschichte von Gedanken und Konzepten ist immer auch die Geschichte von Menschen: Wer hat in einer ganz bestimmten geschichtlichen Phase bei wem was gelernt, hat sich mit wem gestritten, hat von wem was abgeschaut, etc. Konzepte fallen nicht vom Himmel, sondern werden durch die konkrete Begegnung bestimmter Menschen auf einem bestimmten gesellschaftlichen Hintergrund (weiter)entwickelt. Letztlich sind sie nur aus diesen Zusammenhängen heraus richtig verstehbar.
Gleichzeitig gibt es Konzepte, die an verschiedenen Stellen voneinander scheinbar unabhängig entstanden sind. Die Urheberschaft von Ideen wird immer schwieriger zu rekonstruieren, ebenso das Konglomerat der verschiedenen Quellen und Wurzeln, die zu ihrer Entstehung geführt haben. Das gilt besonders für Konzepte, die sich in ständiger Begegnung mit Praxis weiterentwickeln, wie es eben in der Pädagogik nicht anders möglich ist.
Dort, wo es uns sinnvoll scheint, die geistesgeschichtlichen Hintergründe und Querverbindungen aufzuzeigen, wollen wir das hier tun, weil es uns wichtig ist, daß Menschen für ihre Beiträge zu wertvollen Entwicklungen gewürdigt werden.

Manchmal bitten wir Teilnehmer auf einem Seminar, daß sie - wenn es gerade passt - wohltuende und hilfreiche Lehrer oder Erzieher aus ihrer eigenen Geschichte, sofern vorhanden, deutlich beim Namen nennen, zu deren würdevollem Andenken. Das ist dann ein bißchen wie eine Anrufung.

Die Gestaltpädagogik ist ursprünglich nicht im pädagogischen Milieu entstanden. Eine ihrer Wurzeln ist die Gestalttherapie, die Fritz und Lore Perls zusammen mit dem Pädagogen und Sozialphilosophen Paul Goodman in den USA begründet hatten. Die Gestalttherapie steht einer psychologischen Bewegung nahe, die Anfang der 50er Jahre in den USA sich als 'dritte Kraft' gegenüber der Psychoanalyse als 'erster Kraft' und der Verhaltenstherapie als 'zweiter Kraft' definierten und abgrenzten. Die vielfältigen Richtungen, die aus dieser psychologischen Bewegung entstanden sind, wie Gesprächstherapie, Psychodrama, körperorientierte Verfahren, Familientherapie, TZI und eben auch Gestalttherapie werden auch oft vage unter dem Oberbegriff Humanistische Psychologie zusammengefaßt.

Ende der 60er Jahre brachten Ruth Cohn und Hilarion Petzold die Gestalttherapie aus den USA nach Europa zurück. Ruth Cohn konzentrierte sich aber dann auf ihre bereits entwickelte "Themenzentrierte Interaktion - TZI". "Von der Behandlung einzelner zu einer Pädagogik für alle" heißt der Untertitel ihres Buches (*Cohn* 1975), und das sagt schon sehr viel über diese Pionierleistung. Sie folgte damit Carl Rogers, der in seinem 1969 erschienenen Buch "Freedom to learn" die Grundsätze des therapeutischen Ansatzes der Humanistischen Psychologie (Echtheit, Empathie, Wertschätzung) auf die pädagogische Situation übertrug. Schon für Fritz Perls war die Förderung von Wachstumsprozessen das Ziel von Therapie. Er forderte daher auch, die Trennung zwischen dem Philosophen, Pädagogen und Psychotherapeuten aufzuheben: in allen diesen Disziplinen stehen Lernen und Integration im Mittelpunkt.

Hilarion Petzold gelang eine Verknüpfung vielfältiger verwandter Geistes- und Therapieströmungen, sie wurden in unzähligen Veröffentlichungen zu einem einheitlichen theoretischen Gewebe versponnen. Die Praxis wurde schon bald über den therapeutischen Bereich in andere Felder ausgedehnt, und dabei wurde auch der Begriff "Gestaltpädagogik" so etwa um 1974 geprägt.

1977 wurde der Begriff zum Buchtitel (*Petzold, Brown* 1977) und wurde hier als Oberbegriff für drei pädagogische Konzepte verwendet:

* Die "themenzentrierte Interaktion - TZI" von Ruth Cohn,

* die "confluent education" von George Brown, einem weiteren Perls-Schüler, sowie

* die "Integrative Pädagogik", wie Petzold seine eigene Ausformung pädagogischer Konzeption nannte.

Bemerkenswert ist dabei, daß nur 9 von den 18 Beiträgen dieses ersten Buches "Gestaltpädagogik" auf Schulpädagogik bezogen sind. Alle weiteren deutschen Veröffentlichungen zur Gestaltpädagogik beziehen sich dann aber ausschließlich auf Schule. An allen deutschen Ausbildungsinstituten wurde Gestaltpädagogik zunächst nur für LehrerInnen angeboten. In jüngster Zeit werden diese Grenzen wieder überschritten. Dazu soll auch dieses Buch beitragen. In Österreich wurde von Anfang an, d.h. seit 1988, konsequent auf die Mischung pädagogischer Berufsgruppen geachtet, was in diesem Buch deutlich zum Ausdruck kommt.

Inzwischen haben sich 4 gestaltpädagogische Traditionen oder "Schulen" entwickelt, die - getragen von konkreten Personen mit konkreten eigenen Bildungsgeschichten - nur geringfügig verschiedene Schwerpunkte aufweisen. Sie stellen sich im Kapitel 5 dieses Buches genauer vor. Gemeinsam ist allen, daß sie nicht nur pädagogische Handlungsanleitungen bieten, sondern ihr Konzept auf einem differenzierten Welt- und Menschenbild gründen. Schon das Wort "Gestalt" verweist auf eine zunächst wahrnehmungs- und erkenntnispsychologische Quelle, die Gestaltpsychologie, die mit Pädagogik oder Therapie gar nichts im Sinn hatte. Dazu kommen eine Fülle von Einflüssen aus der Tiefenpsychologie, der Existenzphilosophie und der Phänomenologie, dem Psychodrama, der Humanistischen Psychologie, der Gruppendynamik, der Alternativschulbewegung der 60er und 70er Jahre sowie verschiedener Richtungen innerhalb der Reformpädagogik (*Svoboda* 1987, 82, *Burow* 1988, 72, *Schmölz* 1992, 111). Bildungskonzepte aus "Entwicklungsländern" wie bei Freire und Illich, besonders das "Forumtheater" von Augusto Boal (*Boal* 1989), wurden in das gestaltpädagogische Konzept integriert.

Manche GestaltpädagogInnen - auch wir - betonen die grundsätzliche Vereinbarkeit des Gestaltansatzes mit den Grundannahmen der Systemtheorie. Auch NLP-Techniken haben das gestaltpädagogische Methoden-Repertoire bereichert. All das und noch weitere Einflüsse sind in dem Maß möglich, als sie sich als vereinbar mit den grundlegenden Elementen der Gestaltpädagogik erweisen, die im nächsten Kapitel genauer dargestellt werden. Einige Abgrenzungen zu anderen Konzepten nehmen wir bei der Einleitung zur Grafik "G-See" am Ende des 2. Kapitels vor.

Mit der Hoffnung auf Veranschaulichung haben wir den Versuch gewagt, die wesentlichen geistesgeschichtlichen Wurzeln und Einflüsse auf die Gestaltpädagogik in einer grafischen Übersicht darzustellen: Der Gestaltpädagogik-Baum.
Dieser Baum bietet wahrscheinlich vertraute und fremde Namen für Sie. Diese Namen sollen auch eine Würdigung einzelner Beiträge für unser heutiges Konzept zum Ausdruck bringen, können aber nicht die vielfältige Vernetzung der Wurzeln gänzlich entwirren. Um die Früchte dieses Baumes zu ernten, müssen Sie nicht jeder Wurzel bis zur letzten Verästelung nachgegangen sein. Aber vielleicht werden Sie zu kleinen geistesgeschichtlichen Entdeckungsreisen angeregt.

Wurzeln, Einflüsse und Spuren zur

Gestaltpädagogik

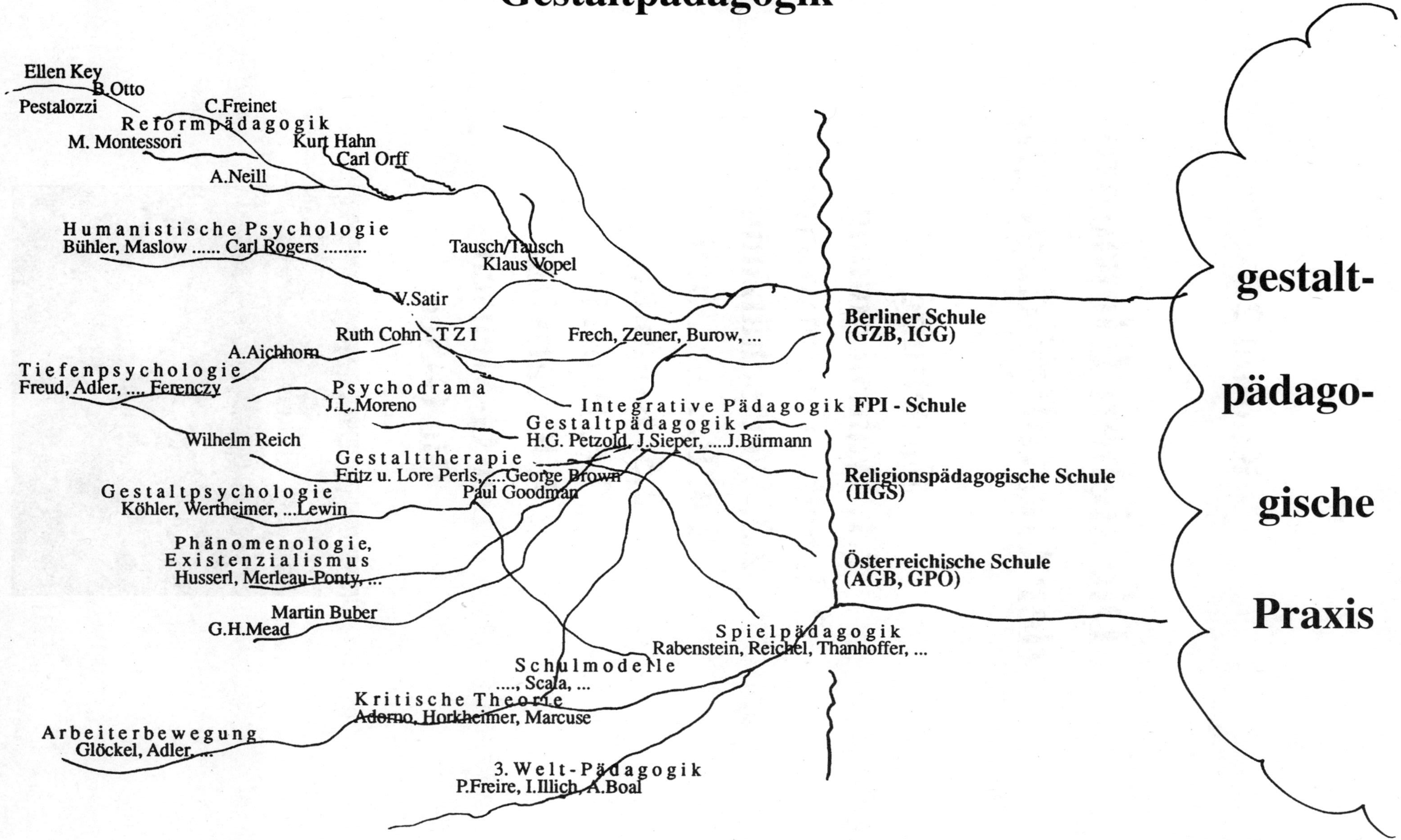

Kapitel 2

Die sieben Elemente der Gestaltpädagogik

Einleitung
2.1. Wahrnehmung
2.2. Selbstverantwortung
2.3. Wertschätzung
2.4. Bezogenheit
2.5. Kontakt
2.6. Prozeß
2.7. Kreativität
Der G-Mensch
Die G-See

Einleitung

Es gibt verschiedene Versuche, Grundlagen der Gestaltpädagogik zu systematisieren. Eine jeweils bevorzugte Systematik ist immer auch subjektiv gefärbt, da sie ja eine willkürliche Abstraktion einer ineinanderfließenden Wirklichkeit ist.

Während bei Petzold (1977) Gestaltpädagogik noch als Oberbegriff für drei verschiedene entwickelte Konzepte verwendet wurde, führten etwas später Burow, Quitmann, Rubeau (1987, 13ff.) die Grundlagen der Gestaltpädagogik auf Prinzipien der Humanistischen Psychologie zurück - mit ergänzend besonderer Betonung von "Kontakt" und "Begegnung". Schon ein Jahr später listete Burow in seinen "Grundlagen der Gestaltpädagogik" (1988, 98) 12 "Handlungsleitende Prinzipien der Gestaltpädagogik" auf, die wir später als 13 "Bausteine für gestaltpädagogisches Unterrichten" (*Thanhoffer, Reichel, Rabenstein* 1992, 60ff.) abgewandelt und weiterentwickelt haben.

Inzwischen haben Luca, Winschermann (1995) eine sehr ansprechende Darstellung vorgelegt, in der sie vier Prinzipien zusammenfassen: "Gewahrsein", "Kontakt und Begegnung", "Unterstützung" und "das Spielerische und die Kreativität".

Alle diese Versuche weisen eine gewisse Schlüssigkeit auf, wenn man sie im Zusammenhang mit dem Zeitpunkt ihrer Veröffentlichung und dem persönlichen Hintergrund (Werdegang und derzeitige Position) der AutorInnen sieht. Und alle haben ihre theoretischen Mängel, wenn es um eine plausible Zuordnung in ein Theoriegebäude ("Tree of Science" *Petzold* 1993, 457ff.) geht. Hier sind überall Fragen der Erkenntnistheorie, der Anthropologie (des Menschenbildes), der pädagogischen Theorien und Handlungskonzepte und nicht zuletzt durch den Einfluß der Psychotherapie Konzepte von "krank" und "gesund" ineinander verwoben, sodaß keineswegs mehr völlig klar wird, was hier woraus folgt oder worauf aufbaut. Auch der vorliegende Versuch kann diese Schwierigkeit nicht ganz auflösen, sonst würde der lebendige Alltagsbezug verlorengehen. Am Ende dieses Kapitels wollen wir es dann doch versuchen: Die Ordnung auf der "G-See". Gemeinsam ist allen Versuchen die Absicht, ein verbreitetes Mißverständnis auszuräumen: Gestaltpädagogik ist keine Methodik oder Didaktik, sondern eine komplexe Haltung.

Haltung

Manchmal sind Interessenten oder Teilnehmerinnen zunächst enttäuscht, weil sie sich in Fortbildungen kurzfristige Rezepte erhoffen. Gestaltpädagogik hat in der Tat zahlreiche konkrete Ideen und Antworten zu bieten, wirklich plausibel erschließen können die sich aber nur in einem Prozeß, der die persönliche (Weiter)Entwicklung einer erfahrbaren pädagogischen Haltung ermöglicht.

Diese Haltung hat sehr viele Facetten; so kann eine Erzieherin in einer bestimmten Situation etwa folgende Einzelperspektiven beachten:

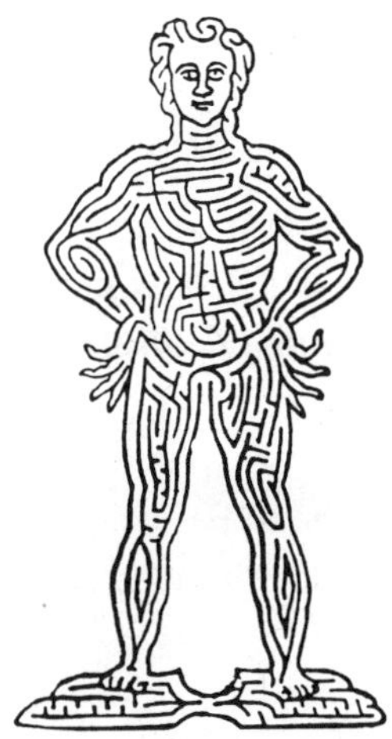

Der Mensch als Labyrinth

- die allgemeine berufliche Zufriedenheit
- die persönliche Lage heute
- ein einzelner Bub, der sie ärgert
- die Gruppenatmosphäre
- die Lebensphase der betreuten Kinder
- die Tages-, Wochen-, Jahreszeit (auch der Vollmond)
- die methodischen Ideen
- die Angst vor Ablehnung durch die Kinder
- die Erwartungen der Eltern
- das Mißtrauen des Vorgesetzten, der Neid von KollegInnen
- die räumlichen Bedingungen (und: wer lauscht an der Tür?)
- ....

"Mehrperspektivität bedeutet, gleichzeitig unterschiedliche Ebenen und Phänomene zu betrachten... 'Mitten auf der Bühne bin ich Zuschauer'."
(Frühmann in *Petzold, H., Frühmann, R.* 1986, S.142)

Widersprüchlichkeit

Der von uns im ersten Kapitel benannte "Reichtum der pädagogischen Wirklichkeit", der wir in der Gestaltpädagogik mit einer "komplexen Haltung" und "mehrperspektivischer Sichtweise" begegnen, produziert nicht einfach nur Vielfalt und Fülle, wie es das Wort Reichtum zunächst verspricht, sondern zugleich auch Widersprüchlichkeit, scheinbare Unvereinbarkeit. Im Alltag ist das oft unsäglich schwierig, engagierte PädagogInnen kennen den Zustand der Verzweiflung gut. Erziehen ist eben ein unmöglicher Beruf, das ist ja nicht neu. Andererseits ist das auch ein gutes Zeichen, denn Leben lernen heißt immer auch Widersprüche aushalten und Unvereinbares vereinbaren.
Hierfür einige Beispiele:

A. "Im Grunde kann ich nicht einen Elternteil mehr lieben als den anderen."
B. "Wenn sich meine Eltern trennen, werde ich gefragt, bei wem ich leben möchte."

A. "Das Leben zu fördern ist Sinn des Lebens."
B. "Der Tod ist Teil des Lebens."

A. "Schwächeres zu schützen und zu fördern ist Aufgabe der Stärkeren, besonders die Aufgabe der Pädagogen."
B. "Nur die Harten kommen durch, nur die Besseren überleben."

Dreimal ist A. ein plausibler Grundsatz und B. auch eine Realität. Beide Sätze sind jeweils im Widerspruch zueinander. Sind sie unvereinbar??

Die Widersprüchlichkeit, die Ambivalenz, die Dialektik, die Konflikthaftigkeit ist für GestaltpädagogInnen eine Realität. Diese macht das Leben schwierig, zugleich verstehen wir sie als Quelle von Dynamik, von Entwicklung, von Lebendigkeit. "Guat is gangen, nix is gschehn!" (Hochdeutsch: "Gottseidank ist nichts passiert!") Im Gegensatz zu dieser gängigen Theorie und Praxis von Erziehung wollen wir, daß "etwas passiert."

Widersprüche als Spannungsfelder bietet die Welt laufend, auch in der Erziehung. Sie stellen sich häufig als Rollenkonflikte dar:

- Der Lehrer zwischen dem Wunsch und dem Bemühen, Schüler zu fördern und zu ermutigen, andererseits der Verpflichtung, durch Noten Selektion zu betreiben.
- Die Mutter, die berufstätig sein muß und will, andererseits ein schlechtes Gewissen in ihrer Mutterrolle hat.

Die Gestaltpädagogik liefert oder verstärkt noch einige solcher Widersprüche oder Spannungsfelder:

- Meine engagierte Sorge um ein Kind und mein Wunsch, seine Selbstverantwortung zu fördern.
- Mein Anspruch, die Ausdrucksbedürfnisse von Kindern zuzulassen, und mein Recht auf meine Ruhebedürfnisse und mein Wohlergehen.
- Die realistische Einsicht in vorgegebene Grenzen (Lehrplan, räumliche und zeitliche Bedingungen) und die Sehnsucht, Visionen und Entwicklungsbedürfnisse bei mir und anderen zuzulassen.
- Die Erkenntnis der Komplexität und notwendigen Vielschichtigkeit in allen pädagogischen Situationen und die spürbare Erfahrung meiner und unserer Beschränktheit in den Handlungsmöglichkeiten.

Gerade der letzte Widerspruch ist ein unvermeidlicher, will ich Gestaltpädagogik ernst nehmen. LehrgangsteilnehmerInnen beschreiben immer wieder diese Phasen, in denen sie sich überfordert fühlen: "Da ist so vieles neu, und alles gleichzeitig, das ist (mir) zu viel."

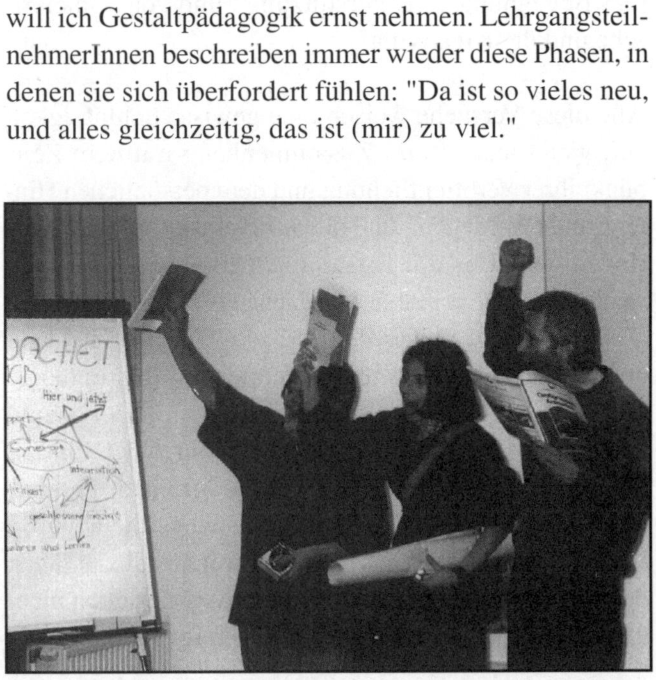

Da soll z.B. eine Lehrerin bewußt achtsam sein auf:

* Einzelne Kinder
* Die Klasse als Gruppe
* Das Thema
* Die Rahmenbedingungen
* Kreative Methoden
* Selbstverantwortlichkeit
* Eine wertschätzende Atmosphäre
* Die eigenen Körperreaktionen, Gefühle, ...

... und gleichzeitig darauf achten, daß sie von ihren Ansprüchen nicht überfordert wird, daß sie wohlwollend mit sich selbst umgeht (Selbstachtung).
Wie soll denn das alles gehen?
Ist Gestaltpädagogik ein idealistisches Konzept der Überforderung?
Auf keinen Fall! Eher im Gegenteil.

Integration

Wir versuchen im Kapitel 2, die Fülle der gestaltpädagogisch bedeutsamen Wirklichkeit in "sieben Elemente" einzufangen.
Für die Auflösung der überfordernden Fülle bieten wir zunächst eine Metapher an: Betrachten wir diese "Sieben Elemente der Gestaltpädagogik" als Grundmauern eines geräumigen Hauses. "Sie können sich immer nur in einem Raum dieses Hauses zugleich aufhalten und ihn gestalten, aber sie können hier mit einer Bewußtheit für das Ganze des Hauses sein. Wenn sie das Wohngefühl für das ganze Haus entwickelt haben (das braucht eine gewisse Einge'wöhnung'), dann können sie sich ohne weiteres auf den einen oder anderen Raum konzentrieren. Sie wohnen hier in einem Schloß, aber sie müssen da nicht ständig herumirren." (*Thanhoffer, Reichel, Rabenstein* 1992, S.66)

Diese hier beschriebene ganzheitliche Bewegung zur Auflösung von Widersprüchen bezeichnen wir als "Integration". Dieser Begriff war zunächst eine Alternative zu "Gestaltpädagogik". H.G.Petzold, der "Erfinder" des Begriffs Gestaltpädagogik, hat von Anfang an den Begriff "Integrative Pädagogik" bevorzugt (*Sieper, Petzold* 1993). Vieles spricht dafür. Das letztlich entscheidende Gegenargument war und ist die Tatsache, daß "Integration" in der Erziehung mit der Zusammenführung von behinderten und nichtbehinderten Menschen assoziiert wird, und somit laufend Mißverständnisse entstünden. So haben wir uns mit dem schönen Wort Gestaltpädagogik angefreundet, sprechen aber oft und viel von Integration.

Integration kann heute mehreres bedeuten:

❍ Die Einbindung von gefährdeten, ausgegrenzten oder abweichenden Personen oder Gruppen (behinderte Menschen, Flüchtlinge, Haftentlassene ...)

❍ Ein Zusammenschluß zum Zwecke gemeinsamer Stärkung (z.B. Integration Europas)

❍ Die Versöhnung mit abgespaltenen Persönlichkeitsanteilen (z.B. in der integrativen Gestalttherapie)

❍ Die schrittweise und wiederkehrende Auflösung von bewußt gewordenen Widersprüchen in unserem Alltagsleben (Rollenintegration)

❍ Die Komposition mehrerer (pädagogischer) Konzepte, Stile, Methoden zu einem mehr oder weniger neuen. Dabei gibt es zwei Möglichkeiten: Die persönliche Mischung zu einem eher zufälligen, eigenen Stil; den Versuch, verschiedene gewachsene Ansätze und Konzepte zu einem kompakten, eigenständigen Verfahren zu verknüpfen, eben zu "integrieren".

Alle diese Bedeutungen sind aus gestaltpädagogischer Sicht fallweise sinnvoll, die zuletzt genannte charakterisiert am besten das Bemühen der AutorInnen mit diesem Buch, insbesondere mit diesem zweiten Kapitel. Das soll auch in der Gestaltung zum Ausdruck kommen: Nach einer Erläuterung der sieben gestaltpädagogischen Elemente wagen wir den Versuch, unserer Systematik ein wenig spürbare Lebendigkeit einzuhauchen. Dazu bieten wir zwei ganz verschiedene Metaphern oder Bilder an: Die "G-See" und den "G-Menschen".

2.1. Wahrnehmung

Das, was ich wahrnehme,
will ich zunächst als wahr annehmen.

"Blicken Sie einmal von dem Buch auf und spüren Sie, wie Sie sich gerade befinden: Wie sitzen, stehen oder liegen Sie gerade? Fühlen Sie sich körperlich wohl? Wieviel Zeit haben Sie jetzt für das Buch?
In welchem Raum befinden Sie sich gerade? Welche Atmosphäre hat er für Sie?
Mit welcher Absicht sind Sie hier? Und aus welchem Interesse haben Sie dieses Buch aufgeschlagen?"

"Erst die Verbindung des Textes mit den Antworten auf solche und ähnliche Fragen macht die Gesamtwirkung und den Sinn Ihres Lesens aus ... und bewußt." (zit. nach *Reichel, G.* 1995, S.204)

Die Gestaltpsychologie, der ja die Gestalttherapie und die Gestaltpädagogik auch ihre Namen verdanken, befaßte sich mit der menschlichen Wahrnehmung. Sie entwickelte wichtige Erkenntnisse, die ein Gegengewicht darstellten zu der um die Jahrhundertwende sich immer mehr verbreitenden Zergliederung und Zersplitterung der "Wirklichkeit" zum Zwecke der genaueren Untersuchbarkeit.

A. Menschen nehmen ihre Wirklichkeit in "Ganzheiten", in "Gestalten" auf

"Das Sehen ist nicht
ein Vermögen des Körpers,
sondern ein Vermögen des Denkens."
M.Merleau-Ponty

Während der klassische Behaviorismus die Auffassung vertritt, daß Reiz und Reaktion maschinenmäßig aneinandergekettet sind, definiert die Gestaltpsychologie die Wahrnehmung als Interpretation der vielfältigen Reize, die auf den Menschen treffen. Jeder Mensch interpretiert die Welt bereits mittels seiner Sinne in einem kreativen Akt. Eine „Außenwelt" ist somit eine Konstruktion und was ich als Ton, Farbe und bewegte oder ruhende Gestalt wahrnehme ist nach unserem momentanen Wissen nichts anderes als eine bestimmte Form von elektromagnetischen Wellen. Ich sehe eine andere Welt als die Kuh auf der Weide, aber auch als mein Nachbar, der neben mir geht, auch wenn natürlich einige Verläßlichkeiten unsere Wahrnehmung mitteilbar machen. So bleibt ein Tisch ein Tisch und eine Junge ein Junge, aber ...

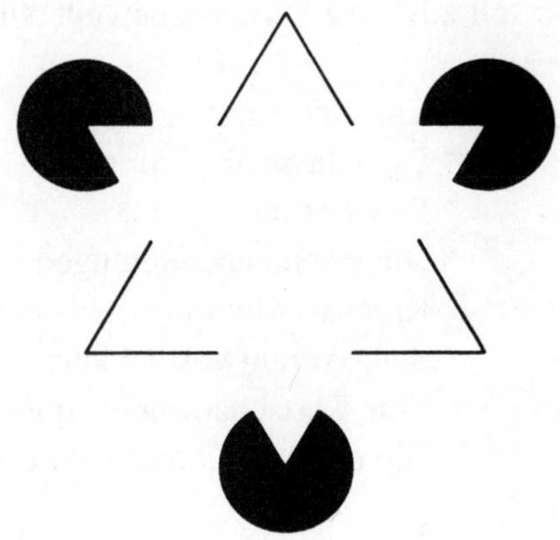

im Prozeß der Sozialisation, beginnend mit der frühen Interaktion des Kindes mit den Erwachsenen, wird dann aus einem braunen, harten Etwas ein Tisch, aus einem braunen, weichen Etwas ein Teddybär, aus einem braunen, lebendigen ein Hund. Durch wechselseitige Übereinkunft schaffen wir uns gemeinsame Wirklichkeiten. Und am Ende glauben wir sogar, wir nehmen dieselbe Wirklichkeit wahr, nur weil wir sie aus Gewohnheit gleich benennen.

Vereinbaren Sie einmal mit einer Berufskollegin folgendes Experiment: Sie suchen sich ein Kind (Schüler, Klientin, ...) aus, das sie beide ähnlich lange oder kurz kennen, über das sie aber noch wenig gesprochen haben. Unabhängig voneinander schreiben Sie eine Kurzcharakteristik dieses Kindes, besonders seines Verhaltens, auf; 5-10 Zeilen. Dann vergleichen Sie und lassen Sie sich überraschen von der Verschiedenheit, mit der Sie ein und dasselbe Verhalten wahrgenommen und beschrieben haben.

Solche Erkenntnisse haben auch entsprechende Konsequenzen für eine seriöse (sozial)pädagogische Einrichtung:

- Folgenreiche Beurteilungen von Menschen dürfen niemals von einem "Fachmann" allein abhängen.
- Es müßten mehr Besprechungen von "Sorgenkindern" geben, in denen die verschiedenen Wahrnehmungen ausgetauscht werden, ohne daß es vorrangig um die Frage geht: Wer hat mit seiner Einschätzung recht?

B. Der Feldbegriff

"Die Psychologie muß den Lebensraum, der die Person und ihre Umwelt umschließt, als ein Feld betrachten."
Kurt Lewin

Lernen und die Lernfähigkeit einzelner Menschen oder Gruppen ist letztlich keine in Einzelaktionen zerlegbare und mit Einzelmaßnahmen wesentlich veränderbare Sache, sondern ein sehr komplexes Geschehen, in dem viele Faktoren - z.B. die Beziehung zur jeweiligen Autorität, die räumlichen Bedingungen, die Zeit, die Klarheit über persönliche Ziele u.a. - wirksam sind. Grundlage dafür sind unsere frühesten Wahrnehmungen in der Kindheit, in der keine sprachliche Erfassung möglich war, an die es auch keine bewußte Erinnerung gibt, die aber mächtig im Hintergrund wirkt. Jeder Mensch reagiert auch mit seinem vegetativen System auf solche Wahrnehmungen.

In Anlehnung an das Konzept des Psychodramas und der Integrativen Therapie sprechen wir hier auch vom "Szenischen Erfassen", vom Wahrnehmen der "Atmosphäre" und der "Stimmungen". Auf solche Weise lernen wir als Kinder Wesentliches, z.B. was so zwischen Mann und Frau (z.B. den Eltern) läuft, auch wenn wir verbal nichts verstehen.

Und auch die Schulklasse ist ein solches "Feld", eine solche "Szene" mit wirksamer "Atmosphäre". Hier werden dann Leistungen besonders gut oder besonders schlecht gebracht, teilweise unabhängig davon, wie begabt jemand ist, oder auch, wieviel er zuhause gelernt hat. Ein treffendes Beispiel dafür hat Ute Andresen dokumentiert:

"Sicher gibt es Begabungsunterschiede. Aber wenn ein Kind im Mathematikunterricht am Ende nicht mitkommt, muß das nicht heißen, daß es dafür nicht begabt genug ist. Als ich das erstemal während meiner Ausbildung in einer Sonderschule war, habe ich in der Pause von solch einem Kind gehört, das nicht rechnen konnte.
Der Junge stammte aus einfachen und bedrängten Verhältnissen; in der Grundschule erwies er sich als so schwacher Rechner, daß er in die Sonderschule mußte. Jetzt ist er neun Jahre alt, und den Lehrern fällt auf, daß er immer so gut angezogen ist, neue Sachen trägt, die nicht zum Einkommen der Eltern passen. Sie fragen nach und entdecken:
Der Junge hat eine Kaninchenzucht angefangen und betreibt ganz selbständig einen Handel mit jungen Kaninchen, Fleisch und Fellen rings im Landkreis. Damit verdient er so gut, daß er sich fein herausputzen kann. In der Schule ist er nach wie vor vollkommen unfähig im Rechnen...."
(*Ute Andresen* 1986, S.6O)

Gehen Sie mal wieder zu Ihrer alten Schule! Wenn die zu weit weg ist, dann nehmen Sie eine andere Schule in der Nähe. Gehen Sie hinein und schließen Sie ev. die Augen. Merken Sie, wie die "Atmosphäre" Ihre Erinnerung und noch mehr die Gefühle von "damals" aktiviert? Da genügt schon ein kahler Gang oder ein bißchen Kreidegeruch.

C. Awareness

Sensible Wahrnehmungsfähigkeit gegenüber anderen Menschen und der Umwelt ist untrennbar verbunden mit der reflektierten Wahrnehmung von mir selbst, von meinen Körperreaktionen, meinen Gefühlsimpulsen, meiner eigenen Lust und Unlust, meinen Widerständen.

In unserer Kultur gehört es geradezu zur guten Erziehung, seiner eigenen Wahrnehmung mißtrauen zu lernen, und das so lange, bis sie auch teilweise abstumpft. Aus diesem Grund ist eine gestaltpädagogische Aus- oder Weiterbildung nicht denkbar ohne Elemente der Selbsterfahrung. Hier wird genau diese Wahrnehmung - im Kontakt mit der Gruppe - geschult und weiterentwickelt. Ziel ist die Entwicklung und Förderung von "Bewußtheit" ("awareness"), einer Form von wacher Aufmerksamkeit auf mich und meine Umgebung, die aber nicht auf einen Punkt gerichtet und daher nicht anstrengend ist.

"Bewußtheit ist diffuser als Aufmerksamkeit - sie bedeutet eher eine entspannte als eine angespannte Wahrnehmung der ganzen Person." (*Perls* 1976, 29, umfassend dazu *Brooks* 1979) Manche GestaltpädagogInnen bevorzugen für "awareness" die Übersetzung "Gewahrsein" (so bei *Luca/Winschermann* 1995, 105).

Wenn manche Erzieher, Eltern, LehrerInnen eine solche Art der Wahrnehmung trainieren, dann ändert sich ihr spontanes Verhalten:

*Sie hören z.B. auf, Kinder noch mit Vorwürfen zu überhäufen, die gerade spürbar voller Angst sind.

* Sie spüren z.B. die Beziehungssehnsucht hinter so manchem aggressiven Jugendlichen... und halten daher den Kontakt.

* Sie erkennen die verkrampfte Angst hinter so manchem "braven" Kind... und versuchen, Druck wegzunehmen.

Das ist ja auch ein Ziel von Gestaltpädagogik: Es geht nicht immer um noch mehr oder noch besser erziehen oder lehren, sondern manchmal im Gegenteil um die Auflösung von verkrampften Bemühungen und Ansprüchen. In der Haltung eines einerseits gelasseneren "Bei-sich-seins" läßt sich andererseits die Wirklichkeit der Kinder, Schüler etc. viel komplexer und vielschichtiger wahrnehmen, als uns das irgendwelche eingleisigen pädagogischen Theorien zumuten wollen.

Und uns geht's dann vielleicht als PädagogInnen besser!

Wahrnehmung ist immer an den gegenwärtigen Augenblick, das Hier und Jetzt gebunden. Das klingt so einfach und selbstverständlich, ist es aber nicht. In der Meditationspraxis z.B. bedarf es jahrelanger Übung, um dieses Wachsein im Augenblick zu erreichen.

Als Konzept von Lernen beschränkt sich gestaltpädagogisches Wahrnehmen natürlich nicht auf mich selbst und die Mitmenschen, sondern richtet sich genauso auf Dinge und Themen: Für manche Menschen mag es merkwürdig klingen, aber auch Gegenstände, Situationen, Problemstellungen und Fragen können in ihrer komplexen Gestalt, wir sagen oft "atmosphärisch", wahrgenommen werden.

Sich die "Atmosphäre" des Konferenzzimmers oder einer bestimmten Klasse in all ihren Farben, Gerüchen, Geräuschen etc. zu vergegenwärtigen ist z.B. eine typische gestaltpädagogische Einstimmung zu einer konstruktiven Supervisionsarbeit.

Das Üben einer tieferen und komplexeren atmosphärischen Wahrnehmung kommt allen Lebensbereichen zugute. Es fördert die Sensibilität gegenüber dem eigenen Körper ("Was und wieviel tut mir gut"), gegenüber anderen Menschen und Situationen ("Was ist angemessen und zumutbar") und stärkt die eigene Phantasie und Kreativität, z.B. auch bei Fragen der eigenen Zukunft. Aus diesen Gründen sind viele Methoden, Techniken und Übungen, die als "typisch gestaltpädagogisch" betrachtet werden, auf konzentrierte und zugleich entspannte Wahrnehmung gerichtet.

Als phänomenologische Grundlage von Erkenntnis und damit auch von Lernen ist "Wahrnehmung" absichtsvoll das erste Element der Gestaltpädagogik. Dafür wird in allen gestaltpädagogischen Prozessen aufmerksamer Raum und ausreichend Zeit geboten, damit sinn-volles Lernen gefördert wird.

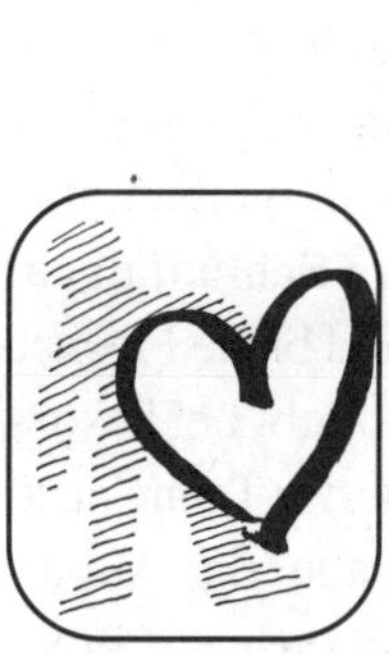

"...Ich selbst bin in einer Indianer-Reservation der Papao aufgewachsen, und ich erinnere mich noch genau daran, wie ich zum erstenmal einen Indianer auf die Jagd begleiten durfte. Ich war damals noch zu jung und wohl auch zu sehr ein 'weißer Mann', um alles verstehen zu können, was mein indianischer Freund mir beizubringen versuchte, aber einige meiner Eindrücke dieser Jagd ... möchte ich Ihnen doch vermitteln.

Diese indianische Jagd begann damit, daß wir zunächst einmal mehrere Stunden still beisammensaßen und meditierten, um Kontakt mit dem Wild aufzunehmen, das wir erlegen wollten, weil die Familie meines Freundes Nahrung brauchte. Erst als mein Freund das sichere Gefühl hatte, mit dem Tier Kontakt aufgenommen zu haben, das irgendwo draußen in der Wildnis Arizonas war, begann er zu handeln.

Die Art seines Handelns beeindruckte mich sehr. Ruhig und gelassen, ohne jede Aufregung machte er sich auf den Weg. Er schien völlig auf die Gegenwart konzentriert und keinesfalls gedanklich mit der bevorstehenden Begegnung beschäftigt. Er strahlte eine innere Stärke und Sicherheit aus, die mich sehr beeindruckte, eine Kraft, die von innen heraus zu strahlen schien und nichts mit Muskelkraft und Angebertum zu tun hatte. Für ihn schien Jagen und Meditieren eins zu sein. Auf irgendeine Weise schien er den Kontakt zu dem Tier aufrechtzuerhalten, während wir uns auf den Weg machten, um es zu finden.

Nach Stunden des Laufens schließlich setzten wir uns am Eingang einer Schlucht ruhig nieder. Die Sonne stand inzwischen tief und mir wurde kalt, er aber blieb ruhig, bewegungslos, starrte nur auf die vor uns liegende Lichtung, während ich mit der Zeit doch die Konzentration verlor und in Gedanken und Träume abschweifte. Plötzlich sah ich den Hirsch, nach dem wir gesucht hatten. Er kam aus der Schlucht und betrat die Lichtung. Er lief ein paar Schritte, hielt dann inne und blickte zu uns hinüber, ja starrte uns direkt an. Der Schock des Erkennens. Mein Freund hob sein Gewehr und schoß. Danach sprang er aber keineswegs auf und feierte laut seinen Sieg, sondern blieb ruhig sitzen und begann einen indianischen Gesang, ein Gebet, in dem er darum bat, den Geist und die Kraft des Tieres empfangen zu dürfen, und er bedankte sich dafür, daß er es wert sei, seine Jagd so erfolgreich zu beenden."
(John Selby 1986:
Einander finden. rororo Sachbuch 7991)

2.2. Selbstverantwortung

"Das jeweilige Bedürfnis läßt die Wirklichkeit so erscheinen, wie sie erscheint."
Fritz Perls

Über die Konstruktion von Wirklichkeit in der Wahrnehmung...

Zwei Indianer gehen einem Rauchzeichen nach und entdecken einen Grillplatz.
"Es riecht besser als bei uns" sagt der eine.
Der andere antwortet:
"Ja, aber es macht keinen Sinn".

Auch die Gestalttheorie nimmt an, daß es keine objektiv bestimmbare Wirklichkeit gibt. Bereits die sinnliche Wahrnehmung wählt aus und gestaltet (siehe Kap.2.1). Aus den Puzzlen der Außenreize baut der Mensch sich sein eigenes Bild. Lebewesen treten zwar in einen Austausch mit der Umwelt und übernehmen die Gewohnheiten ihrer Umgebung, aber sie verwandeln das Aufgenommene in ihr Eigenes und steuern sich selbst. Mit den Einflüssen von außen verfahren sie nach den Gesetzen ihres Organismus. Sie können daher angeregt, gestört, aber nicht determiniert werden.

... im Prozeß ...

Der Stoffwechsel kann hier durchaus zur Veranschaulichung dienen: Die Nahrung wird im Körperinneren chemisch verwandelt - unsere Körperzellen haben keine Ähnlichkeit mehr mit dem Schnitzel und dem Kartoffelsalat, den wir zu uns genommen haben. Jeder Organismus verfährt auch verschieden und zu verschiedenen Zeitpunkten auch wiederum anders mit der aufgenommenen Nahrung, das Ergebnis der Umwandlung ist einmalig, folgt aber doch inneren Gesetzmäßigkeiten.

Eine mechanistisch ausgerichtete Naturwissenschaft hatte den Menschen lange als komplizierte Maschine definiert, und die Psychologie war hierin gefolgt. Erst ein von biologischen Grundlagen ausgehendes Wissenschaftsverständnis löst sich von dieser Maschinenmetapher und begreift lebende Wesen als etwas grundsätzlich Besonderes. Maschinen sind im Idealfall Kopien eines Prototyps, zumindest erwarten wir von einem Auto, daß es genauso gebaut ist wie der Vorführwagen und kommen empört zurück, wenn etwa eine Kurbel plötzlich bei unserem Modell verkehrt angebracht ist. Jeder Autohändler hat dafür Verständnis und reagiert mit Reparatur oder Umtausch.

Erst ein von biologischen Grundlagen ausgehendes Wissenschaftsverständnis löst sich von dieser Maschinenmetapher und begreift lebende Wesen als etwas grundsätzlich Besonderes. Menschen sind Individuen, keiner dem anderen gleich. Eine Maschine hat nur die eine optimale Möglichkeit zu funktionieren, alle Abweichung ist eine Verschlechterung. Menschen haben viele Möglichkeiten, einige davon sind gefährlich oder sogar lebensgefährlich, aber die meisten mehr oder weniger gangbar. Maschinen verändern ihre innere Struktur im Idealfall nicht, Veränderungen machen regelmäßig einen zeit- und kostenraubenden Eingriff notwendig. Lebende Wesen müssen sich dauernd verändern, um am Leben zu bleiben, ihre innere Struktur aufrecht zu erhalten: Ein Schiunfall auf der Piste hat einen zertrümmerten Schi und blaue Flecken am Oberschenkel zur Folge. Natürlich bleibt bei besonders hohem Tempo und ungünstig plazierter Tanne auch der Schifahrer zertrümmert liegen, tritt aber das Äußerste nicht ein, werden die blauen Flecken nach einer Woche gelb und sind nach drei Wochen verschwunden und er müßte sich immer wieder fest an derselben Stelle stoßen, wollte er die blauen Flecken aufrechterhalten. Der Schi aber bleibt zertrümmert.

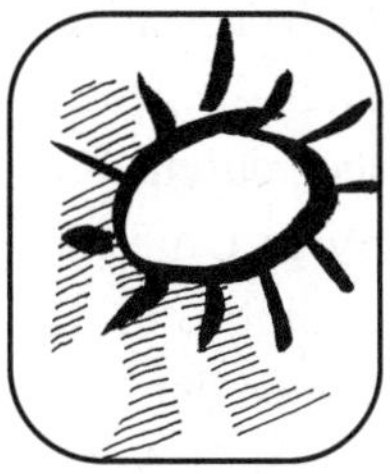

Diese grundsätzliche Besonderheit lebender Organismen haben die beiden Neurophysiologen Humberto Maturana und Francisco Varela unter dem Begriff der Autopoiese (=Selbstproduktion) detailliert beschrieben und bekannt gemacht. Lebewesen erzeugen sich fortwährend selbst und sind in sich abgeschlossen. Sie treten zwar in einen Austausch mit der Umwelt, aber sie nehmen nur auf, was ihren autopoietischen Zusammenhang erhält. Autopoietische Systeme wandeln sich dauernd, nur durch ständige Veränderung halten sie ihre Struktur aufrecht, wie ein Seiltänzer seine Stabilität durch ständigen Ausgleich des Ungleichgewichts erhält. Während bei einer Maschine der Output berechenbar ist und immer gleich bleibt, vorausgesetzt Input und innere Konstruktion bleiben gleich und es ist keine Materialermüdung eingetreten, ist das Innenleben von lebenden Systemen unberechenbar, die in der Zeichnung dargestellte Pfeilabfolge ist nur eine von unendlich vielen Möglichkeiten.

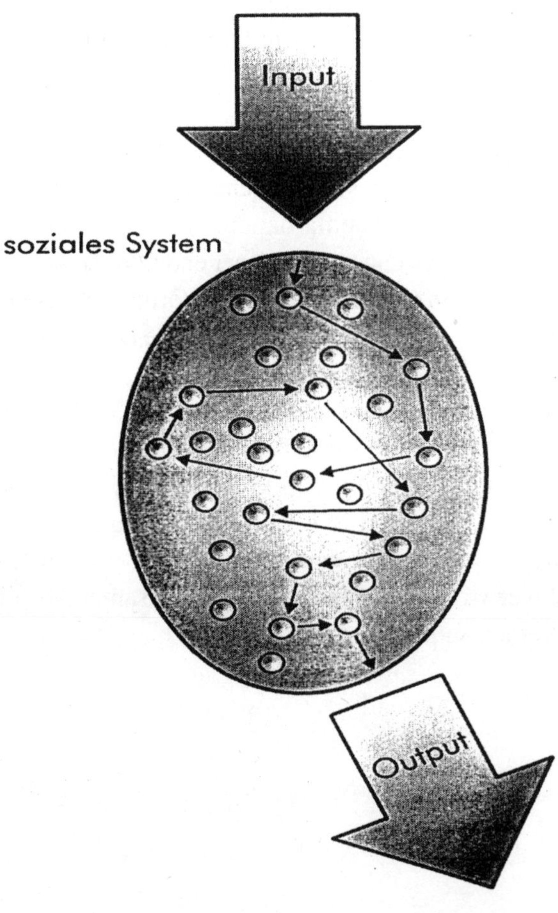

Auch die Gestaltpsychologen, insbesondere die Berliner Schule um Köhler, Lewin und Wertheimer dachten schon in Kategorien der Selbstorganisation, wenn sie dem mechanistischen, 'stückhaften' Denken die Gestalt entgegensetzten, die sie von 'inneren Strukturgesetzen' bestimmt sahen (siehe auch Kap. Wertschätzung).
Heinz von Foerster hat mit seiner Unterscheidung von trivialen und nicht-trivialen Maschinen eine sehr einprägsame Formel für die grundsätzliche Unterschiedlichkeit von Maschinen und lebenden Systemen geschaffen. Triviale Maschinen sind vorhersagbar, weil sie die Operationen ausführen, für die sie konstruiert worden sind - sie 'gehorchen' sozusagen. Nicht-triviale Maschinen - und das sind alle lebenden Systeme - 'gehorchen' auch, aber ihrer inneren Stimme, denn jeder Einfluß von außen wird je nach den aktuellen inneren Zuständen verarbeitet.

Eine nicht-triviale Maschine

Lourdes: Eine Pilgergruppe bewegt sich in Richtung heilige Quelle, unter ihnen auch ein Gelähmter im Rollstuhl. Der Kranke fährt in die heilenden Wasser, taucht unter und wieder auf und der Rollstuhl ist an allen Rädern neu bereift.

Wenn lebende Organismen von innen her bestimmt sind, so hat das zur Konsequenz, daß unsere Wahrnehmungen keine Widerspiegelungen der Welt da draußen, sondern unsere Konstruktionen sind. Das hat natürlich Konsequenzen für alle Lebensbereiche: es gibt keinen festen Bezugspunkt mehr außerhalb.

„Wir können nicht aus unserer Wahrnehmungswelt heraus, wir können niemals das andere Glied des Vergleichs, den 'wirklichen' Sachverhalt selbst in die Hand bekommen und ihn neben eine Wahrnehmungserscheinung halten."
Wolfgang Metzger

...zu Freiheit und Selbstverantwortung...

"Ich glaube fest daran, daß man jederzeit etwas aus dem machen kann, was aus einem gemacht wurde."
J.P. Sartre

Kann ich über eine Welt außerhalb höchstens spekulieren, so gibt es nur die Welt, die ich mit anderen gemeinsam hervorbringe. Nehme ich kein göttliches oder ewiges Gesetz als für mich handhabbar an, so gibt es auch keine gültigen Verhaltensregeln außer denjenigen, die ich mit anderen zusammen aushandle und die sind immer vorläufig. Perls weist darauf hin, daß das deutsche Wort Ver-antwortung ebenso wie das englische response-ability diesen sozialen Bezug ausdrückt: ich antworte jemandem.

Das ermöglicht große Freiheit und fordert gleichzeitig große Verantwortung. Die Menschen werden wahrhaftig zu Schöpfern ihrer Umwelt und für diese verantwortlich.

Ich habe einen lieben Freund, der in Marrakesch aufgewachsen ist. Das Haus seiner Familie stand auf der Straße, die das jüdische vom arabische Viertel trennte. Als Jugendlicher spielte er mit all den anderen Kindern, hörte sich an, was sie dachten und sagten, und lernte ihre grundsätzlich verschiedenen Ansichten kennen. Als ich ihn einmal fragte, wer denn recht hätte, antwortete er mir, beide hätten recht. "Aber das kann doch nicht sein", beharrte ich auf meinem aristotelischen Standpunkt, "nur einer kann im Besitz der Wahrheit sein!"„Das Problem ist nicht Wahrheit", antwortete er, "das Problem ist Vertrauen."

Ich hatte verstanden: das Problem ist das einander Verstehen; das Problem liegt im Verstehen des Verstehens; das Problem besteht darin, Entscheidungen über prinzipiell unentscheidbare Fragen zu treffen."
(*Heinz von Foerster* (1993): KybernEthik. Merve Verlag, Berlin, S.77)
Denn: "Nur die Fragen, die im Prinzip unentscheidbar sind, können wir entscheiden." (a.a.O., S.73)

Erziehung zur Freiheit ist immer auch ein Zulassen von Widerstand, und doch finden sich gesellschaftskritische oder politisch aufklärende Themen selten in gestaltpädagogischen Unterrichtsbeispielen. Die theoretische Positionierung ist eindeutig: Wahrnehmung des Umfeldes, respektvoller Umgang mit allem Lebendigen, hinterfragen von Normen und Traditionen, betonen der Kreativität gegenüber Tugenden der Ordnung und Anpassung - das sind auch die pädagogischen Leitlinien der Kritischen Theorie eines *Adorno* und seiner 'Erziehung zur Mündigkeit'. Aber die politische Intention, das Hinterfragen, Entlarven stand bei Gestaltpädagogen ursprünglich nicht im Mittelpunkt - auch nicht zu einer Zeit, in der alles Unverzopfte auch politisch ausgerichtet war.

...und Selbstbestimmung ...

Wenn ich überzeugt bin, daß lebende Wesen von innen her bestimmt sind, dann weiß ich als Lehrer, Mutter oder Therapeutin, daß ich niemals einen anderen Menschen bestimmen kann. Mit dem Wissen um förderliche Lernbedingungen (siehe die Kapitel Kontakt und Prozeß) kann ich ein Gefäß bereitstellen, das der Lernende mit seinem Inhalt füllt.

Der Pädagoge kann nicht 'machen', daß andere lernen, kann nicht vorher wissen, welchen persönlichen Zugang andere zu einem Thema haben. Lehren ist auch nicht durchplanbar, es entsteht in seiner endgültigen Gestalt im Prozeß des einzelnen und auch der Gruppe. Diese Unsicherheit immer wieder einzugehen ist eine Herausforderung.

Und da auch die Lehrenden selbst nicht konditionierbar sind, muß auch jeder zu seinem persönlichen Lehrstil finden, Gestaltpädagogik will keine neuen pädagogischen Rezepte verordnen. Ein Team z.B. kann eine gemeinsame pädagogische Linie entwickeln und in großen Linien auch verwirklichen, aber nur in gemeinsamer Absprache als gemeinsames Werk.

...und ihrer Gestaltung im Zusammenleben.

Man muß einen Hund nicht zum Jagen tragen.
Deutsches Sprichwort

Gut - die Hunde haben einen Instinkt, aber auch die Menschen reagieren meist so, wie es ihre Umgebung erwartet, nicht störungsfrei, aber immerhin. Wie kommt das? Was macht uns so ähnlich, so angepaßt, trotz so viel Selbstbestimmung?

Daß bereits im Kennenlernen der Welt eine gegenseitige Anpassung, ein Entwickeln einer gemeinsamen Welt stattfindet, haben wir im Kap. 2.1 erwähnt. Die Gesellschaft braucht voraussagbare Charaktere, Leute, die Gewohnheiten haben, und Menschen haben das Bedürfnis nach Zugehörigkeit. Diesen wechselseitigen Prozeß nennen wir Sozialisation. Die Schule, der Kindergarten, das Heim sind wichtige Kettenglieder dieser Sozialisation, und die meisten Handlungen, die z.B. ein Lehrer setzt, dienen dazu, die Voraussagbarkeit seiner Schüler zu erhöhen. Die Frage, wieviel Anpassung nötig und wieviel Freiheit möglich ist, muß jeder für sich entscheiden.

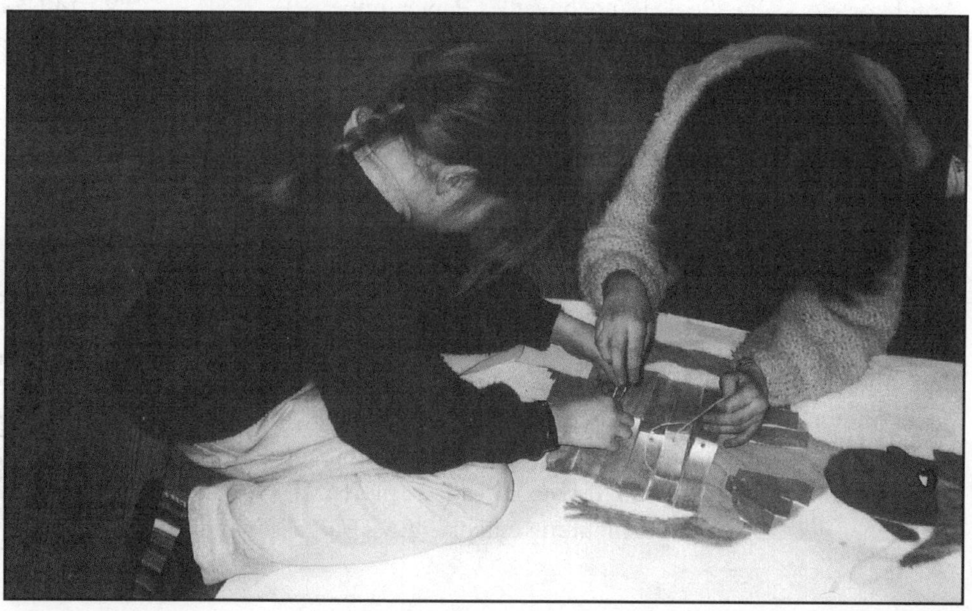

2.3. Wertschätzung

Über das 'Wesen des Menschen"

"Das kleine Kind, das in seiner Wiege liegt, ist sowohl launisch als auch voller Gemütsbewegungen; und obschon sein Körper auch klein sein mag, hat es doch ein schlimmes, mit Fehlern behaftetes Gemüt und ist ganz und gar dem Bösen zugeneigt...Wenn man das duldet, daß dieser Funke sich ausbreite, wird er überspringen und das ganze Haus niederbrennen."Robert Cleaver und Jon Dod: A godly Form of Household Government (1621)

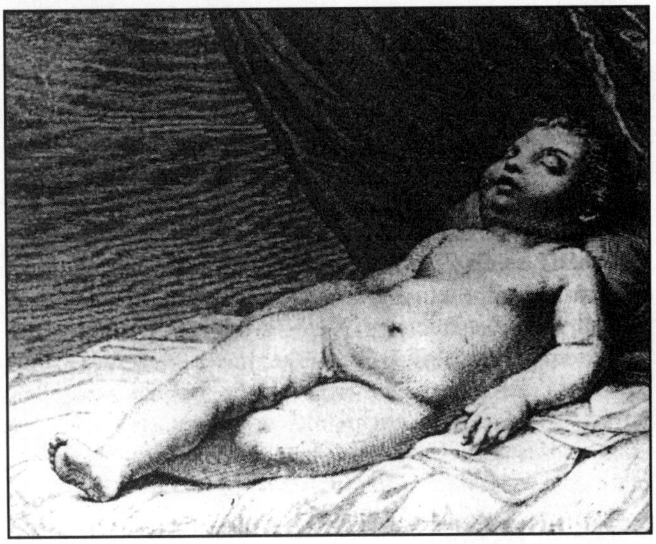

Ein Kind ist ein Mensch in einem kleinen Brief, die beste Kopie noch von Adam, bevor er von Eva oder dem Apfel kostete...Seine Seele ist noch weißes Papier, unbeschrieben von Eindrücken der Welt...es weiß nichts vom Bösen." *John Earle:* Microcosmography (1628)

Diese beiden so gegensätzlichen Ansichten über das Wesen des Menschen finden sich neben- oder zeitlich nacheinander zu allen Zeiten. Das Wesen des Menschen 'an sich' gibt es ja nicht, Veranlagungen und Umwelteinflüsse verknoten sich unauflöslich, und so verrät jede Aussage über das Wesen des Menschen viel über den Aussagenden, aber nichts über Gut und Böse 'an sich'. Heute noch finden sich Abhandlungen über den 'geborenen Verbrecher', wenn auch die Ansicht, daß frühe Milieueinflüsse die stärkste Rolle in der Sozialisation spielen, wohl eher der Durchschnittsmeinung entspricht.

Tendenz zu Selbstverwirklichung und zur Schließung offener Gestalten

Die Gestaltpädagogik steht ideologisch an dem Ende einer Entwicklung, in der es der bürgerlichen Erziehung gelungen war, den Prozeß der Zivilisation auch an ihren Nachkommen zu vollziehen. Triebunterdrückung, Affekt- und Verhaltensregulierung hatten so gut gegriffen, daß sie schon wieder kontraproduktiv zu werden begannen. Die Angst vor den zerstörerischen Kräften des Menschen, die noch die Psychonalyse beherrschte, ist geschwunden. Man könnte die gestaltpädagogische Haltung etwa so zusammenfassen: Der Mensch strebt nach Harmonie mit sich und seiner Mitwelt und nach Selbst-Entfaltung, wenn er nur genügend hilfreiche Unterstützung erfährt.

Hier besteht immer wieder die Gefahr, die Selbstverwirklichung als individuelle Sache zu betrachten. In unserem Sinne ist weder der Missionar in Afrika noch der Eroberer in Südamerika auf dem Weg der Selbstverwirklichung. Diese ist nur mit anderen wechselseitig erfüllbar. Glauben wir an die grundsätzliche "Güte" des Menschen, dann schließt das auch die positiven Möglichkeiten scheinbarer Störungen mit ein. "Wer weiß, wozu das gut ist", sagt ein Mensch mit dieser Haltung.

Die Aufwertung, die Fritz Perls, George Bach und andere Gestalttherapeuten der Aggression angedeihen ließen, führte zu einer neuen Sicht, einer positiven Einschätzung von Kraft und Selbstbehauptung. Stellte Sigmund Freud die Aggression noch als 'Todesinstinkt' einem 'Lebensinstinkt' gegenüber, so versteht Perls sie als notwendige Voraussetzung des Organismus, sich die Umwelt anzueignen. Aggredi: auf etwas zugehen - angreifen: von den beiden Bedeutungssträngen dieses lateinischen Wortes entscheidet sich Perls für den weniger konfliktbehafteten.

Diese optimistische Grundeinstellung teilt die Gestaltpädagogik mit den Konzepten der Humanistischen Psychologie (Gesprächstherapie u.a.) und der Humanistischen Pädagogik. Humanistische Pädagogik wie Gestaltpädagogik gehen von der Annahme aus, daß der menschliche Organismus bestrebt ist, widersprüchliche oder unvollständige Erfahrungen zu einem Abschluß zu bringen. So wie ein Baum wächst und neue Triebe ausbildet, der Körper Selbstheilungskräfte entwickelt, so gehorcht auch die psychische Entwicklung inneren Gesetzen, die zu höherer Komplexität und zum Schließen offener Gestalten hindrängen.

Schon die Gestaltpsychologie hat einen 'Grundsatz der natürlichen Ordnung' postuliert, auf den Gestaltpädagogik und Humanistische Pädagogik zurückgreifen. "Es gibt...Arten des Verhaltens und des Geschehens, die, frei sich selbst überlassen, einer ihnen selbst gemäßen und aus ihnen selbst entspringenden Ordnung fähig sind. Es gibt Gebilde..., die ihre Form und deren Erhaltung nicht...ihrer Starrheit verdanken, sondern einem Wechselspiel innerer Kräfte. ...Mit einem Wort: Es gibt - neben den Tatbeständen der von außen geführten Ordnung, die niemand leugnet - auch natürliche, innere, sachliche Ordnungen, also Ordnungen, die nicht erzwungen sind, sondern sich 'in Freiheit' ausbilden (W.Metzger, zit. nach Portele 1992, S.3O). Diese Selbstorganisationstheorie wurde erst viel später von der Biologie und der Chaostheorie aufgegriffen.

Ebenso wie die Vorstellung einer natürlichen Ordnung, die sich entfalten kann, wenn von außen nicht störend eingegriffen wird, stammt auch der Begriff der geschlossenen Gestalt aus der gestaltpsychologischen Erkenntnis, daß unerledigte Geschäfte, also ungeschlossene Gestalten, die Tendenz zeigen, zu einem Abschluß zu drängen. So ist die Struktur unserer Wahrnehmung so angelegt, daß Linien einer unvollständigen Figur vom Betrachter ergänzt werden oder Linien einer geschlossenen Figur eher als Einheit wahrgenommen werden als offene. Bei der gängigen Methode des "Lückentextes" arbeiten LehrerInnen mit diesem Effekt.
So bleibt auch jede Erfahrung so lange unvollständig, bis man innerlich mit ihr fertig ist. In Experimenten wurde nachgewiesen, daß eine Person, wenn sie bei der Erledigung einer Aufgabe gestört wird, diese Aufgabe später bevorzugt wieder aufnehmen wird.

Wertschätzung

Nehme ich die Tendenz zur Selbstverwirklichung jedes Menschen, so kann ich die Ausformungen seiner Lebendigkeit wohlwollend und gelassen betrachten.

"Ich sage meinen Studenten gern: 'Betrachtet den Menschen so, wie ihr einen Sonnenuntergang oder Berge betrachten würdet. Nehmt das, was ihr seht, mit Freude in euch auf. Erfaßt den Menschen um seiner selbst willen. Mit dem Sonnenuntergang würdet ihr das schließlich ebenso tun. Ihr würdet wohl kaum sagen: 'Dieser Sonnenuntergang sollte ein dunkleres Rot haben' oder 'Dieses Gebirge sollte in der Mitte höher sein.' Ebenso ist es mit einem anderen Menschen. Ich betrachte ihn, ohne zu sagen, 'Seine Haut sollte rosiger sein' oder 'Sein Haar sollte kürzer geschnitten sein.' Der Mensch ist." (*Zinker* 1982, S.32)

Bei dieser Freude an Lebendigkeit ist die differenzierte Bewertung verzögert. Das ist leicht gesagt und klingt auch etwas pathetisch; aber diese passive Grundhaltung der Wertschätzung ist sehr schwer zu erreichen und durchzuhalten. Sie bedeutet, einen anderen Menschen zunächst so (wahr)-zu-nehmen, wie er ist, sein Da-sein und sein So-sein als Selbst-Wert und Selbst-Zweck sehen, hören, riechen, fühlen und sich daran freuen. Es erfordert Vertrauen in die Weiterentwicklung, weil schließlich 'alles fließt' und es nicht nötig ist, 'to push the river' (Fritz Perls). Diese Haltung entspringt der Überzeugung, daß wir andere Menschen nicht von außen bestimmen können. Diese Haltung ist nachweislich unverzichtbar für die Entwicklung des 'Urvertrauens' beim Kind. Diese Haltung beschränkt sich nicht auf den Mitmenschen, sie erfaßt Tiere und Pflanzen, Steine und Sterne. Sie ist genährt vom Konzert der Erfahrungen vieler Völker und Religionen, von Philosophen, Bäuerinnen und Poeten.

„Wenn ich aufmerksam schaue,
Seh' ich die Nazuna an der Hecke blühen!"
D.T.Suzuki

Der modernen abendländischen Kultur ist diese Betrachtungsweise der Natur und damit auch der Menschennatur fremd geworden. Aktivität ist mehr geschätzt als eine abwartende Haltung. Dies hängt mit dem vorherrschenden Denken über das Verhältnis von Mensch und Natur zusammen. "Wenn Bacon meinte, man müsse die 'Natur' zur Sklavin machen, sie ans 'Kreuz nageln', um ihr ihre Geheimnisse zu entreißen, dann ist damit ein anderes Verhältnis zur Natur beschrieben, als es Kulturen der Jäger und Sammler, der Ackerbauern und Viehzüchter gehabt haben. Jagen und Pflanzen mit dem damals vorhandenen Gerät konnte man wohl nur, wenn man passiv und aktiv zugleich war...Wild und Planzen hatten ihren 'Eigenwillen', man mußte sich an ihre 'Eigenwilligkeit' ...viel weitgehender anpassen, passiver sein als heute."
(*Portele* 1992, S. 1O5f)

Die für unsere Kultur typische Art der Naturannäherung geschieht im Gegensatz dazu durch Eingreifen, Zerlegen und Zerschneiden. So beginnt das Medizinstudium bezeichnenderweise mit dem Sezierkurs. Auch unsere Kinder bringen in den Biologie-Unterricht noch immer die ersten Schneeglöckchen und ein Messer mit, um sie sofort zu zerlegen. Da gibt es kein Wahrnehmen und Erfassen des Ganzen, des Lebendigen in seinem Umfeld, so wie es der Zen-Lehrer Suzuki in dem vorangestellten Gedicht zum Ausgangspunkt einer vergleichenden Studie nimmt. Untersuchungen über die Wirksamkeit von Psychotherapie belegen, daß genau diese Haltung heilend wirkt.

Was aber diese Grundhaltung der Wertschätzung so schwer zu verwirklichen macht, ist die Aufgabe jedes Machtanspruchs über andere Menschen, und sie kann auch schwer gedeihen in einem Klima der Bewertung und Konkurrenz, wie es Schule und Arbeitsleben nun einmal sind. Jemanden sein zu lassen, wie er ist, ist eine thera

peutische Haltung und paßt nur bedingt in eine Erziehungsinstitution. Auch im täglichen Kontakt miteinander ist eine solche Haltung wohl nur schwer einlösbar, aber als anzustrebende Richtung kann sie wohl hilfreich sein.

Zudem ist gerade diese "Haltung der Liebe" in Gefahr, zu einer naiven Geste der Welt-Umarmung zu verkommen, die zerstörerische Kräfte einfach ignoriert. Es geht vielmehr um eine lebensbejahende Auseinandersetzung mit allem, was menschlich ist, und menschlich sind auch Krieg, Sadismus und Gemeinheit. Verteufelungen spalten Teile der Wirklichkeit ab. Auch der Verbrecher ist ein Spiegel eigener möglicher Impulse und Verhaltensweisen und keine 'Bestie in Menschengestalt'. Auch die Kälte des Winters, das Kind mit dem Wasserkopf, der Alte, der in seinen Ausscheidungen liegt und der hoffnungslose Alkoholiker gehören zum Leben ... als Spiegel, als Herausforderung und als Grenzerfahrung.

"Was bringen wir unseren Kindern in der Schule bei?
Daß zwei und zwei vier macht und daß Paris die
Hauptstadt von Frankreich ist.
Und wann lehren wir sie, was sie selber sind?
Eigentlich sollten wir jedem einzelnen
von ihnen sagen:
Du bist ein Wunder!
Du bist einmalig. Du bist fähig, alles zu tun.
Wirst Du, wenn Du groß sein wirst,
einen anderen verletzen können,
der ein Wunder ist wie Du?"
Pablo Casals

Aktive Wertschätzung bedeutet, immer wieder die Verantwortung für die Lebendigkeit *(Jonas 1984)* anzunehmen. In der täglichen Erziehungspraxis heißt das z.B., die Schwächeren immer wieder zu ermutigen, sich selbst zu behaupten, und dort, wo sie es nicht selbst können, sie zu schützen.

Eine häufige Übung in aktiver Wertschätzung ist ein Schritt zu der philosophischen Haltung der Liebe gegenüber allem Lebendigen, und die Förderung von Lebendigkeit ist ein implizites Ziel jeder gestaltpädagogischen Praxis. So erscheint uns z.B. ein brüllendes Kind erfreulich, weil lebendig, während ein erstarrtes, verstummtes Kind uns eher Sorgen macht, selbst wenn das brüllende Kind subjektiv vielleicht mehr stört. Die Auseinandersetzung über die 'Störung', die durch manche Formen von Lebendigkeit entsteht, ist natürlich auch wichtig, aber doch zweitrangig; und diese Auseinandersetzung wird eventuell auch dadurch konstruktiv, weil sie auf der Wertschätzung des Lebendigen aufbaut.

Und das gilt in gleicher Weise für jede Form von Leben. Und dazu gehört auch das Lernen. Lernen in gutem Kontakt gelingt viel besser, wenn der Prozeß von grundsätzlicher Wertschätzung begleitet ist. "Wertschätzung und Respekt gegenüber Menschen, Tieren, Pflanzen, Dingen, gegenüber der Geschichte und der Umwelt ist eine Erfahrung, die - wenn sie der Schüler erlebt - ermutigend auf ihn selbst wirkt. Das allerorts übliche Klima von offener oder versteckter Abwertung und Geringschätzung entmutigt und hemmt Lernfreude. Hier wirkt das Elternhaus entscheidend mit: Wie gerne lesen und schreiben die Eltern? Schauen sie manchmal in ein Lexikon? Warum soll ich für Geografie und Geschichte von Ländern Interesse haben, wenn über die Menschen, die von dort kommen, vorwiegend verächtlich geredet wird?...

In der Schule wirkt sich hier auch die abwertende Konkurrenz zwischen den Lehrern und zwischen Gegenständen aus. Für kollegiale Geringschätzung sind Schüler sehr sensibel (das kennen sie oft schon von den Eltern). Kollegiale Wertschätzung hingegen kann Lernfreude fördern. Sie ist oft die Voraussetzung, daß der Lehrer Wertschätzung auch in die Klassen hineintragen kann. Und so ist die Entwicklung einer solchen Haltung zunächst nicht in der Klasse möglich, sondern beginnt beim Umgang des Lehrers mit sich selbst und mit den Kollegen." *(Thanhoffer, Reichel, Rabenstein 1992, S.61)*

Selbstachtung

Im vorigen Zitat wird am Ende das angesprochen, was jeder Wertschätzung des anderen vorausgeht: die Selbstachtung, die Fähigkeit, sich selbst mit allen Schwächen und Unvollkommenheiten anzunehmen, der liebevolle Kontakt mit sich selbst, wie er etwa in dem berühmten Text "Mein Bekenntnis zur Selbstachtung" *(Satir 1975, S.46)* zum Ausdruck kommt. Da heißt es unter anderem:

"Weil alles, was zu mir gehört, mein Besitz ist, kann ich mit allem zutiefst vertraut werden. Wenn ich das werde, kann ich mich liebhaben und kann mit allem, was zu mir gehört, freundlich umgehen. Und dann kann ich möglich machen, daß alle Teile meiner selbst zu meinem Besten zusammenarbeiten. ... ... Ich weiß, daß es manches an mir gibt, was mich verwirrt, und manches, was mir gar nicht bewußt ist. Aber solange ich liebevoll und freundlich mit mir selbst umgehe, kann ich mutig und voll Hoffnung darangehen, Wege durch die Wirrnis zu finden und Neues an mir selbst zu entdecken."

Paradox der Veränderung

Veränderung findet statt,
wenn jemand wird,
was er ist,
nicht wenn er versucht zu werden,
was er nicht ist.
Der Mensch ist sehr stark,
wenn er nur ist,
was er ist.

Aus der Selbstannahme wächst das Paradox der Veränderung. Lasse ich Ideale und Vorstellungen los, verkrampfe ich mich nicht mehr in meinem Ärger darüber, daß ich mich dauernd über lächerliche Dinge ärgere, daß ich noch immer die gleichen Fehler mache ... ... dann beginnt die Weiterentwicklung. Nicht immer ist es die erhoffte Lösung, aber es geschieht etwas Unerwartetes, und oft bemerke ich es erst einige Zeit später. Das ist dann der Augenblick, um das Wesen der Selbstverwirklichung im Sinne Gertrude Steins zu verstehen: "Eine Rose ist eine Rose ist eine Rose."

Dieser Vorgang ist auch in pädagogischen Beziehungen zu beobachten: Wenn wir aufhören, krampfhaft mit allen Mitteln Kinder zu erziehen, dann ermöglichen wir Weiterentwicklung. Sie will ja geschehen.
Die Teilnehmerin eines Lehrgangs faßt ihre Entwicklung so zusammen:

"Habe ich mich besonders verändert - ich glaube nicht. Die Dinge sind nun einmal, wie sie sind - systemische Zusammenhänge, Schülermentalität, die Notwendigkeit, auch Lehrstoff zu vermitteln, und nicht zuletzt meine Persönlichkeit mit ganz speziellen Fähigkeiten, Grenzen, Wünschen und inneren Widerständen. Zu erwarten, daß sich dies alles ändern könne, wäre Unsinn. Die meisten Leute würden am liebsten die ganze Welt verändern, wenn das ginge. Ein paar machen den lobenswerten Versuch, sich selbst zu ändern. Ich will bescheidener sein und mir zugestehen, daß ich diejenige bleiben darf, die ich bin, und daß es genügt, das jeweils Andersartige im Gleichbleibenden zu erblicken."
(*Roswitha Mechtler*: Praxisarbeit)

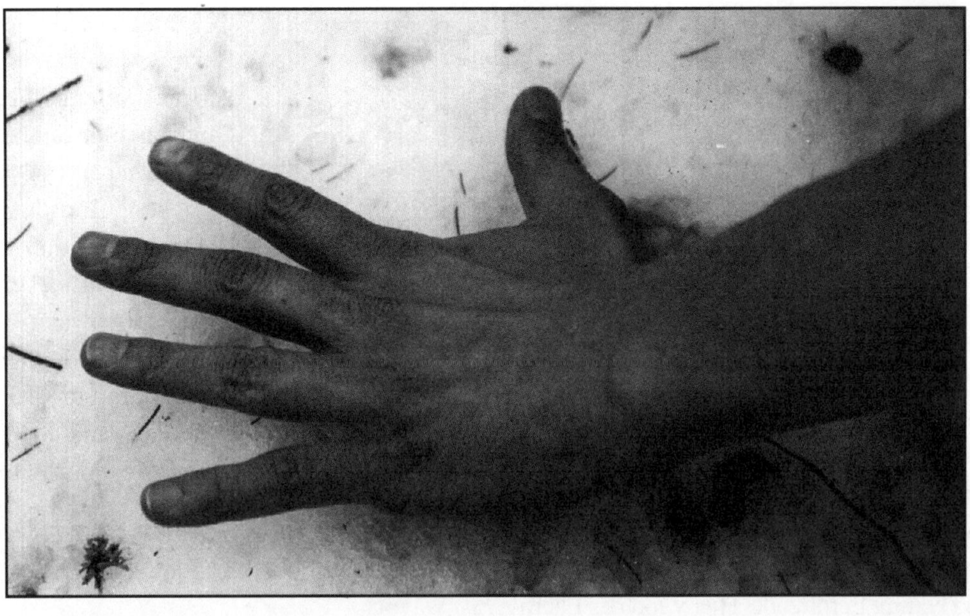

2.4. Bezogenheit

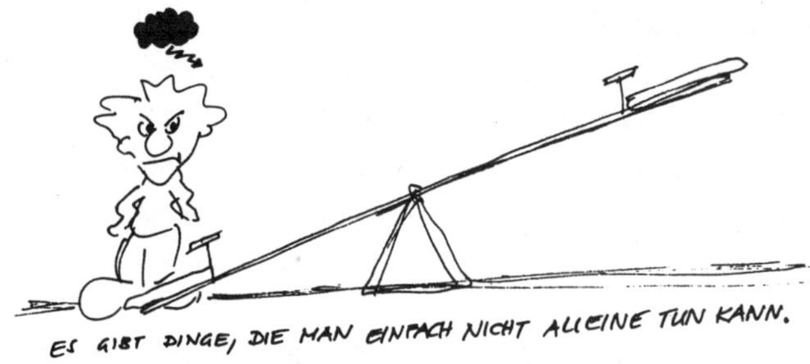

"Der Mensch wird am Du zum Ich."
Martin Buber

"Kontakt" ist ein Schlüsselbegriff der Gestalttherapie. Die Gestaltpädagogik hat diese hohe Aufmerksamkeit auf den Kontakt beibehalten und auch weiterentwickelt. Eine Weiterentwicklung des gestalttherapeutischen Kontaktbegriffs ist die Beachtung der "Qualitäten der Bezogenheit". Hier werden Mängel in der bisherigen Sicht von Kontakt deutlich und überwunden. In der lockeren Aufbruchsstimmung der 60er Jahre waren vor allem der Kontakt zu sich selbst, die Förderung der Spontaneität und des lebendigen Ausdrucks im Vordergrund. Modesätze wie "Ich steh dazu", "Ich schau auf mich", "Ich muß mich mehr abgrenzen" etc. waren 'in', waren auch berechtigt und förderlich für viele Menschen, waren für andere in bestimmten Lebensphasen aber auch schädlich; diese Haltung verkennt in ihrer einseitigen Selbstbezogenheit die existentielle Abhängigkeit des Menschen. Von Geburt an ist der Mensch ohne andere nicht lebensfähig, auch wenn der einzelne oft unter anderen leidet.

Die Differenzierung dieser Bezogenheit ist daher erst später möglich geworden (*Orth, Petzold* 1993b); sie wird hier für die Gestaltpädagogik erstmals adaptiert:

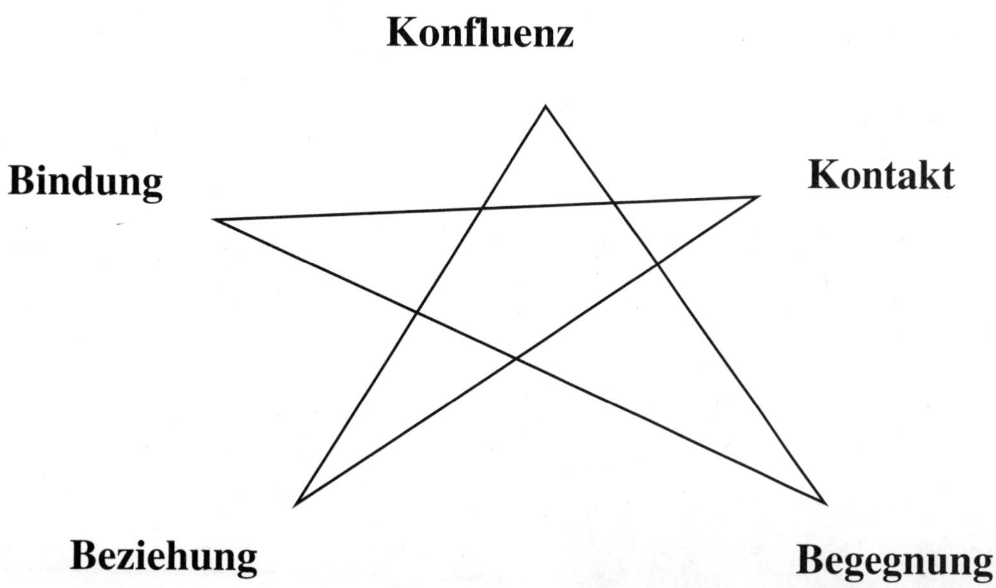

Qualitäten der Bezogenheit

Konfluenz

Konfluenz ist die Erfahrung der Einheit von Verschiedenem, des Nichtgetrenntseins, der Verschmelzung. Diese Erfahrung bringen wir aus dem Mutterleib mit, sie ist in unserem Leib eingeprägt, und gelegentlich suchen wir die Erinnerung an diese Erfahrung, indem wir sie partiell wiederherstellen: im Tanz, in einer Naturerfahrung, in einer Jam-Session, beim miteinander Singen, im Orgasmus, ... ebenso auch im Fußballstadion, bei einer Demonstration, beim Fackelzug, mit Hilfe von Drogen oder in einer religiösen Psychose.
Wir sehnen uns nach Konfluenz, aber dort lauern auch die Gefahren der Selbsttäuschung. Wir verdrängen dabei gern unser Getrennt-Sein und damit unsere Selbstverantwortung.

Es ist nicht leicht, die Grenze zwischen Identifikation und Konfluenz auszumachen. Bei beiden wird die Kontaktgrenze durchlässig. Der Unterschied liegt mehr in der Intention als im Ergebnis, eine Identifikation wird bewußt herbeigeführt, gesteuert und auch beendet, Konfluenz passiert einfach und wird oft gar nicht als solche bemerkt, etwa beim "selbstvergessenen" Spiel des Kindes.

Jede Bezogenheit pendelt zwischen den Polen "Verschmelzung" und "Abgrenzung", "Zugehörigkeit" und "Verschiedenheit". Am deutlichsten spürbar ist das in der Partnerschaft von Mann und Frau.

Pädagogisch relevant ist diese Sehnsucht nach Konfluenz immer, besonders in der Pubertät und in anderen Krisenzeiten, wenn die Forderung nach Selbstverantwortung uns zu erdrücken droht. In dosierter und kontrollierter Form fördern Konfluenzerfahrungen die Intensität des Lebens und die Begegnungsqualität in einer Gruppe (man denke hier nur an das gute, alte Lagerfeuer). Identifikation ist ein markantes methodisches Prinzip in der Gestaltpädagogik.

Kontakt

In diesem Konzept von Bezogenheit bezeichnet Kontakt etwas zunächst rein Funktionales. Die leibhaftige Erfahrung des Anderen ermöglicht und erzwingt die Erkenntnis, daß ich ich bin, etwas eigenes, selbständiges. Im Leben relevant ist hier die Fähigkeit, den anderen "angemessen" in Bezug zu mir wahrzunehmen und zu behandeln. Die Kassierin kassiert, der Taxifahrer fährt, das Telefonfräulein vermittelt, der Prüfer prüft, sonst nichts. Sie sind nicht für meine Launen zuständig, und ich nicht für ihre. "Hier bin ich, da bist du; ich sehe dich an, ich höre dich."

Begegnung

In der Begegnung erhalten die Kontaktpartner die Qualität der Unverwechselbarkeit, der Einmaligkeit. Ich fühle mich persönlich wahrgenommen, herausgefordert, der andere interessiert mich als Mensch. Beim Tanzen lerne ich eine Frau kennen, deren Augenausdruck und Geruch

mich neugierig machen. Im Zugabteil komme ich mit einer klugen Frau ins Gespräch. An beide Begegnungen werde ich mich noch eine Zeitlang erinnern.
Begegnungen sind die Würze des Alltagslebens, ohne sie droht Langeweile. Bei einer Begegnung möchte ich einen guten Eindruck machen, da strenge ich mich etwas mehr an als sonst.
Die große pädagogische Bedeutung der Begegnung wird deutlicher, wenn wir zunächst die nächste Qualität - die Beziehung - genauer beschreiben:

Beziehung

"Hier ist mein Geheimnis:

Du bist verantwortlich für das,
was du dir vertraut gemacht hast."

Wenn eine Begegnung sich so entwickelt, daß sie auf Dauer angelegt ist, daß die Partner füreinander Verläßlichkeit und Verantwortung entwickeln wollen, dann entsteht Beziehung.
Zum Ärgernis der meisten Moraltraditionen hat die Natur hier einen Widerspruch geschaffen: Während für das Überleben eines neugeborenen Kindes ein Beziehungspartner notwendig ist, ist für das Entstehen eines Kindes nur eine Begegnung erforderlich ... und seit ein paar Jahren nicht einmal die.
Die meisten Traditionen versuchen daher, die "gefährlichen" Begegnungen zu verhindern bzw. möglichst bald "sichere", d.h. auch kontrollierbare Beziehungen zu stiften. Tatsächlich suchen Kinder und Jugendliche auch Beziehungen, "Freunde fürs Leben", auch Ehe und Familie. Aber die Erfahrung zeigt unmißverständlich, daß ohne die vorherigen und zusätzlichen Erfahrungen von Begegnungen "sofortige" Beziehungen häufig zum Scheitern verurteilt sind.
Das bedeutet aber auch einen gewissen Verzicht auf Kontrolle.

Die Aufgabe von Pädagogen in allen Bereichen von Kinderarbeit bis Seniorenbetreuung ist es, Begegnungen zu ermöglichen, zu fördern und eventuell die Kommunikation über diese Lebenserfahrungen zu unterstützen und zu begleiten. Dazu gehören auch internationaler Austausch, Schulpartnerschaften, einzelne Veranstaltungen etc.

In gestaltpädagogischen Fortbildungen erleben wir auch das besondere Spannungsfeld zwischen Begegnung - etwa in einem einzelnen Seminar - und Beziehung - etwa in einem mehrjährigen Lehrgang. Hier ergibt sich durchaus ein Unterschied beim Umgang mit sehr persönlichen Themen und Gefühlen oder bei der Anteilnahme für die persönliche Weiterentwicklung von TeilnehmerInnen.

Bindung

"Kinder sind dazu verurteilt,
ihre Eltern zu lieben."
Alice Miller

Wenn die Beziehung unverbrüchlich wird, wenn ich über die Beziehung nicht mehr bestimmen kann, dann wird sie zur Bindung. Ich kann mich von meinen Eltern lossagen, ich kann meine Kinder verstoßen, d.h. ich kann die Beziehung beenden; aber ich bleibe gebunden. Ich bleibe der Vater meiner Kinder, ich bleibe das Kind meiner Eltern, ich bleibe Mitteleuropäer.

Selbst wenn ich seit 1938 in USA lebe und jetzt plötzlich den Donauwalzer höre, kommen mir Tränen in die Augen. Das ist nicht Sentimentalität, sondern Bindung. Das Gefühl der Bindung kann lästig sein, aber es trägt auch wesentlich zu meinem Selbstvertrauen, zu meinem "Boden unter den Füßen" bei. Es entsteht besonders durch die Erfahrung der "bedingungslosen Liebe" als Kleinkind.

Manche gesellschaftliche Moral neigt auch hier dazu, Verwirrung zu stiften und dadurch Druck zu machen: Bei der Qualität "Beziehung" steht das berühmte Zitat aus dem "Kleinen Prinzen". Es ist dort - absichtlich - falsch wiedergegeben. Es heißt eigentlich im Original: "Du bist zeitlebens verantwortlich für das, was du dir vertraut gemacht hast." Hier wird Beziehung mit Bindung verwechselt. Aus Vertrautheit und Verantwortung kann Bindung entstehen, z.B. durch gemeinsame Elternschaft, muß aber nicht.

In der Verbindung mit einigen konkreten pädagogischen Praxisfeldern werden diese Qualitäten vielleicht noch prägnanter:

Bezogenheit in einem Heim

Wir verstehen Erziehung als gestaltete Beziehung, sei es in der Familie oder in einem professionellen Rahmen wie einem Heim. Die professionelle Beziehung steht hier in einem manchmal schwierigen Spannungsfeld zur biologischen Bindung: In einem Kinder- und Jugendheim ist für die Erzieher die Konkurrenz zu den Eltern oft nicht zu vermeiden, analog gilt das für ein Altenheim, wenn die Angehörigen der Bewohner ihr schlechtes Gewissen über die Kritik am Personal ausagieren.
Da diese Systeme noch familienähnlicher sind als etwa die Schule, ergibt sich auch ein Spannungsfeld zwischen unserer verinnerlichten Erwartung, daß Beziehung ein "Immer für den anderen da sein" bedeutet, andererseits aber professionelle Betreuung so schwierig ist, daß die Organisation gegen diese Erwartung arbeiten muß. Was nützt ein "Da sein", wenn der Betreuer ausgebrannt und frustriert ist.
Hier muß - vor allem durch Supervision und durch angemessene Dienstpläne - viel Differenzierungsarbeit geleistet werden.

Bezogenheit auf Seminaren

Wie oben schon erwähnt, achten wir in gestaltpädagogischen Fortbildungen einerseits auf die angemessene Dosierung: Je kürzer das Seminar, desto begegnungshafter der Kontakt. Man muß nicht immer gleich per Du sein, auch wenn das manche gern wollen. Da gibt es von manchen TeilnehmerInnen und auch KollegInnen den Sog in die Intensität, und das erweckt oft regressive Beziehungssehnsüchte; hier mitzuspielen kann schon ein Schritt in Richtung Mißbrauch sein.
Andererseits ermöglichen Seminare eine besonders intensive Begegnung mit anderen Teilnehmern und mit Themen. Die Distanz von den alltäglichen Pflichtkontakten und Vordergründigkeiten schafft Raum für das sich Einlassen, für echtes "Dabei sein" ("Inter-esse"). Beide Begegnungen - die mit den anderen Menschen und die mit Themen - sind untrennbar verbunden und daher ähnlich wichtig. Ebenso wichtig ist die Beachtung der Begrenztheit von Seminaren, das kann besonders in der Gestaltung des Abschlusses geschehen.

Bezogenheit in der Schule

Die Bezogenheit zwischen LehrerIn und SchülerInnen steht im Spannungsfeld von Beziehung (vielleicht zum Volksschullehrer oder zum Klassenvorstand), Begegnung (die typische Qualität für Schule) und Kontakt (manchmal bei Prüfungen, wenn es um "objektive" Leistung geht).
Die Bezogenheit findet aber auch zwischen Lehrer und Stoff sowie zwischen Schüler und Stoff statt.
Es gibt LehrerInnen, die zu ihrem Lehrstoff einen ganz coolen Kontakt haben, andere, die zu manchen Themen plötzlich eine intensive Begegnung herstellen können (das sind dann die "Sternstunden" im Unterricht), und manche Lehrer haben zu ihren Inhalten eine solche Beziehung, daß sie sie als wichtigstes Fach betrachten und jedes Desinteresse als persönliche Kränkung nehmen. Und bei Schülern kommen dieselben Qualitäten vor, wenn auch der coole Kontakt hier eher die Regel ist.
Über diese unterschiedlichen Qualitäten Bewußtheit herzustellen, ist ein wichtiges Ziel gestaltpädagogischer Arbeit. In Fortbildungen führt der Weg dorthin oft über die Beleuchtung der persönlichen Vorgeschichte:

Wie kam ich zum Lehrerberuf? Wie kam ich gerade zu diesen Fächern? Habe ich intensive Begegnungs- und Beziehungswünsche zu Schülern, oder haben mich eher die Inhalte meiner Fächer fasziniert? Oder war der Lehrberuf überhaupt eine Verlegenheitslösung ... und jetzt ärgere ich mich über das mangelnde Interesse der Schüler !?

Beim Lesen von Lebenserinnerungen fällt auf, wie stark sich einzelne Personen der jugendlichen Erinnerung eingeprägt haben. Heute ist es nicht anders, das zeigen Rollenspiele und Rückerinnerungen an die Kindheit und Jugend. So schreibt eine Lehrgangsteilnehmerin über ihr erstes Schuljahr: "Ich konnte es kaum erwarten, in die Schule zu gehen. Ich spüre noch, wie aufgeregt ich am Tage vorher war. Ich wurde nicht enttäuscht. Meine Lehrerin gefiel mir vom ersten Augenblick an, sie war groß und weich, freundlich und schimpfte kaum. Ich fühlte mich wohl und geborgen in der Klasse und war immer sehr unglücklich, wenn sie einmal fehlte und eine andere Lehrkraft aushalf." (Praxisarbeit *Silvia Fikar*).

Die schulische Gestaltpädagogik nimmt daher die Lehrer-Schüler-Bezogenheit sehr wichtig. Sie steht im Zentrum der Aufmerksamkeit, die Vielfalt der sozialen Arrangements einer Schulklasse geraten dabei ins Hintertreffen, es erscheint manchmal so, als hätte der Lehrer zu jedem seiner Schüler eine Exklusivbeziehung, die an das Hauslehrersystem des 18.Jh. anschließt. Das hat wohl mit der Herkunft des Gestaltpädagogik aus dem therapeutischen Bereich zu tun, wo Therapeut und Klient eine intensive und exklusive Beziehung aufbauen.

Martin Bubers 'dialogische Beziehung' wird in der Gestaltpädagogik-Literatur beschworen: "Der Kern der Dialogischen Beziehung besteht nach Buber...in einer Begegnung, in der wir einem Menschen oder einem Ding ganz nah sind, die volle 'Gegenseitigkeit'...erfassen, die Einzigartigkeit erkennen, von der Gegenwart dieses 'Du' ganz ausgefüllt werden. Diese Beziehung unterscheidet sich grundlegend von einer Form, in der wir 'über' die Person nachdenken, sie bewerten, vergleichen oder einen Nutzen aus ihr zu ziehen versuchen." (*Burow* 1988, S. 112)

Kein Wunder, daß sich Lehrer überfordert fühlen, wenn sie dieses Begegnungserlebnis zum Maßstab machen und scheitern, scheitern, scheitern. Und das geschieht vor allem, wenn diese wunderbaren Ansprüche mit den institutionellen Rahmenbedingungen nicht in Einklang gebracht werden können:

- der Raum für Einzelkontakte ist beschränkt
- Bewertung wird meist gefordert
- die Beziehungspartner haben einander nicht ausgesucht und begegnen sich auch als Rollenträger (Heimkind, Schüler - Erzieher, Lehrer)
- der zeitliche Rahmen ist vorgegeben

Diese Bedingungen stellen das Nachdenken über pädagogische Beziehung in einen neuen Zusammenhang: Erzieher und Lehrer bringen es auf einige hundert zwischenmenschliche Interaktionen pro Tag. Die wiederholte Erfahrung des Vertrauens, der Anerkennung und der menschlichen Offenheit übt eine wohltuende Wirkung auf alle aus. Das klingt erstrebenswert und einfach. Was für ein langwieriger Prozeß es aber ist, über die eigenen Gefühle Bescheid zu wissen, sie zu leben und angemessen zu vermitteln, wissen nur wenige.

Außerdem ist es unrealistisch, Lehrer und Schüler als gleichermaßen Lernende zu verstehen, dieses Mißverständnis hat schon eine ziemliche Tradition. Aber es gibt Unterschiede zwischen Lehrenden und Lernenden, die mit der Rolle verknüpft sind: der Lehrende hat in der Regel größeren Überblick und mehr Detailwissen, mehr Lebenserfahrung und vor allem mehr Handlungsmacht und Einfluß.
Der Lehrer ist für den Schüler da, dessen Entwicklung steht im Mittelpunkt. Auf der persönlichen Ebene aber gibt es kein Gefälle.

Grundsätzliche Akzeptanz ist vergleichsweise einfach, wenn ich den anderen nicht beurteilen, kritisieren, konfrontieren muß. So gehört es schon zur 'Hohen Schule', Schwächen mitzuteilen und auch einmal zu konfrontieren, ohne daß sich der Adressat gedemütigt oder verletzt fühlt.

Wie steht es mit gegenseitiger Beurteilung an Ihrem Arbeitsplatz?? Gibt es hier eine so ausgefeilte und regelmäßige Rückmeldung wie an die Schüler? Wird häufig gelobt? Werden Defizite offen angesprochen oder nur in gewissen Gremien oder im Raucherzimmer oder wird getuschelt zwischen Tür und Angel? Welche Fähigkeiten muß an Ihrem Arbeitsplatz ein guter Lehrer, eine gute Erzieherin besitzen?
Oder gibt es bei Ihnen solche Fragen etwa gar nicht?

In der dialogischen Beziehung sind beide Partner reale Menschen und keiner muß den vollen Tugendkatalog rauf- und runterbeten. Bücher wie dieses sind voll von Grundsätzen und notwendigerweise eine Zusammenstellung vom Bestmöglichen. Aber jeder weiß, daß auch die tägliche Küche nicht so farbenfroh und appetitlich ist wie die Hochglanzfotos in den Kochbüchern, und doch betrachten wir diese mit Nutzen und Genuß, ohne unser bescheideneres Mittagsmenü gering zu schätzen.
Gerade in der Zeit des Heranwachsenes wird es niemals ohne Disharmonien ablaufen und der Dialog manchmal abbrechen, die Grenzen für beide Seiten schmerzhaft bemerkbar werden. Aber es gehört zu einem lebendigen Kontakt, daß die Grenze spürbar ist und nicht eine Gummiwand.

2.5. Kontakt

Ich erfahre mich im Kontakt
zu anderen, zur Welt ringsum.
Ohne diesen Kontakt wäre ich zwar
und wäre doch nicht
"...und hätte der Liebe nicht..."
Greifen wir nicht gleich ins magische Land!
Kontakt genügt vorerst.

Lernen können wir als Kontaktprozeß beschreiben, der sich an der Grenze zwischen dem einzelnen Individuum und der Umwelt ereignet. Dabei ist es zunächst weniger wichtig, ob diese Umwelt gerade von einem Menschen, einer Gruppe, einem Gegenstand oder einem Thema verkörpert wird. Wertvolle Impulse für den pädagogischen Alltag ergeben sich, wenn wir die verschiedenen Ebenen von "in Kontakt sein" genauer beleuchten.

A. In Kontakt sein

Aus der Gestaltpsychologie stammt das Gesetz der Dynamik von Figur und Hintergrund, das den Fluß der Wahrnehmung beschreibt. Am Beispiel der bekannten "Rubinschen Vase" (eine Vase zwischen zwei Gesichtsprofilen) wird deutlich, daß unser Organismus sich nur auf ein Phänomen zu einer Zeit konzentrieren kann. Dieses "Sich auf ein Phänomen konzentrieren" nennen wir auch "in Kontakt sein".

Lernen setzt offensichtlich diesen bestimmten Zustand des In-Kontakt-Seins voraus, Sammlung und Konzentration der Wahrnehmung auf einen Gegenstand, eine Leistung oder ein Thema. Wenn etwas deutlich in den Vordergrund tritt, deutlich Gestalt angenommen hat, so ist das ein Zeichen für einen gelungenen Kontaktprozeß, Lernen hat stattgefunden.
Die folgende Geschichte wird einige Minuten der Aufmerksamkeitsverteilung des Durchschnittsschülers Max beschreiben:

Geschichtestunde:
9 Uhr 15 bis 9 Uhr 33
Die Lehrerin hat einen Höhlenbärenknochen mitgebracht. Der 12jährige Max blickt fasziniert auf das verwitterte Gebilde in ihrer Hand, und die Worte der Lehrerin stehen im Mittelpunkt seiner Aufmerksamkeit, er ist ganz Auge und Ohr. Als der Knochen durch die Bankreihen gegeben wird, treten Ungeduld und Ärger über die langsame Weitergabe in den Vordergrund, die Stimme der Lehrerin dringt nicht in sein Bewußtsein. Als er selbst den Knochen in der Hand hält, ist seine Aufmerksamkeit ganz auf ihn konzentriert, er hört gleichzeitig auch wieder die Ausführungen der Lehrerin. Jetzt schweifen seine Gedanken ab, und er stellt sich den Bären in voller Größe hier im Klassenzimmer vor. Als Max von seinem Nachbarn zur Weitergabe aufgefordert wird, tritt wieder Ärger auf, er hört für eine halbe Minute nichts als die geflüsterten Worte der Auseinandersetzung mit Andreas. Jetzt wird er aufgefordert, eine Stelle aus dem Buch vorzulesen. Da er ein schlechter Leser ist, ist die Aufregung im Vordergrund, er liest, kann aber nichts vom Inhalt aufnehmen. Als sein Nachbar weiterliest, fesselt ihn ein Bild im Buch, der Text tritt in den Hintergrund. Ein Rascheln in seinem Rücken, und ein leichter Duft nach Wurst. Das Bild verblaßt, Hunger meldet sich, Max beginnt in der Bank zu kramen, er fühlt das Papier seines Jausenbrotes. "Was kramst du da herum, Max, paß doch auf!" Der Schreck und das ärgerliche Gesicht der Lehrerin stehen im Vordergrund der Aufmerksamkeit .....
18 Minuten einer Geschichtestunde sind vergangen.

Im Kontakt geschieht eine Verknüpfung mit der Welt, wobei Veränderungen in beiden Richtungen auftreten: Die Umwelt nimmt Einfluß auf den Menschen, und der Mensch Einfluß auf die Umwelt. An der Kontaktgrenze berühren sich beide Oberflächen, dringen ineinander ein, verändern sich und trennen sich wieder. Wir sprechen hier auch von Interaktion.

Die Betonung der Veränderung der Gesamtpersönlichkeit im Lernen unterscheidet die Gestaltpädagogik von mechanistischen Lernmodellen. Eine neue Fähigkeit, ein neues

Wissen wird nicht einfach dazuerworben, nicht als neuer Posten in einer langen Rechnung dazuaddiert, sondern alles organisiert sich um, ein neuer Rechenposten verändert auch die Rechenart.

Vielleicht denken Sie jetzt: "Um Himmels Willen, die Gebrauchsanweisung für meinen neuen Mixer verändert mein Leben wohl nicht so tiefgreifend." Tatsächlich sind solche Wirkungen oft minimal und kaum spürbar, aber durch Integration in den Lebenszusammenhang ist Lernen immer auch ein Wandlungsprozeß.

Veränderungen in lebenden Systemen folgen ihrer eigenen Dynamik (siehe Kap. Selbstverantwortung). Wandel und Lernen lassen sich daher auch nicht steuern. Der Mensch ist keine Schiffsschraube und auch kein Bäumchen, sondern ein wunderbarer Sonderling. Und doch hat auch die Gestaltpädagogik so etwas wie einen Katalog von 'Bedingungen für gelungene Lernprozesse' zusammengestellt. Der Pädagoge greift durch seine Persönlichkeit, sein didaktisches Arrangement, durch die Zeitstrukturierung unentwegt ein, und es lassen sich Interventionen benennen, die sich eher förderlich oder eher hemmend auswirken. Um die grundsätzliche Eigendynamik jedes Lernprozesses doch ein wenig durchsichtiger, überschaubarer und damit handhabbarer zu machen, soll im folgenden der Kontaktbegriff in verschiedene Dimensionen aufgeblättert werden.

Ein Schüler sitzt vor dem aufgeschlagenen Buch und träumt zum Fenster hinaus. Er ist in Kontakt mit den Wolken draußen oder vielleicht mit seinen Gedanken bei einem wichtigen Fußballspiel, wir wissen es nicht. Sicher scheint, daß er nicht in Kontakt mit dem Buch ist, daß er also nicht "lernt".

Als Vater nehme ich diese Szene vielleicht wahr und habe nun verschiedene Möglichkeiten:

a) Ich lasse ihn in Ruhe, er wird schon zurechtkommen.

b) Ich stelle Kontakt her, indem ich mich für ihn interessiere: "Hallo, was machst Du gerade so?" Die Frage ist, ob er das als Interesse verstehen wird oder als verdeckte Ermahnung, sich aufs Buch zu konzentrieren. Das kann sehr leicht Verwirrung stiften.

c) Ich stelle Kontakt her, indem ich ihn ermahne: "Träum doch nicht so herum! Lern endlich!" Der Vorwurf ist hier klar im Vordergrund, und er wird sich jetzt innerlich damit beschäftigen. Das Buch ist weiterhin im Hintergrund.

d) Ich stelle Kontakt her und erkundige mich nach den aktuellen Schulthemen; d.h. ich stelle auch Kontakt zu dem gerade aufgeschlagenen Buch her.

e) ....

Vorausgesetzt, alle vier Haltungen sind jeweils ehrlich gemeint, dann stellt sich die Frage: Welche Haltung fördert den Kontakt des Schülers zum Buch? Am ehesten a) oder d), das ist sicher. Aber vielleicht kennen Sie noch eine weitere gute Möglichkeit.
Und welche fördert oder erschwert gleichzeitig den Kontakt zwischen Vater und Sohn?

B. Äußere Ebenen des Kontakts: Ich - Wir - Es und Umfeld

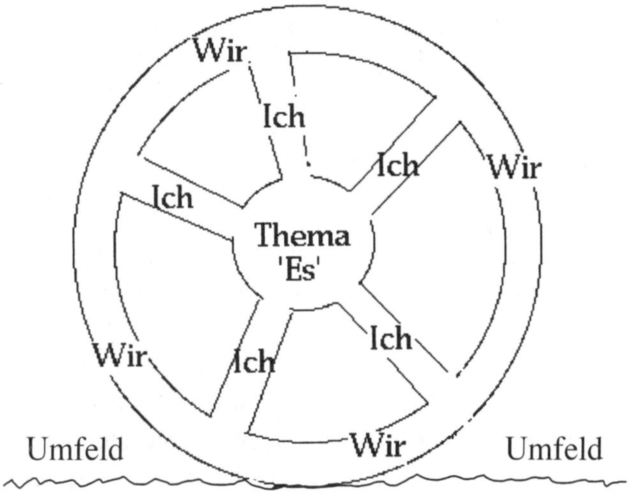

Das Kontakt-Rad

Dieses Darstellung basiert ursprünglich auf dem Konzept der "Themenzentrierten Interaktion" von Ruth Cohn (1981). Kontakt geschieht in mehreren Richtungen:

a) **Kontakt zu sich selbst (ICH):** Spüre ich, was ich gerade tue, was mir gerade wichtig ist, usw.? Mag ich mich?

"Ich"

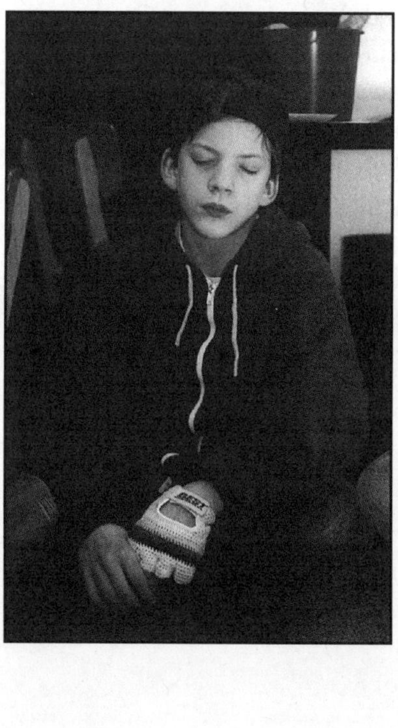

Die Förderung des Kontakts zu sich selbst ist ein zentraler Baustein gestaltpädagogischer Methodik, das durchzieht alle Praxisfelder und Themen in diesem Buch.

b) **Kontakt in der Interaktion zwischen Lehrenden und Lernenden (WIR):** Welche zwischenmenschliche Atmosphäre herrscht hier, "was läuft hier gerade", wie werden die verschiedenen Rollen gespielt? Nach welchen Regeln wird hier gehandelt?

"Wir"

"Wenn Kinder am Beginn zerstreut sind, sage ich manchmal einfach: 'Ich bin da!'"
"Ich beginne mit einem Sesselkreis, vor allem, wenn ich das Gefühl habe, es liegt was in der Luft."
"Bei mir beginnt die Kontaktaufnahme meist schon am Gang - gleich in Englisch wie im Unterricht." (Englisch)
Manchmal beginne ich so, daß ich mit ein paar Schülerinnen zu tanzen beginne." (Musik)
"Manche Kinder spreche ich extra an, manche fasse ich an - je nach meiner Verfassung. Ich versuche, ein bewußtes Hinwenden auf mich herzustellen."

Eine zentrale Aufgabe ist aus gestaltpädagogischer Sicht die Förderung der Interaktion zwischen den Kindern, Schülern, TeilnehmerInnen, KlientInnen. Im Unterschied zu vielen gängigen Auffassungen von Lernen ist das lebendige, eventuell auch konflikthafte Geschehen zwischen Gruppenmitgliedern unersetzlich, sei es

- beim Austausch über das, was ich im Kontakt zu mir entdeckt habe, also meine Ängste, Wünsche, Interessen, etc.
- für die Klärung von Rollen, Beziehungen, Regeln in der Gruppe
- in der Zusammenarbeit bei gemeinsamen Themen und Zielen.

In der Schule z.B. kommt das soziale Lernen immer noch zu kurz. Ein Grund dafür ist wohl die Unsicherheit der LehrerInnen gegenüber den sozialen Prozessen und dem dabei befürchteten Kontrollverlust.

Auch Eltern und Vorgesetzte verstehen oft zu wenig von diesen wichtigen Lernerfahrungen. Aber die Schule von heute muß auf Teamarbeit von morgen vorbereiten. Die hierarchisch strukturierten Arbeitsbeziehungen sind ein Auslaufmodell, neue Kooperationsformen, in denen Menschen in der Gruppe gemeinsam arbeiten, setzen sich immer mehr durch. Gestaltpädagogik fördert soziales Lernen nach besten Kräften.

c) **Kontakt zwischen den Beteiligten und dem Lerninhalt (ES):** Wie groß ist hier gerade das "Interesse" (d.h. "dabei sein", also auch eine Umschreibung für Kontakt)?

"Es"

Was ist Geschichte?

Hier beginne ich mit der Geschichte der eigenen Person, so beginnen die SchülerInnen ihre Geschichte als etwas Gewordenes zu betrachten. Was hat sich verändert rund um mich seit der Zeit, als ich noch sehr klein war? Dann beginnt das Forschen nach den Stammbaum-Wurzeln. Großeltern werden befragt: Wie war Kindsein früher? Wie lebte eine Frau mit vielen Schwangerschaften und Geburten? Wie war Krankheit früher? Jedes Kind bringt den 'ältesten Gegenstand der Familie' mit in die Schule und er bekommt seinen zeitlich eingestuften Platz unter den anderen 'Altertümern'. So kann es sein, daß die Sammlung - von mir als **'persönliches Museum'** bezeichnet - vom 30 Millionen Jahre alten Fossil bis zu Vaters altem Teddybären reicht. Wenn diese Gegenstände dann nebeneinander, ihrer zeitlichen Entfernung nach aufgereiht sind, der Römerstein ziemlich in der Nähe des alten Radios, aber weit entfernt von der Speerspitze, die Vati aus der Wüste mitgebracht hat, dann wird der Begriff 'Zeit' in der Geschichte 'anschaulich' - ganz abgesehen von der Vielzahl von Geschichten, die über jeden einzelnen Gegenstand erzählt werden.

(Brigitte Esslinger in *Scala* 1990, S. 27.)

Ist der Lernende gut im Kontakt mit sich selbst und die Gruppenstimmung anregend, dann ist eine gute Voraussetzung gegeben, daß der Kontakt zum Lehrstoff, sei das nun ein mathematisches Problem oder die Beschäftigung mit Barockliteratur, unproblematisch wird. Ein besonders fesselndes Thema kann dagegen schlechten Kontakt auf den beiden anderen Ebenen eine Zeitlang vergessen machen, und oft muß ein Lehrer den Weg wählen, etwas besonders Anregendes für eine schwierige Lerngruppe zu finden, weil Störungen auf der ersten und zweiten Ebene nicht im Handumdrehen zu bewältigen sind.

d) **Kontakt zum UMFELD (auch "Kontext" genannt):** In welchem räumlich/zeitlich/gesellschaftlichen Zusammenhang steht diese Situation.

Pädagogische Institutionen wie Kindergarten, Heim, Schule sind in der Regel ziemlich abgeschirmte Räume, in denen die Umwelt selten direkten Platz hat. Sie wird höchstens didaktisch aufbereitet wie bei "Politische Bildung" oder "Sozialkunde". Lange Zeit durften Personen der Außenwelt, z.B. sogenannte 'schulfremde Personen', nur mit Genehmigung der Behörde das Schulhaus betreten. Das macht auch Sinn, insofern es Distanz und Überblick schafft; aber zuwenig direkter Kontakt mit den Umwelten isoliert die 'Insassen', auch geistig, und macht unpolitisch. So klagen zwar fast alle PädagogInnen über den nachlässigen Umgang mit Material und Einrichtung, aber noch kaum jemand kam auf die Idee, Kinder bei der Konzeption, (auch finanziellen) Planung und prinzipiellen Ausgestaltung von den Gebäuden, in denen sie leben und lernen sollen, miteinzubeziehen.

Projekt Umfeld Schule

In diesem Projekt ging es um die gegenwärtige Lage der Schule in einem wenig ansprechenden Viertel der Stadt, das den Schülern auch relativ unbekannt ist.

So wurde

- ein Ökotaster angelegt,
- die Freizeitsituation des Bezirkes untersucht,
- ein Fragebogen zur Lebenssituation der Menschen ausgearbeitet,
- soziale Einrichtungen besucht,
- die Verkehrsdichte erhoben,
- Luftgüte und Lärm an neuralgischen Punkten gemessen,
- dem öffentlichen Verkehr auf den Zahn gefühlt.

Einige dieser Untersuchungen trugen den Zukunftsverweis schon in sich:
Vorschläge zur Verbesserung wurden in vielen Bereichen gemacht und auch an politische Stellen weitergeleitet. So wurden die Fahrpläne von Bahn und Bus besser koordiniert oder Vorschläge für günstigere Begrünung gemacht.

Auch die **Geschichte** dieses Viertels wurde im Rahmen des Projekts untersucht, und dabei wurden so spannende Details ausgegraben wie der Erfinder der Perkussion: Leopold Auengrugger, Sohn des Mohrenwirts und späterer Arzt, der seine Erfindung machte, indem er sich erinnerte, wie sein Vater beim Abklopfen der Weinfässer - je nach Inhalt - verschieden hohe Töne hervorgebracht hatte.
(Modellschule Graz: Projektbericht "Umfeld Schule" 1994)

Projekt Umfeld Schule

In der Darstellung des Kontakt-Rades zeigten wir, wie die hier beschriebenen Ebenen laufend verbunden sind. An einem Beispiel zeigen wir noch einmal, wie der Kontakt zwischen den verschiedenen Ebenen "rotiert":

"Seit einem halben Jahr ist für mich eine Entspannungsübung am Beginn eines Schultags und ein Gesprächskreis selbstverständlich (ES). Früher hatte ich oft ein schlechtes Gewissen dabei (ICH). Nehme ich den Kindern nicht zu viel 'Lernzeit' damit weg (ES)? Ich hatte auch oft nicht die Geduld und Ruhe dafür (ICH).

Im Lauf der Gestaltpädagogikausbildung lernte ich diese Geduld kennen und schätzen, und ich bekam immer mehr Mut, mir mit den Kindern Gutes zu gönnen (WIR). Etwas verunsichert war ich noch bis vor kurzem, wenn meine Vorgesetzte in der Früh in unsere Klasse kam(UMWELT). Ich fühlte mich dabei immer irgendwie ertappt (ICH), weil wir ja nicht schon alle sitzen und 'lernen'. Aber das vergeht mit der Zeit."

In einem anderen Bild - dem Eisberg - zeigen wir, daß die Kontaktebenen in unserer Gesellschaft unterschiedlich gewichtet werden: Der Kontakt zur Sache - Es - wird wahrgenommen und beachtet, die Ebenen "unter der Oberfläche" werden übersehen, sind aber im Verborgenen sehr wirksam. Das wird vor allem dann deutlich, wenn bei stundenlangen "sachlichen Debatten" nichts herauskommt, weil Wichtiges auf der Beziehungsebene übersehen wurde.

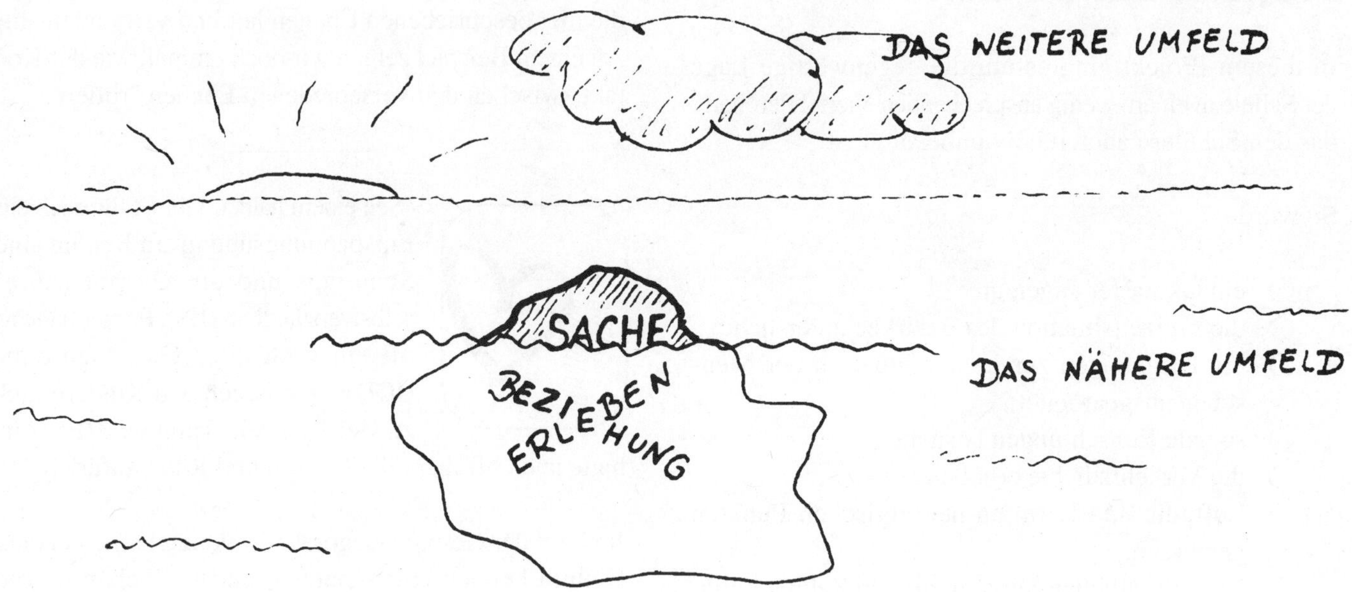

Sache

Das gemeinsame Thema, das Problem, die vorgegebenen und überprüfbaren Inhalte; hier geht's auch um 'richtig' oder 'falsch'; "Es".

Erleben

Der persönliche, indivuduelle Bezug des Einzelnen zum Thema, zur Situation. Die augenblicklichen Gefühle, Stimmungen, Körperempfindungen; "Ich".

Beziehung

Die Zusammensetzung der Gruppe, die Sympathien und Abneigungen, die Rivalitäten und Ängste, die die Einstellung und das Verhalten gerade mitbestimmen; die Atmosphäre zwischen den Menschen; "Wir".

Das nähere Umfeld

Die Meinungen, Erwartungen, Ansprüche der KollegInnen, der Vorgesetzten, der Eltern, der Nachbarn, der Behörde über das, was hier geschieht; die Rahmenbedingungen (Raum, Zeit, Material, Organisation) fördern oder hemmen die Kommunikation und die Arbeit hier und jetzt; "Kontext" im engeren Sinn.

Das weitere Umfeld

Auch die aktuelle wirtschaftliche und politische "Wetterlage" beeinflußt die pädagogische Arbeit; der "Zeitgeist" bewertet diese Arbeit mit; "Kontext" im weiteren Sinn.

C. Innere Ebenen des Kontakts: Körper - Geist - Gefühl

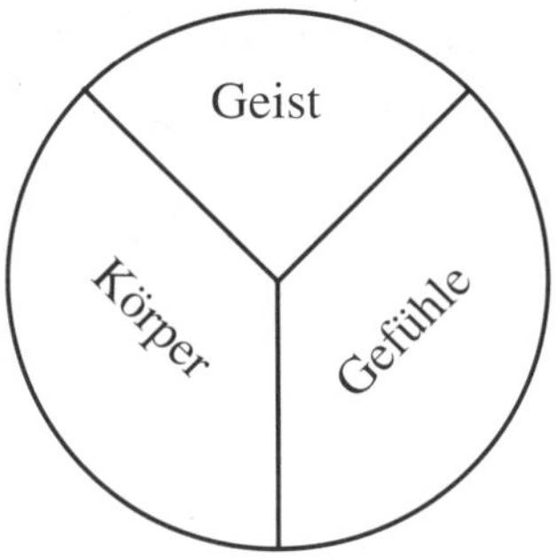

Im Kontakt zu mir selbst, aber auch zu anderen, ist es bedeutsam, wie "ganzheitlich" dieser Kontakt erfahrbar ist, d.h.: Wie spielen bei mir oder meinen Kontaktpartnern "Gefühle", "Geist" und "Körper" zusammen? Das läßt sich bei vielen Vortragenden, Lehrern, etc. und ihrer Wirkung auf ein Publikum beobachten. Da sagt man dann: "Der steht hinter dem, was er sagt!" - "Der verkörpert das, was er vertritt!" Das mehrdeutige Wort "Haltung" drückt diese Verbindung aus.

Ganzheitlicher Unterricht bemüht sich, in Kontakt mit allen drei Dimensionen zu kommen, die Sinne möglichst vielfältig miteinzubeziehen, emotionale und kognitive Aspekte zu verbinden. Anreize werden vielfältiger, wenn sie nicht nur den Intellekt ansprechen.

Wir alle haben auch einen Körper mit vielfältigen Rezeptoren und sind Wesen mit mächtigen Gefühlen, die aus dem Leben zu verbannen nur heißen würde, sie durch die Hintertüre wieder hereinzulassen. Wir wissen, daß das Sinnengedächtnis und das motorische Gedächtnis dauerhafter und mächtiger sind als das Wortgedächtnis, deshalb kann es nur günstig sein, beide Bereiche ins Lernen miteinzubeziehen.

"Hinter deinen Gedanken und Gefühlen,
mein Bruder, steht ein mächtiger Gebieter,
ein unbekannter Weiser - der heißt Selbst.
In deinem Leibe wohnt er, dein Leib ist er."
Friedrich Nietzsche

Bei Kleinkindern ist diese ganzheitliche Haltung noch deutlich erkennbar, sie sind ganz neugierig, ganz traurig. Warum geht das verloren?
Wir meinen, daß ein wesentlicher Grund in der Körperfeindlichkeit unserer Lernkultur liegt. Der wichtigste Lehrstoff, den die Schule vermittelt, ist das Stillsitzen, die Zügelung des Bewegungsdrangs, und wer nicht genug lernt, muß noch einmal "sitzenbleiben". Wenn einer dann sehr gescheit ist, bekommt er einen LehrSTUHL.

... ein Ball liegt am Gang. Georg kommt vorbei und kickt ihn weg. Der Ball hat die Aufforderung in sich, bewegt zu werden, be-handelt zu werden, begriffen zu werden - schuld ist nicht das Kind, sondern der Ball.

Bewegungsimpulse liegen sozusagen auf der Straße. Und Kinder greifen Bewegungsimpulse auf, wo immer es geht: Flug- und Sprungbegeisterung, wenn eine Weichbodenmatte im Turnsaal liegt, dann kursiert das Skateboardfieber, Spiele mit der Gummischnur werden jedes Jahr von den Mädchen auf die Bühne des "Bewegungstheaters" gebracht.

Was die Bewegungsbedürfnisse betrifft, leben Kinder und Erwachsene in verschiedenen Welten.
Die Erwachsenenwelt: Sitzen, Autofahren, Arbeiten, Sitzen, Lesen, Diskutieren, Sitzen, Fernsehen, Trinken, ...
Conclusio: Erwachsene sind von Bewegungshandlungen wenig betroffen, begreifen selten Bewegung, greifen selten Bewegungsimpulse auf und begreifen oft nicht

(mehr) den Bewegungsdrang von Kindern.
Die Kinderwelt: laufen, hüpfen, jagen, raufen, verstecken, verkriechen, klettern, schaukeln, ballspielen ... sitzen, denken, lesen auch manchmal, oft nur, wenn es sein muß, nur das Fernsehen bannt auf den Platz. Conclusio: Kinder sind von Bewegungsmöglichkeiten sehr betroffen, be-greifen oft Bewegungen, greifen oft Bewegungsimpulse auf und begreifen oft Erwachsene nicht, die ihren Bewegungsdrang nicht begreifen.
(*Fritz Weilharter*: Modellschulzeitung Nr.4, 1989)

Aus gestaltpädagogischer Sicht bedeutet die Beachtung von Ganzheitlichkeit:
* Die Förderung und Wertschätzung von sinnlichen Erfahrungen in allen pädagogischen Zusammenhängen. Schulen und Kindergärten können heute Kindern mehr Erfahrungen vermitteln als eine Kleinwohnung und ein Betonspielplatz. Mit der Durchsetzung von ganztägigen Schulformen wird zudem die Schule immer mehr zum Lebensraum. Wir setzen uns dafür ein, daß dieser Lebensraum als lebendiger Raum gestaltet wird und das schulische Leben auch die Umwelt stärker einbezieht.
* Um selbst solche Ganzheitlichkeit vermitteln zu können, brauchen wir in der Gestaltpädagogik die Selbsterfahrungsprozesse. Hier wird jeder Einzelne immer wieder ermutigt, seine Körperhaltung zu spüren, seine Gefühle wahrzunehmen und auszudrücken und all das mit seinen Gedanken "auf die Reihe" zu kriegen. Um das zu erreichen, sind vielfältige Feedbacks von anderen in der Gruppe unersetzlich.

D. Gegenwart - Vergangenheit - Zukunft (Geschichtlichkeit)

"Junger Mann, Sie sind viel zu heftig," sprach der Direktor. "Sie untergraben Ihre Zukunft!"
"Ich will keine Zukunft, ich will die Gegenwart haben. Das erscheint mir wertvoller. Eine Zukunft hat man nur, wenn man keine Gegenwart hat, und hat man eine Gegenwart, so vergißt man, an eine Zukunft überhaupt nur zu denken."
"Leben Sie wohl. Ich fürchte, Sie werden etwas Schlimmes erleben."
Robert Walser: Geschwister Tanner

In der frühen Phase der Gestalttherapie und dann auch der Gestaltpädagogik entwickelte sich eine besondere Beachtung und Betonung der Gegenwart, des "Hier und Jetzt". Grund dafür war u.a. die Abgrenzung von Fritz Perls gegenüber der Psychoanalyse mit ihrer Betonung der Vergangenheit. Das führte gelegentlich auch zu einer Überbewertung, zu einem Kult der Gegenwärtigkeit. Nur was jetzt war, war wichtig - was wichtig war, mußte jetzt sofort ausgedrückt, mitgeteilt, getan werden. Nicht wenige gestaltpädagogische Lehrer versuchten daher, ihren Unterricht möglichst den augenblicklichen Bedürfnissen der Schüler anzupassen, nur ein bunter, abwechslungsreicher Unterricht war ein guter Unterricht. Inzwischen hat sich das etwas abgeschliffen, manche Bedürfnisse müssen eben auch vertagt werden, und manchmal ist auch die Rekonstruktion von Vergangenem wichtig, wenn wir uns auf ein gemeinsames Bild von Wirklichkeit einigen wollen (siehe dazu das Projekt "Umfeld Schule" weiter oben). Aber die besondere Wertschätzung des Hier und Jetzt ist in Verbindung mit der "awareness", der aufmerksamen Wahrnehmung, plausibel und unersetzlich. Der achtsame Umgang mit dem Fluß von Vergangenheit, Gegenwart und Zukunft wird in der Gestaltpädagogik auch prozeßhaftes Arbeiten genannt. Das wird im nächsten Kapitel genauer entwickelt.

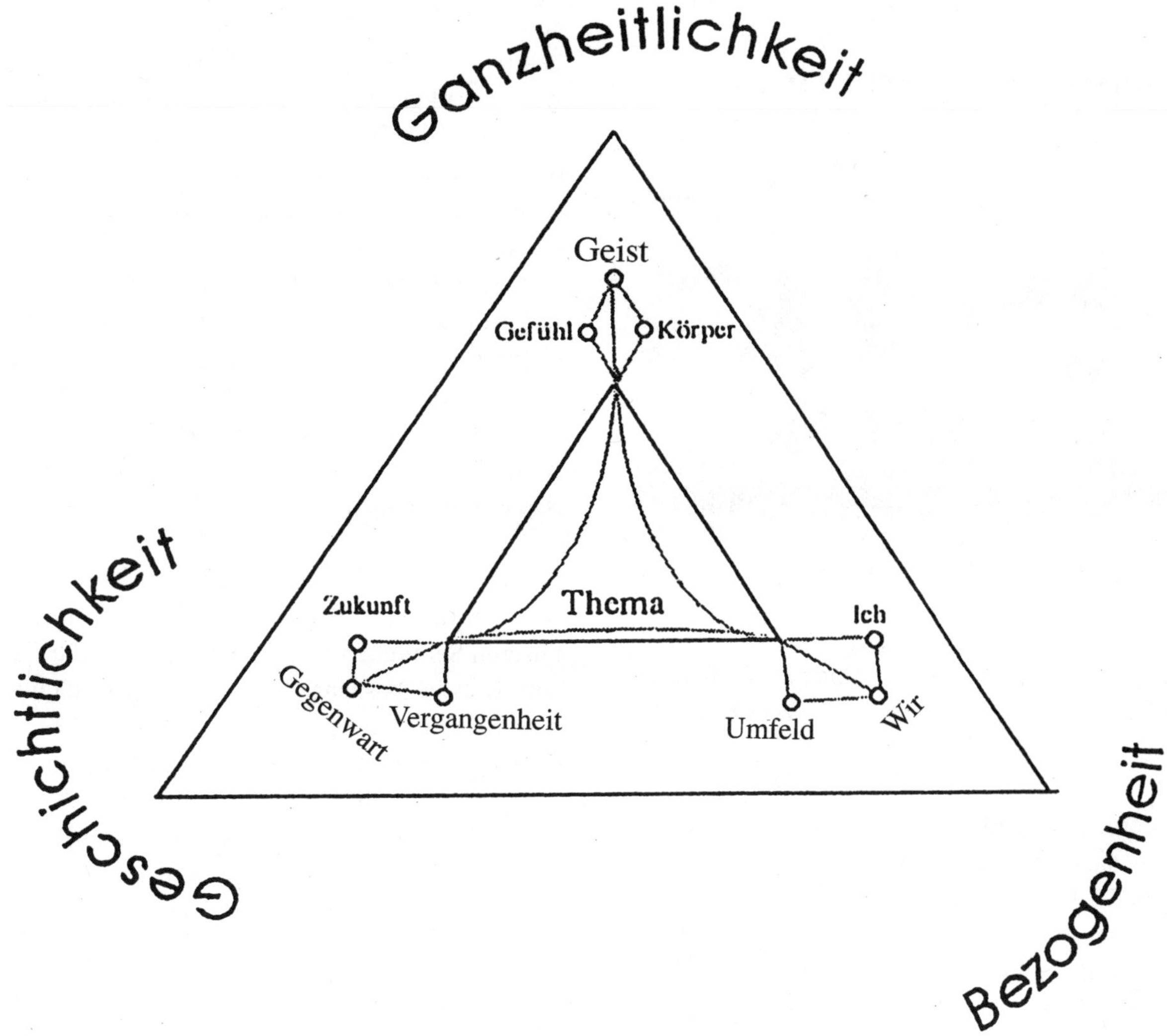

Diese Grafik faßt die unterschiedlichen Ebenen des gestaltpädagogischen Kontaktbegriffes zusammen, wie sie in diesem Kapitel dargestellt wurden. Die drei Ebenen werden als Ecken des Dreiecks gesehen; jedes Eck ist wiederum dreigeteilt. Eine mehrperspektivische Betrachtungs- und Behandlungsweise jeder (pädagogischen) Situation wird so möglich.

2.6. Prozeß

A. Eigenzeit von Prozessen

"Panta rei - alles fließt."
Heraklit

Entwicklungsstadien eines Schmetterlings

"Don't push the river,
it flows by itself."
Fritz Perls

Erleben, Lernen, Veränderung sind keine völlig planbaren Größen, sie führen ein gewisses Eigenleben, so wie die Struktur der Person, in der sie sich ereignen. Wer mit Hilfe sensibler Wahrnehmung in gutem Kontakt mit Menschen ist, der spürt auch etwas vom ganz persönlichen "Timing" dieses Menschen, er handelt als Pädagoge aus diesem konstruktiven Gefühl für "Angemessenheit". Es ist das gleiche Gefühl für den richtigen Augenblick, das auch ein Vortragender, ein Sportler, eine Pianistin braucht, um das Wort, die Pause, den Absprung, den Ton wirkungsvoll zu setzen.

Es gibt dieses Timing im Augenblick, aber das gilt auch für längere Prozesse, etwa für die sprachliche Entwicklung eines Kindes, für persönliche Trauerarbeit ("aber jetzt müßte ich doch längst darüber hinweg sein!"), für das Gewinnen von Vertrauen, etwa bei mißbrauchten Menschen, für das Erarbeiten persönlicher Perspektiven bei Menschen, denen "der Plan fehlt". Manchen ehrgeizigen Eltern aber auch Erziehern fehlt dieses Gefühl für die Entwicklung eines Kindes, und sie richten damit großen Schaden an.

Es ist kein Zufall, daß das Buch "Die Entdeckung der Langsamkeit" von Sten Nadolny eine so große Verbreitung fand, wird hier doch ein Mensch geschildert, der gerade durch das Anerkennen seines Eigenrhythmus' herausragende Fähigkeiten entwickelt. "Momo" von Michael Ende trifft auch das Wesen dieser kulturellen Problematik. "Ungeduld" wird sie oft genannt, aber das ist nur ein Aspekt davon. Das Modephänomen "Streß" ist ebenfalls Ausdruck für diese kollektive Entfremdung von persönlich angemessenen Zeitstrukturen und Geschwindigkeiten. "Gut Ding braucht Weile" und "Weniger ist mehr" sind dann die Sonntagssätze, die verdecken, daß das Gegenteil regiert. Ähnlich ist es mit "Der Weg ist das Ziel": Der inflationäre Gebrauch, die Verramschung dieses Satzes zeigt einerseits die Sehnsucht nach der Art von Gelassenheit, die hier angedeutet wird, andererseits aber die Unfähigkeit, sich wirklich auf die mögliche persönliche Bedeutung des Satzes einzulassen.

Gestaltpädagogisches Arbeiten vermittelt eine verblüffende Erfahrung: Immer wieder sind Teilnehmer auf unseren Seminaren anfangs irritiert über die "langatmigen" Runden, das längere Konzentrieren auf eine Person, die erstaunlich langen Pausen und vor allem über die gelegentliche Unklarheit, was da jetzt "herauskommen" soll. Am Ende sind sie dann überrascht, daß auch quantitativ in dieser Zeit mehr passiert ist als in - zackzack - straff abgewickelten Lerneinheiten. Das wird insbesondere dann deutlich, wenn auf die oft mißachtete Phase von Prozessen Wert gelegt wird: auf den Abschluß, das Verdauen, das Integrieren.

"Sich Zeit nehmen, um Zeit zu sparen", so könnte auch ein Motto lauten, das die gestaltpädagogische Haltung gegenüber Prozessen zum Ausdruck bringt. In Seminaren und Fortbildungen, wenn der äußere Zeitdruck deutlich reduziert ist, kann exemplarisch erfahren und ausprobiert werden, welches Zeitmaß in welchen Phasen für jeden einzelnen Menschen und jede besondere Gruppe gut paßt. Es ist dann fast unmöglich, in der eigenen Praxis weiter automatisiert und wie ferngesteuert vorgegebenen Zeitstrukturen und Tempi zu folgen ... und daran sogar zu erkranken. Mit Lebensabschnitten und mit den vielen kleinen Lebens- und Arbeitsprozessen selbstbewußt und angemessen umzugehen, ist nicht nur pädagogisch wert- und sinnvoller, sondern auch gesünder. Einige soziale Einschränkungen, wie eine Schulglocke, sind mit dem grundsätzlichen Gefühl für den eigenen Rhythmus durchaus verträglich.

Offenes sich Einlassen auf den Prozeß ist eine wesentliche Voraussetzung für Kreativität, ein weiteres Element der Gestaltpädagogik. Eine Diskussion wirklich offen führen, sich auf intuitives Malen einlassen, ein Rollenspiel im Stegreif wagen, eine Wanderung oder Reise mal nicht vorprogrammieren, miteinander ein Spiel erfinden, bei einer Prüfung echt neugierig auf die Leistung der Schülerin sein, das sind Erfahrungen, die nur möglich sind, wenn wir nicht auf das Ergebnis fixiert sind, wenn es zunächst unwichtig ist, „was dabei herauskommt".

Viele Wirklichkeiten und vor allem Weiterentwicklungen sind nur gut möglich, wenn wir uns - scheinbar absichtslos - „auf den Prozeß einlassen". Bei dieser Offenheit treffen sich die Gestaltpädagogik mit der "soziokulturellen Animation" *(Rabenstein, Reichel 1981, 25).* Auch viele Forschungsergebnisse waren nur möglich, weil der Druck, ein bestimmtes Ergebnis zu liefern, sehr niedrig war (so berichteten mehrere Nobelpreisträger beim "Europäischen Forum Alpbach" 1995).

Beim Studium von kreativen Prozessen hat man herausgefunden, was wir eigentlich ohnehin wissen, aber so schwer ertragen: Offene, konstruktive Prozesse brauchen auch Phasen von Stillstand, von Langeweile, von Sackgasse, von Planlosigkeit, ja sogar Verzweiflung. Solche Phänomene können wie ein Atemholen oder ein Anlauf nehmen sein für die nächste Phase, die dann Überraschendes bietet. Das haben Entwicklungskrisen, z.B. Pubertät, mit kreativen Prozessen gemeinsam.

Ein solches Verständnis von Prozeß widerspricht auch einem verbreiteten Zeitgeist: "Wenn ich nur genug Therapie mache, dann muß ich doch endlich mal glücklich werden... oder die Therapie ist ein Betrug ... oder ich bin selber schuld ... " - "Wenn ich mich nur genug fortbilde, lese etc., dann muß ich doch endgültig ein zufriedener und erfolgreicher Lehrer werden ..." Nein, es gibt keinen endgültig erreichbaren guten Zustand - auch nicht mit Gestaltpädagogik, nur einzelne Schritte und einzelne Rastplätze auf einem immer wieder offenen Weg.

Solche offenen Entwicklungsprozesse zu ermöglichen und auch die schweren Phasen gelassener zu ertragen, ist ein grundlegendes Ziel und grundlegender Stil von Gestaltpädagogik, wobei es hier aber nicht um eine neue Einseitigkeit geht, sondern um das aufmerksame Auspendeln zwischen einer sozial notwendigen Ziel- und Ergebnisorientierung **("Machen")** und einem offenen und entspannten Prozeßorientierung **("Lassen").**

Prozesse sind zwar nicht steuerbar, sie sind Wind, Wellen und Steuerruder zugleich, es lassen sich aber übereinstimmende Phasenabläufe beobachten, die zu kennen eine gewisse Sicherheit verleiht und die auch durch fördernde oder hemmende Arrangements beeinflußbar sind.

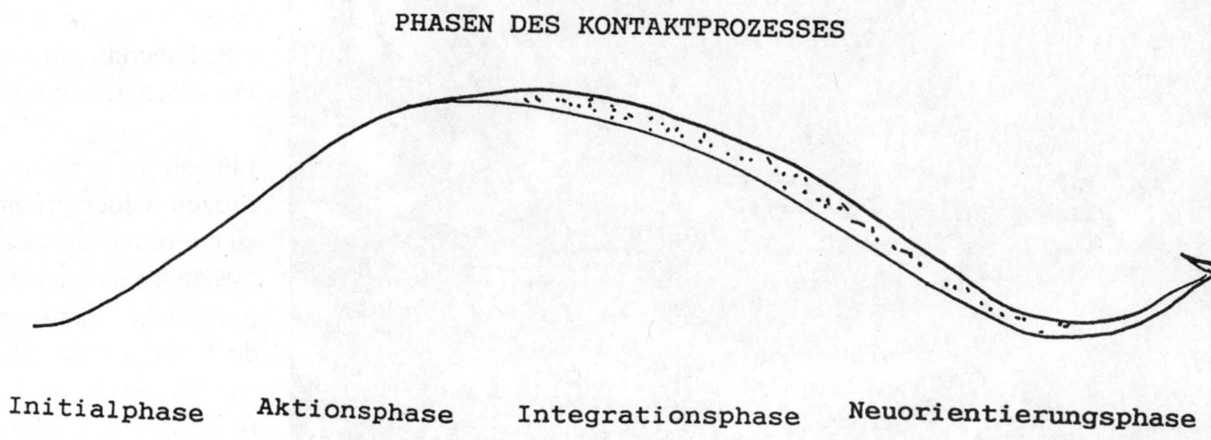

B. Phasen eines Prozesses

Das folgende vierstufige Verlaufsmodell findet sich ähnlich in therapeutischen, supervisorischen und anderen beratenden und problemlösenden Konzepten. Bezeichnungen und manche Details der Phasen wechseln, aber die "Energiekurve" und der jeweils verschiedene Einsatz emotionaler und rationaler Anteile findet sich überall. Dieses Phasenmodell eignet sich für Lernprozesse genauso wie für die Planung eines Urlaubs in der Familie, für eine Teamsitzung oder eine Dienstbesprechung.

Während wir anschließend dieses Phasenmodell idealtypisch, d.h. für viele Praxisfelder prinzipiell darstellen, wird es in den dann folgenden Abschnitten speziell für schulisches Lernen aufbereitet.

In der **Initialphase** ist zu beachten:

❍ Die Kontaktaufnahme zwischen Menschen
❍ Die Annäherung an ein vorgegebenes Thema
❍ Die Themenfindung
❍ Die Wahrnehmung von Bedürfnissen und Interessen
❍ Die Entwicklung von Motivation.

Ist ein erster Kontakt hergestellt und die vorläufige Vorgangsweise geklärt, beginnt die zweite Phase - **die Aktionsphase.** Jetzt werden verschiedene Möglichkeiten ausprobiert und ausgeschöpft, eventuell unterstützen verschiedene Medien die Arbeit; Gruppen- und Einzelarbeit sind passend. Vielerlei "Material" sammelt sich an, Material zum Thema, aber auch über mich und die anderen.

In der **Integrationsphase** wird das Material, werden die Erfahrungen gebündelt, gesichtet, geordnet, bewertet. Ein Ergebnis zeichnet sich ab. Je nach Anlaß und Themenstellung kann das sehr verschieden aussehen:

❍ Politiker unterzeichnen ein Kommuniqué
❍ Schüler üben die jetzt verstandene Schlußrechung selbständig
❍ Ein Vorschlag wird abgestimmt, eine Entscheidung wird getroffen
❍ Ein Brief oder dieses Buchmanuskript wird nach dem Schreiben noch einmal durchgelesen

Diese Phase bringt oft vorher nicht spürbare Schwierigkeiten, weil vor Entscheidungen oft ein mehr oder weniger deutlicher Widerstand aufkommt. Wie lustvoll war es, für dieses Buch ein Konzept zu entwickeln, Ideen zusammenzutragen, und dann einfach an irgendeinem Punkt loszuschreiben. Von dem Augenblick an, wo ein endgültiger Text fertig werden soll, wachsen die Schwierigkeiten. Kurz vor dem Gipfel scheint der Weg manchmal unendlich weit. Hier muß eventuell auch die Vorgehensweise noch einmal betrachtet und bewertet werden. "Verdauen" ist angesagt!

Viele LehrerInnen wissen intuitiv, daß eine Stunde, in der am Schluß Zeit für eine gute gemeinsame Zusammenfassung ist, "lehrreicher" ist als eine, in der noch mehr Stoff reingedrückt wurde. Viele LehrerInnen wissen das nicht. Das gestalttherapeutische Prinzip von der **"geschlossenen Gestalt"** ist in pädagogischen Zusammenhängen sehr fruchtbar.

Das Gefühl, etwas einigermaßen gut abgeschlossen zu haben, ist eine entscheidende Grundlage für die nächste Zeit, den nächsten Prozeß. Das gilt etwa für die Art und Weise, wie ein Kind ein Heim verläßt - ist das genauso abrupt und nicht nachvollziehbar wie seinerzeit der Eintritt in das Heim? Oder darf es in Ruhe - und vielleicht öfters - seine Erfahrungen und Eindrücke ausdrücken, vielleicht manches jetzt noch sagen, Gutes und Böses? Dürfen alle die gemischten Gefühle, die mit dem Abschied verbunden sind, zum Ausdruck kommen? Gibt es gut gewählte Abschiedsgeschenke?

"Unerledigte Geschäfte" *(Fritz Perls)* bleiben an uns hängen, sie blockieren. Schlechte Trennungen, abgebrochene Schullaufbahnen, verhinderte Trauerarbeit, unbewältigte Kriegserfahrungen sind die großen Beispiele, "aber auch im Kleinen wird vieles durch abgebrochene Prozesse. (?)
Spüren Sie die Wirkung, die das Fehlen des Prädikats im vorigen Satz auf Sie ausübt?

'Komm jetzt essen!' wenn das Kind gerade mitten im Spiel ist, oder die Schulglocke läutet, wenn gerade einmal ein interessantes Gespräch in Gang gekommen ist; da geht immer etwas kaputt." *(Thanhoffer, Reichel, Rabenstein 1992, S. 63f.)*

In manchen Lebensbereichen kann die Suche nach der geschlossenen Gestalt aber auch mißverstanden werden, wenn sie zum zwanghaften Bedürfnis nach Abrundung wird -- so wie der Wetterbericht, der auch die entsetzlichsten Nachrichten wieder atmosphärisch abrundet, damit der anschließende Werbeblock nicht im Hals stecken bleibt. Hier kann Abrundung zur Beschwichtigung werden, zum verlogenen Happyend. Manche "Gestalten" im Leben lassen sich eben nicht schließen, das muß bei allem Bemühen respektiert werden.

In der **Neuorientierungsphase** kommt es schließlich zu konkreten Auswirkungen. Die integrierten Erfahrungen werden mit neuen Situationen verknüpft. "Aus Erfahrung wird man klug." Manche Menschen sind erst dann sicher, daß sie etwas verstanden haben, wenn sie es anderen Menschen erklären konnten. In vielen Lernsituationen kann die Neuorientierung erleichtert werden durch Rollenspiele und Planspiele, z.B. Bewerbungsgespräche, Bühnenauftritte, Beziehungskonflikte.

C. Lernphasen

"Lernen ist die Entdeckung,
daß etwas möglich ist."
Fritz Perls

Die Unterscheidung der vier Kontaktphasen kann auch zur Strukturierung von Lernen ein wertvolles Gerüst bieten und Lehrenden helfen, solche Prozesse zu erkennen und günstige Bedingungen zu schaffen.

In der **Initialphase** geschieht die Annäherung an ein vorgegebenes Thema oder auch die Themenfindung aus den Interessenschwerpunkten der Lernenden. Am Ende dieser Phase ist das Thema festgelegt und ein Arbeitsmodus ausgehandelt.

Drei Schritte prägen diese Initialphase:

- ❍ Ankommen in der Lernsituation (bewußte Wahrnehmung, wie es mir in der Situation geht; Abschließen unerledigter Geschäfte; Zentrieren auf die Situation; Kontakt zu den Gruppenmitgliedern)
- ❍ Abklären von Bedürfnissen (was will ich, was die anderen; gemeinsame Themenformulierung) oder Bekanntgabe eines vorgegebenen Themas.
- ❍ Einstimmung (Vorlieben und Widerstände wahrnehmen)

Ist ein erster Kontakt zum Thema hergestellt und die vorläufige Marschroute festgelegt, dann ist die zweite Phase eines Lernprozesses - die **Aktionsphase** - erreicht. Jetzt werden verschiedene Möglichkeiten des Zugangs zum Thema erprobt, Erfahrungen vielfältiger Art werden gesammelt und damit experimentiert. Das Thema gewinnt neue Facetten, wird eventuell verändert. Kreative Medien unterstützen den Zugang auf unterschiedlichsten Ebenen. Jeder sollte seinen individuellen Zugang zum Thema zumindest ein Stückweit gehen können, Gruppen- und Einzelarbeit herrschen vor. In einer solchen Phase muß sich der Lehrende keine großen Sorgen um die Gesamtenergie und Motivation machen. Er steht eher vor der Schwierigkeit, die Themenstränge wieder zu bündeln, denn manchmal ist der 'Wald vor lauter Bäumen nicht mehr sichtbar', Verwirrung tritt ein, eine Eingrenzung, eine kritische Sichtung des Materials wird nötig, damit die Energie nicht verpufft.

In der **Integrationsphase** werden die Erfahrungen dann gebündelt, nach dem Erlebnis entsteht ein Ergebnis, das spielerisch Erarbeitete wird gedanklich gesichtet, eingeordnet, schematisiert, kritisch bewertet. Je nach Themenstellung hat diese Phase eine sehr unterschiedliche Gestalt:

- ❍ Eine Vielzahl von Skizzen mit Vorschlägen für die Gestaltung des Pausenhofes wird auf ihre Brauchbarkeit hin gesichtet, ein Plan gezeichnet und in der Direktion eingereicht.
- ❍ Üben von Schlußrechnungen
- ❍ Nach einer Vielzahl von Referaten über die Zeit der Erfindungen und Entdeckungen werden die zukunftsweisenden Gedanken dieser Epoche herausgearbeitet.
- ❍ Jede Art von Projektpräsentation

Diese Phase führt oft durch Durststrecken, mühsame Hindernisse versperren den Weg, der in der Aktionsphase so leicht gangbar war. In diesen Momenten des Steckenbleibens und der Unlust muß der Lehrende Ergebnisse einfordern und auf Sorgfalt bei der Ausarbeitung bestehen. Wie viele Projekte werden begeistert angefangen, eine Unmenge Material und Ideen sammeln sich, und irgendwann versanden sie und hinterlassen ein schales Gefühl. Aus diesem Grund müssen auch Überlegungen auf das Feedback und Möglichkeiten der Leistungsbeurteilung bei Projektarbeit aufgewendet werden.
In der Integrationsphase wird daher auch Rückschau gehalten über die Art der gemeinsamen Arbeit. Das individuelle Lernergebnis wird herausgefunden, auch in der Form von Prüfungen. Eine ganzheitliche Stoffaneignung macht es wahrscheinlicher, daß das Gelernte nicht als Fremdkörper liegenbleibt, sondern wirklich integriert, 'verdaut' wird.

Die **Neuorientierungsphase** umfaßt den Transfer auf andere Situationen, das Erproben des Gelernten im täglichen Leben. Rollenspiele und Planspiele können diesen Übergang spielerisch vorwegnehmen. In der Schule, in der - glaubt man einem sattsam bekannten Spruch - fürs Leben gelernt wird, kommt diese Phase häufig nicht vor.

Als ein Beispiel für einen Unterrichtsprozeß, der alle vier Phasen durchlaufen hat, wird hier die Beschäftigung mit der Gattung 'Roman' in einer 5. Schulstufe skizziert.
Ausgangspunkt war das Thema: BÜCHER. Die Schüler sollten die dicksten, dünnsten, schwersten, leichtesten, die größten und kleinsten Bücher aus dem elterlichen Bücherregal mitbringen und auf ihren Inhalt hin untersuchen. In den kleinen, dünnen waren häufig Gedichte zu finden, und viele enorm dicke Bücher bezeichneten sich selbst als 'Romane'. Die Kinder bewunderten Erwachsene, die so dicke Bücher lesen konnten. "Da muß ja eine ganze Welt drinstehen!" (Initialphase)
Die Lehrerin regte an, doch auch einen 'Roman' zu schreiben, und in Gruppen oder einzeln begannen die Schüler damit. Bald entstand ein eifriger Wettbewerb, sie lasen sich gegenseitig vor und waren an den Fortsetzungen der anderen interessiert. (Aktionsphase)

Als sich Längen und Unübersichtlichkeiten einstellten, wurde den Schülern klar, daß für ein solches Vorhaben eine Gesamtkomposition nötig ist, die aber ihre gestalterischen und energetischen Möglichkeiten überstieg. Ihre eigenen 'Romane' waren natürlich nicht im luftleeren Raum entstanden, sondern hatten sich an Vorbildern orientiert (Robinson, 5 Freunde...) Zwei dieser Vorbildromane wurden als Klassenlektüre vorgenommen und mit geschultem Auge auf ihren Aufbau hin untersucht. (Integrationsphase)

Die selbstgeschriebenen 'Romane' wollten die Schüler jetzt auch gedruckt sehen, die besten wurden ausgesucht, illustriert, und ein Vater leitete das Drucken in die Wege, immer begleitet von den jungen Autoren. Die Kinder verkauften ihr Romanheft an Bekannte, und im nächsten und übernächsten Jahr veranstalteten sie 'Dichterlesungen' in den nachfolgenden Klassen und regten auch diese zum Romanschreiben an. (Neuorientierungsphase).

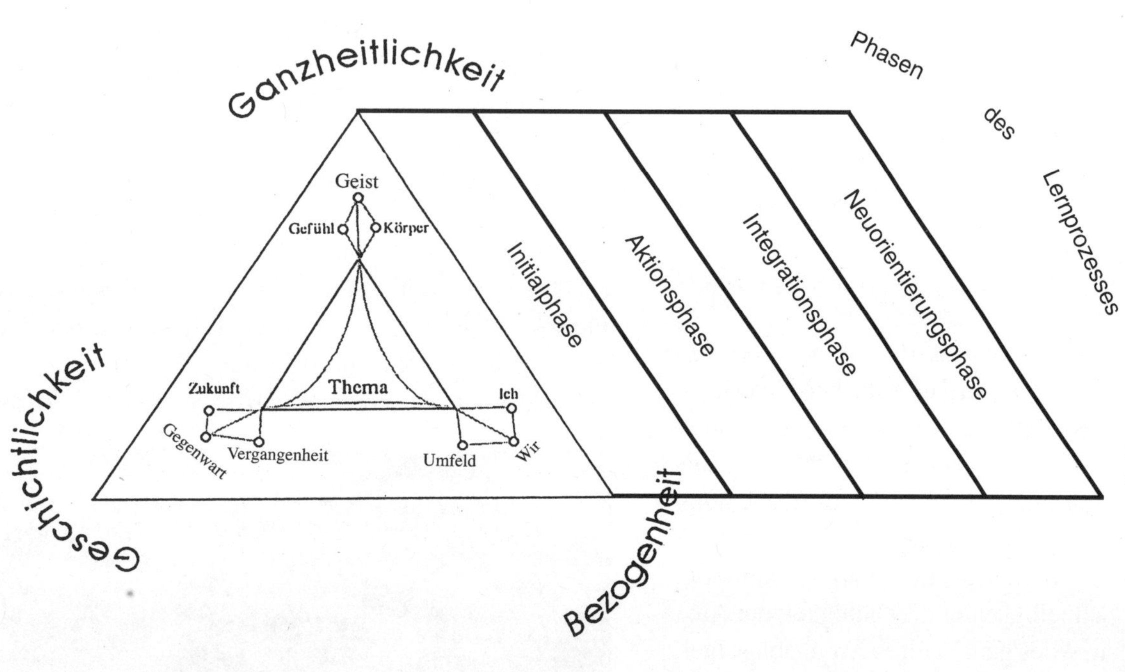

Diese Graphik erweitert das Modell von S. 45 um die Phasen des Lernprozesses. Innere und äußere Kontaktebenen kreisen um ein Thema und bilden im Phasenablauf ein mehrperspektivisches Ganzes. Das heißt natürlich keineswegs, daß sämtliche Ebenen in jedem Lernprozeß auch wirklich einbezogen werden müssen, es stellt ein ideales Denkmodell dar, das helfen kann, die vielfältigen Dimensionen eines Lernprozesses überschaubar und damit zugänglich zu machen.

D. Lernhöhepunkte und Lernstörungen

Vor allem in der Aktionsphase, aber auch in der Phase des Integrierens kann ein Zustand vollkommener Aufmerksamkeit eintreten; der Lernende ist ganz bei sich und gleichzeitig ganz bei der Sache, die Grenze Ich-Umwelt wird durchlässig. Vom Kontaktkonzept her kann diese Haltung als **Konfluenz** bezeichnet werden, mit allen damit einhergehenden Bewußtseinsveränderungen:

- Störende Umweltreize werden nicht wahrgenommen
- Das Zeitgefühl geht verloren, bzw. die Zeit verstreicht unbemerkt
- Das "Ich" verschwindet ganz in einer Haltung der Aufmerksamkeit
- Es kommt zu einer völligen Übereinstimmung- von Wahrnehmungs,-Bewegungs- und Gefühlsfunktionen, man ist "ganz Ohr", "ganz bei der Sache"
- Selbstreflexion und Selbstbeobachtung sind ausgeschaltet.

Dieser besondere Bewußtseinszustand innerer Sammlung wird von *Friedrich Copei* '**fruchtbarer Moment**', von *Maria Montessori* '**Polarisation der Aufmerksamkeit**' und vom amerikanischen Soziologen *Mihaly Csikszentmihalyi* als '**Flow**' bezeichnet.

Maria Montessori beobachtete ein etwa dreijähriges Mädchen, das kleine Holzzylinder in die entsprechenden Öffnungen steckt: "Ich erstaunte, als ich ein so kleines Kind eine Übung wieder und wieder mit tiefem Interesse wiederholen sah. Dabei war keinerlei Fortschritt in der Schnelligkeit und Genauigkeit der Ausführung feststellbar. Alles ging in einer Art unablässiger, gleichmäßiger Bewegung vor sich. Gewohnt, derlei Dinge zu beobachten, begann ich die Übungen des kleinen Mädchens zu zählen.
Auch wollte ich feststellen, bis zu welchem Punkt die eigentümliche Konzentration der Kleinen gehe, und ich ersuchte daher die Lehrerin, alle übrigen Kinder singen und herumlaufen zu lassen. Das geschah auch, ohne daß das kleine Mädchen sich in seiner Tätigkeit hätte stören lassen. Darauf ergriff ich vorsichtig das Sesselchen, auf dem die Kleine saß und stellte es mitsamt dem Kind auf einen Tisch. Die Kleine hatte mit rascher Bewegung ihre Zylinder an sich genommen und machte nun, das Material auf den Knien, ihre Übung unbeirrt weiter. Seit ich zu zählen begonnen hatte, hatte die Kleine ihre Übung zweiundvierzigmal wiederholt. Jetzt hielt sie inne, so als erwachte sie aus einem Traum und lächelte mit dem Ausdruck eines glücklichen Menschen. Ihre leuchtenden Augen sahen vergnügt in die Runde. Offenbar hatte sie alle jene Manöver, die sie hätten ablenken sollen, überhaupt nicht bemerkt. Jetzt aber, ohne äußeren Grund, war ihre Arbeit beendet."
(aus: *H. Roeckelein* (1995): Welträtsel Mensch, dtv, München)

"Flow", dieses einfache Wort beschreibt recht gut das Gefühl scheinbar müheloser Bewegung und Harmonie, obwohl Flow oft mit schwerer körperlicher Anstrengung oder einer hochdisziplinierten geistigen Aktivität verbunden ist. Dieser Zustand des selbstvergessenen Aufgehens im Tun kann bei unterschiedlichen Tätigkeiten eintreten: beim Lesen, in der Forschung, beim Spielen eines Instruments u.a.m. "Eine Tänzerin beschreibt, wie sie sich fühlt, wenn ihre Vorstellung gut läuft: 'Deine Konzentration ist vollständig. Deine Gedanken wandern nicht herum. Du denkst an nichts anderes: du bist total in deinem Tun absorbiert... Deine Energie fließt sehr leicht. Du fühlst dich entspannt, angenehm und energievoll.' Ein Bergsteiger erklärt, wie er sich fühlt, wenn er eine Felswand durchklettert: 'Man ist dermaßen in der Tätigkeit 'drinnen', daß einem kein von der unmittelbaren Tätigkeit unabhängiges 'Ich' in den Sinn kommt." (*Csikszentmihalyi* 1993, S.8Of)

Bezeichnend ist der Begriff 'entspannt' bei gleichzeitig hoher Konzentration. Dabei kommt es weniger auf das Ergebnis der Arbeit als auf das Tun selbst an. Das Handeln im Augenblick im 'Hier und Jetzt' steht im Vordergrund, die Zukunft, Erfolg oder Mißerfolg sind nicht wichtig. Die Kindheit, die rückblickend oftmals als ganzheitlicher Lebensabschnitt erinnert wird, erscheint in starkem Maß vom "Flow"-Erleben geprägt zu sein. In diesem Zustand werden die individuellen Fähigkeiten stark gefordert und auch gefördert. Irgendwann fallen Kinder aus diesem Wahrnehmungszustand heraus und beginnen, auf die an sie gestellten Aufgaben mit Angst und Streß oder Langeweile zu reagieren.

Flow kann natürlich nicht auf äußere Anweisung "hergestellt" werden. Einen Rahmen dafür zu schaffen, ist aber möglich. Dazu muß ein Lehrer die Bedingungen kennen, die einen solchen Aufmerksamkeitszustand möglich machen:

Mit bloßem Spaß ist es dabei nicht getan, die Freude des Flow entspringt einer **Anstrengung**, einer unter Mühen gemeisterten Herausforderung. "Wenn alle wichtigen Fähigkeiten eines Menschen benötigt werden, um die Herausforderung einer Situation zu bewältigen, ist seine Aufmerksamkeit vollständig von dieser Aktivität gefesselt... Alle Aufmerksamkeit ist auf die wichtigen Reize zentriert." (*Csikszentmihalyi* 1993, S.8Of)

Freude tritt bei einem ganz bestimmten Punkt auf: an der **Grenze zwischen Langweile und Unsicherheit**. Ein Musikstück, das für bestimmte Hörgewohnheiten zu einfach ist, wird als trivial empfunden, und eines, das zu ungewohnt und komplex ist, auch nicht gefallen. Ein schlechter Gegner beim Schach wird langweilig sein, ein zu guter ist frustrierend. Die Lernanforderungen sind also so zu dosieren, daß eine komplexe Situation zu meistern ist, aber doch keine Befürchtungen entstehen, aufgeben zu müssen, zu versagen. Dieser "goldene Schnitt" zwischen Herausforderung und Fähigkeiten ist in einer Gruppe mit weit gestreuten Fähigkeiten natürlich nur zu finden, wenn der Unterricht viel Freiheit läßt, den eigenen Weg zu suchen und zu gehen. Klare Zwischen-Ziele und unmittelbare Rückmeldungen sind ebenfalls hilfreich, um befriedigende Lernerfahrungen zu ermöglichen.

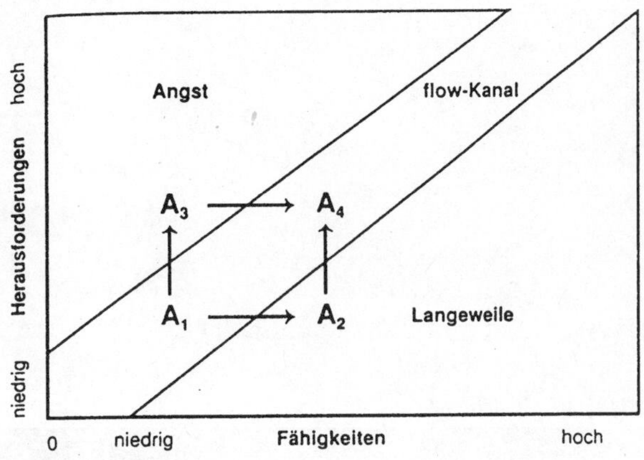

Alex zwischen Angst und Langeweile

A(zum Beispiel ein Junge namens Alex) lernt Tennispielen und befindet sich im Spannungsfeld zwischen Angst und Langeweile. "Am Anfang hat Alex (A1) praktisch keine Fähigkeiten, und seine einzige Herausforderung besteht darin, den Ball über das Netz zu schlagen...Aber lange kann er dort nicht bleiben. Nach einer Weile und einiger Übung verbessern sich seine Fähigkeiten, und er langweilt sich, wenn er nur den Ball übers Netz schlägt (A2). Vielleicht trifft er auch auf einen geübteren Gegner und merkt, daß es größere Herausforderungen für ihn gibt als nur den Ball zu treffen - hier wird er einige Unsicherheit spüren (A3) und sich um seine schlechte Leistung sorgen. Weder Langeweile noch Unsicherheit sind positive Erfahrungen. Daher wird Alex motiviert sein, in den flow-Zustand zurück-zugelangen...Er setzt sich ein neues, schwierigeres Ziel...zum Beispiel, einen Gegner zu schlagen, der nur ein wenig geübter ist als er - und Alex wäre wieder im flow (A4)." (*Csikszentmihalyi* 1993, S.1O6f)

Verschiebt sich im Spannungsfeld von Langeweile und Unsicherheit der Schwerpunkt zu stark in die Richtung der Unsicherheit, dann ist jede Art von Informationsaufnahme oder Verarbeitung blockiert. "Die Angst ist das Unterbrechen der schöpferischen Erregung." (*Perls* 1951, S.241) Preisfrage: Warum wird in der Schule, einer Institution, die vorgibt, Lernen zu erzeugen, so stark mit Angst operiert, obwohl Angst Lernen verhindert, wie inzwischen jeder Mensch und auch jeder Schulmensch weiß?

Wird Lernen als Kontaktprozeß definiert, so sind Lernstörungen Störungen der Kontaktnahme. Ursachen für diese Störungen können sowohl im Individuum als auch im Umfeld liegen. In die pädagogische Wirklichkeit übersetzt heißt das: der Lernende kann aus inneren Schwierigkeiten heraus sich nicht auf den Lehrstoff konzentrieren, oder das ungünstige Lernklima verhindert eine Konzentration auf ein Thema, oder aber das Thema selbst hat so wenig Attraktivität, daß es nicht in den Vordergrund des Interesses gelangen kann.

Die Art zu lernen, die jeder mitbringt, ist Ausdruck seiner individuellen 'Kontaktgeschichte'. Da 'lernen zu lernen' eine der zentralen Aufgaben der neuen Schule sein wird, wird es ein wichtiges Thema sein, Muster des eigenen Lernens aufspüren, seine Vorlieben, Widerstände, Begrenzungen, Stärken zu erfahren.
Im Zustand innerer Unordnung ist Konzentration und flow nicht zu erreichen, die Verfolgung eines Ziels wird unmöglich gemacht, wenn Nebenreize dauernd die Aufmerksamkeit auf sich ziehen. Manche Menschen sind von ihrer Veranlagung her zu konzentrierter Aufmerksamkeit nicht fähig, Außenreize überfluten sie.

Doch die Qualität der täglichen Erfahrung hat natürlich Einfluß darauf. Ein Schüler, dessen Eltern in Scheidung leben, ist ganz von seinen aktuellen Sorgen in Anspruch genommen, da bleibt kaum Platz für Konzentration auf ein Thema. Auch die Reizüberflutung durch Verkehr und Medien macht Konzentration schwierig. Wenn aber ein Mensch seine psychische Energie nicht steuern kann, ist Lernen sehr erschwert. Er ist nicht fähig, dominierende Bedürfnisse zu spüren, will mehreres gleichzeitig, kann keine Hierarchie der Bedürfnisse aufbauen.

Kein Kontakt entsteht, wenn sich keine deutliche Figur bildet .”Die Bildung vollständiger und umfassender Gestalten ist die Bedingung für geistige Gesundheit und Wachstum." (*Perls* 1951, S.15)

Nicht alle Widerstände und Kontaktvermeidungen sind immer gleich pathologisch: Störungen können auch Lösungen sein: Ein Schüler, der bei seinen Hausaufgaben trödelt, ‘löst’ damit den Widerspruch zwischen seinem Spielbedürfnis und den Anforderungen der Schule. Kontaktverhalten ist daher immer in der jeweiligen Situation zu untersuchen. Es gibt keine Norm des ‘guten Kontakts’. Gute Schüler, die sich widerstandslos dem Rhythmus und den Anforderungen der Schule anpassen, müssen absolut nicht Kontakt im Sinne von Perls gehabt haben.
Und nur allzuoft verwendet die schulische Vermittlung die falschen Kanäle, um ihr Wissen zu vermitteln (vgl. Vester 1975) oder lehrt an den aktuellen Bedürfnissen vorbei.

Lehrer: ”Moritz, wieviel macht achzig und siebzig?”
Moritz: “Eine Mark fuffzig.”

So sind die Geschichten Legion, die darum kreisen, daß Kinder und Erwachsene mit affengleicher Geschwindigkeit sich Wissen und Fertigkeiten aneignen, wenn es für sie notwendig ist, und daß Kinder, die in der Schule nicht bis drei zählen zu können, ‘draußen’ ganz erstaunliche Dinge zustande bringen.

2.7. Kreativität

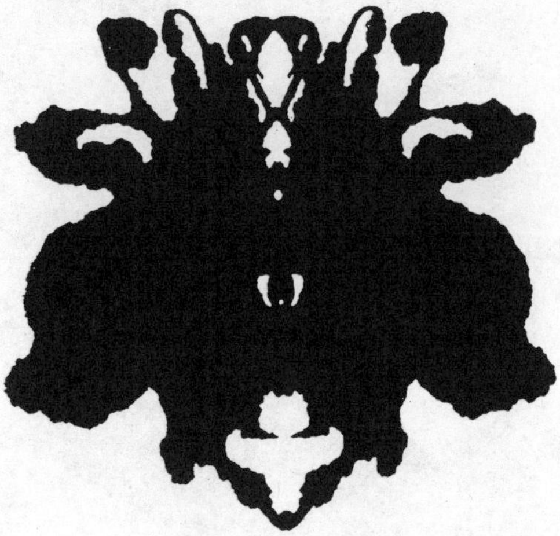

"Wer will, daß die Welt so bleibt, wie sie ist, will nicht, daß sie bleibt."
Erich Fried

"Laßt mich wenigstens ab und zu einen Prinzen treffen, der sich in einen häßlichen Frosch verwandelt."
Fritz .Perls

Wenn wir Menschen fragen, was ihnen zu Kreativität einfällt, dann kommen Antworten, die irgendwie mit "Hobby" oder mit "Kunst" zu tun haben, eventuell kommt noch was mit Innovation und Design in der Wirtschaft. Die meisten Antworten beziehen sich aber auf Qualitäten wie nett, spielerisch, persönlich. Das alles ist zwar auch gut und richtig so, aber deutlich wichtig wurde dieser Begriff eigentlich seinerzeit in einem anderen Zusammenhang. Kreativität war die von der Regierung der USA geforderte Eigenschaft, mit der es der amerikanischen Nation in den 50er und 60er Jahren gelingen sollte, den russischen Vorsprung im Weltall aufzuholen. Hier rückt eine ganz andere Qualität ins Blickfeld.

Unser pädagogischer Begriff von Kreativität (lat. creare - erschaffen) spannt daher absichtlich den Bogen vom ganz Persönlichen, z.B. in der Psychotherapie oder der Förderung eines behinderten Menschen, über die künstlerische Gestaltung der Umwelt und Mitwelt bis zur politischen Arbeit an der Zukunft von uns allen.

Wenn wir etwas über Kreativität erfahren wollen, müssen wir weit über die Grenzen des IQ hinausblicken. Als intelligent gilt der, der bei der Lösung von Aufgaben die erwartete richtige Lösung herausfindet. Kreative Menschen antworten auf eine Anregung mit vielen verschiedenen Reaktionen, von denen zumindest eine höchst individuell ist. In allen Prozeßbeschreibungen von schöpferischer Intelligenz finden wir logisch kombinierende und intuitve Phasen zu einem kunstvollen Zopf verflochten.
"Ich möchte hervorheben, daß wir immer dann,...wenn wir anfangen, zu stark auf ... Logik oder irgendein anderes dieser sehr wesentlichen Systeme von Denkschienen zu pochen, etwas von der Fähigkeit einbüßen, neue Gedanken zu denken. Und wir verlieren natürlich ebenfalls etwas, wenn wir gegen die sterile Strenge formalen Denkens und formaler Darstellung rebellieren und unsere Ideen wild schweifen lassen. Nach meiner Ansicht kommen die Fortschritte im wissenschaftlichen Denken von einer Verbindung lockeren und strengen Denkens, und diese Kombination ist das wertvollste Werzeug der Wissenschaft."
(*G.Bateson* (1985): Ökologie des Geistes. Suhrkamp, Frankfurt/M., S.116f)

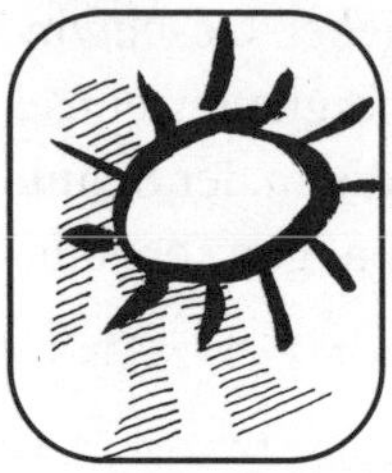

Das Gehirn der Menschen und höheren Tiere hat eine symmetrische Anordnung, die keineswegs eine einfache Verdopplung darstellt, sondern eine sehr spezielle Funktion hat: die linke Gehirnhälfte ist die sogenannte digitale, hier bauen wir aus einfachen Wahrnehmungen puzzleartig ein Bild zusammen. In dieser linkshemisphärischen Welt kann es leicht passieren, daß wir den Wald vor lauter Bäumen nicht sehen, weil wir allzusehr in Einzelheiten verfangen bleiben. Die rechte Hirnhälfte dagegen ist die sogenannte analoge. Mit dieser ist der Mensch zur Erfassung von Ganzheiten fähig. Hier denken wir gleichnishaft, bildhaft.
Man kann die beiden Vorgehensweisen mit den Methoden von zwei bekannten Kriminalisten vergleichen: Sherlock Holmes und Kriminalinspektor Columbo. Sherlock Holmes löst seine Fälle mit seinem scharfen, analytischen Verstand, der aus winzigen Beobachtungen bedeutsame Schlußfolgerungen zieht. Inspektor Columbo arbeitet unsystematisch, ungerichtet, er vertraut auf seine Intuition und wartet, bis sich die Einzelheiten wie von selbst zu einem Bild zusammenfügen.

Es ist noch absolut nicht klar, auf welche Weise die beiden Hirnhälften zusammenarbeiten, es dürfte ein einigermaßen komplizierter Vorgang sein.

Noch komplizierter wird die Sache, wenn zusätzlich eine andere, parallel dazu existierende Unterschiedlichkeit des Gehirns mitbedacht wird. Der Mensch befindet sich nämlich im Dilemma, daß die Natur ihm drei Gehirne mitgegeben hat. Das älteste dieser Teile stammt im wesentlichen aus der Reptilienphase, das zweite hat er von den Säugetieren vererbt und das dritte bildete sich bei den späten Säugetieren und Primaten. Dieses Neuhirn oder Cortex ist der Träger des intelligenten Verhaltens im engeren Sinn, es ist für die Übersetzung der Wahrnehmung in logische Abläufe zuständig, auch für die Sprache. Im Althirn (limbischer Cortex und Stammhirn) sind vage Empfindungen und Affekte beheimatet, das, was die Umgangssprache als Bauchwissen bezeichnet. "Spricht man in allegorischer Form von diesen drei Gehirnen in dem einen Gehirn, so könnte man sagen: wenn ein Psychiater seinen Patienten auffordert, sich auf die Couch zu legen, dann zwingt er ihn, sich neben einem Pferd und einem Krokodil hinzulegen. Das Krokodil mag willens sein, einige Tränen zu vergießen, und das Pferd mag laut oder leise wiehern, aber wenn sie aufgefordert werden, ihre Probleme in Worte zu kleiden, dann wird bald deutlich, daß sie dazu unfähig sind." (MacLean, zit.n. *F.Simon* (1984): Der Prozeß der Individuation. Verlag für Medizin.Psychologie, Göttingen)

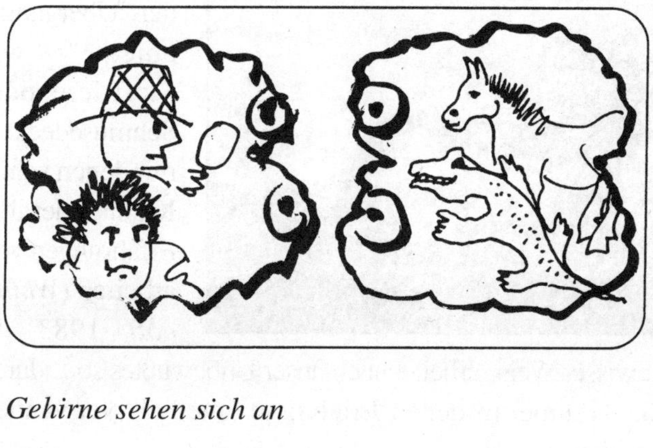

2 Gehirne sehen sich an

Viele Forscher und Künstler berichten, daß sie die Lösung eines lang bebrüteten Problems 'im Schlaf' gefunden haben oder in einem Augenblick, in dem sie keineswegs intensiv daran arbeiteten, aber natürlich fallen kreative Problemlösungen auch nur denen ein, die über genügend Faktenwissen bzw. Einzelheiten verfügen, die sich plötzlich in eine neue Ordnung fügen können. Das Zusammenspiel von bewußten und unbewußten Prozessen dürfte höchst komplex gestaltet sein. Der berühmte Mathematiker Gaus soll angesichts eines schweren mathematischen Problems einmal gesagt haben: 'Die Lösung hatte ich schon, nun mußte ich noch den Weg finden, auf dem ich zur Lösung gelangt war.' Das heißt, zuerst brach die intuitive Nuß entzwei, es fehlte noch der logische Nußknacker.

A. Eindruck braucht Ausdruck

Michael, 7 Jahre, wird nach der Schule Zeuge eines Autounfalls. Was geschieht? Er kommt heim und erzählt dem ersten Familienmitglied das Erlebnis. Dann kommt die ältere Schwester. Michael erzählt mit derselben Eindringlichkeit den Vorfall noch einmal. Später ruft die Oma an, und Michael will unbedingt ans Telefon. Er muß ja der Oma unbedingt von dem Unfall berichten, von dem Blut, und wie der Verletzte so komisch die Augen verdreht hatte. Die Mutter sagt: "Aber das interessiert die Oma doch gar nicht, und außerdem ist es so grauslich." Michael ist verwirrt und ein bißchen verärgert. Aber dann vergißt er die Geschichte für ein paar Stunden. Am Abend kommt der Vater, und Michael stürzt auf ihn zu: "Du, da war ein Unfall ... alles voll Blut." Der Vater wehrt ab: "Lass mich doch erst mal den Mantel ausziehen." Und jetzt kommt auch die Mutter dazu: "Michael, jetzt reicht's. Ich kann das schon nicht mehr hören. Laß den Papa in Ruhe damit!" Michael hält die Luft an und versteht die Welt nicht mehr. ...
Er träumt ein bißchen schlecht in nächster Zeit, aber das gibt sich. Und er lernt wieder ein bißchen mehr, sich zurückzuhalten.

Ich habe diese Geschichte so umgestaltet, wie sie wohl hunderte Male täglich in unserer Kultur passiert. Ich habe sie einmal anders erlebt:

P. erlebte, wie sein Schulkollege am Zebrastreifen angefahren wurde. Er wurde nicht in seinem Ausdrucksbedürfnis gehindert. Es hat sein Erlebnis 11 mal erzählt, manchmal gleich, manchmal ein bißchen anders und dann nie wieder. Dann war es vorbei bzw. verdaut. Manchmal hat so ein Kind das besondere Glück, daß ihm jemand die Anregung und Möglichkeit gibt, den Unfall aufzuzeichnen oder ihn nachzuspielen: "Wie ist denn der Verletzte gelegen? Leg dich mal so hin. .. Oooh."

Eindrücke brauchen für ihre Verarbeitung auch einen Ausdruck ... wie bei der Nahrung; auch da muß zur Vollendung der Verdauung noch etwas ausgedrückt werden. In Beratung, Psychotherapie und Supervision weiß man längst, wie wichtig und wertvoll es für Menschen ist, sich einmal ausdrücken zu können und dabei wohlwollende Augen und Ohren für sich zu erleben. Das alleine ist oft schon hilfreich und heilsam. Dieser Ausdruck ist zugleich eine eigenständige, "kreative" Gestaltung des Erlebten und Gefühlten. Und dazu braucht der Mensch ein Ausdrucksmittel oder Medium. In der Regel ist das die Sprache. Aber die reicht oft nicht aus. "Was mein Mund nicht sagen kann", sagt dann die Art meines Tanzens, mein Tagebuch, eine Zeichnung, vielleicht nur eine Kritzelei, meine Gestik. Manche suchen sich dann dafür auch eine Öffentlichkeit, indem sie ihren Ausdruck als Kunst präsentieren... im anerkannten Rahmen... oder als Graffiti... oder mit einem Filzstift an den Klowänden. Diese oft originellen, oft vielleicht peinlichen Ausdrucksformen sind aber auch das Ergebnis von Not. Wie die einleitende Szene darstellen möchte, ist unsere alltägliche Pädagogik oft bemüht, die Verarbeitung von persönlich wichtigen Eindrücken abzuwerten, zu unterdrücken, zu verhindern.

Hier läßt sich mit einfachen Mitteln in vielen pädagogischen Feldern und Situationen vieles besser machen. Es genügt zu verstehen, daß Menschen für die Verarbeitung von wichtigen Erlebnissen Raum und Zeit für Ausdruck brauchen, möglichst auch verständnisvollen Kontakt, und weiter, daß verschiedene Ausdrucksmittel (Medien) diese Verdauungsarbeit in besonderer Weise fördern und unterstützen können. Medien haben eine immanente "Ladung", d.h. sie sprechen verschiedene Schichten der Persönlichkeit an und bringen daher immer etwas anderes zum Ausdruck (*Petzold, Brown* 1977, S. 101ff). Dieser spezielle mediale Ausdruck wirkt dann auf uns zurück und verwandelt uns. Besonders deutlich wird das durch die Rolle der "Übergangsobjekte" wie Stofftiere oder Schmusedecken, mit denen schon Kleinkinder ihre Erfahrungen verarbeiten (*Winnicott* 1983). In gewisser Weise arbeitet auch unser Unbewußtes so ... durch die Träume, in denen Erlebnisse "medial" verwandelt werden.

Diese Sicht- und Vorgangsweise ist auch ein Grundpfeiler der Kunst- und Kreativitätstherapie (*Petzold, Orth* 1990, S. 721), und sie ist für jeden Pädagogen anwendbar, wenn er vorher die Arbeit mit solchen Kreativen Medien selbst erfahren hat.

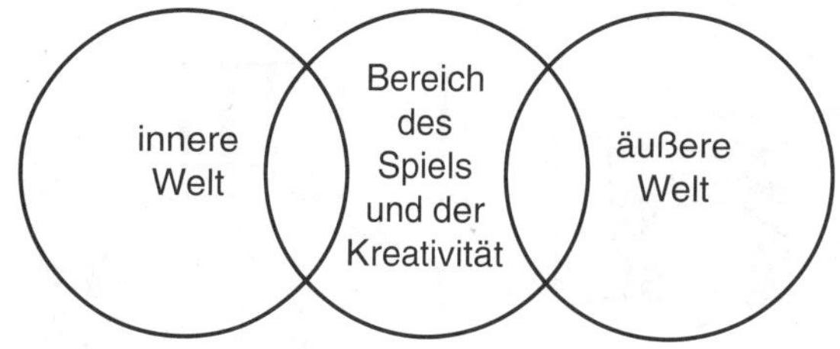

In der Gestaltpädagogik arbeiten wir nicht nur konsequent mit allen kreativen Medien, wir führen auch spezielle Seminare zur kompakten Selbsterfahrung und Reflexion mit kreativen Medien durch. Besonders reizvoll sind in diesem Fall "mediale Sequenzen", d.h. ein kreativer Ausdruck wird in einen weiteren kreativen Ausdruck übergeführt usw. Erst irgendwann später wird darüber geredet. Siehe dazu auch die Beispiele im Methodenteil dieses Buches.

Die Arbeit mit kreativen Medien in Gruppen hat noch einen weiteren wertvollen Effekt: Sie lockert die Gruppendynamik, wenn etwa einer, der beim Reden eher unauffällig oder gehemmt ist, beim Malen, Fotografieren, Theaterspielen, Breakdance oder Musikmachen plötzlich mehr in den Mittelpunkt rückt.

Die anschließenden Aspekte von Kreativität stehen in einem aufbauenden Zusammenhang: Die (Mit)Gestaltung der persönlichen Um- und Mitwelt... in der Gemeinsamkeit... zur Förderung von (Über)Leben.

Übergangsobjekte, Spiel und Kreativität

Babys können noch nicht zwischen sich selbst und der Mutter unterscheiden, da die Mutter aber nicht immer da ist, beginnen sie zwischen dem vierten und zwölften Monat den Verlust mit einem sogenannten 'Übergangsobjekt' zu ersetzen. Es kann dies ein Polsterzipfel oder ein Schmusetier sein. Das Kind nimmt es als Objekt wahr, das nicht ein Teil von ihm selbst ist und doch auch nicht voll zur Außenwelt gehört wie für die Erwachsenen. Es ist weder 'Ich' noch 'Nicht-Ich', sondern Ausdruck der Einheit mit der Mutter. Leidenschaftlich geliebt und mißhandelt wird das Übergangsobjekt sehr vermißt, wenn es abhanden kommt oder ausgetauscht wird. Dieses meist schmuddelige Etwas sieht D.W.Winnicott, der 'Erfinder' dieses Begriffes, als erste rudimentäre Symbolbildung des Menschen, als ersten schöpferischen Akt an. Dieser Bereich zwischen der inneren und äußeren Welt des Kleinkindes verwandelt sich im Laufe des Größerwerdens in das Spiel, wo auch immer innere und äußere Realität in Beziehung zueinander gesetzt werden. Spielen ist für Winnicott ein wichtiger Schritt auf dem Wege zur reifen Fähigkeit, am kulturellen Reichtum der Welt teilzunehmen und daran mitzuwirken. Charakteristisch für das Spiel ist, daß das Kind darin versinkt und der Inhalt keine Rolle spielt, wichtig ist der an innere Zurückgezogenheit grenzende Zustand, der der Konzentration bei älteren Kindern und Erwachsenen entspricht.

B. Kreativ (mit)gestalten ...

Der Automechaniker, der seine eigenen Werkzeuge erfindet, der Handwerker, der mit Einfallsreichtum alte Häuser renoviert, der Büroleiter, der Arbeitsabläufe vereinfacht, Eltern, die ein Kinderfest planen: das sind alles Beispiele für Alltagskreativität, die das Leben freudvoller und gesünder machen.

Es geht hier auch um die Ergebnisse von Kreativität, um Schöpferisches, nicht nur im künstlerischen oder handwerklichen Sinn, sondern auch um die bewußte Gestaltung meines eigenen Lebensraums, z.B. meines Arbeitsplatzes. Um kreative Prozesse zulassen und fördern zu können, muß der Pädagoge selbst sein kreatives Potential entwickeln, um seine Umwelt nach eigenen Vorstellungen mitgestalten zu können. Dafür braucht er aber auch Rückhalt in der eigenen Institution, denn in einem Klima von Bürokratie, Angst und Mißtrauen kann Kreativität nicht gedeihen.

"Will man die Schule finden,
so suche man das häßlichste, billigst gebaute
und lieblosest gestaltete Gebäude im Ort.
Die Umkleidekabinen des Fußballplatzes zeigen
zumeist mehr architektonische Anteilnahme."
(Eva Kapsammer)

„Haben Sie sich schon einmal ein Konferenzzimmer unter ästhetischen Gesichtspunkten angeschaut? ... oh Schreck! ... Und ihr Arbeitsplatz zuhause? Und der eines Schülers? So viel Zeit verbringen wir auf diesen Plätzen, und sie wirken auf uns! Man könnte von einer ästhetischen Demokratisierung oder von wachsender ästhetischer Selbstbestimmung sprechen, um die es geht, wenn wir uns nicht völlig von einer fremdgestalteten und daher entfremdenden Umgebung beeinflussen lassen wollen." (*Thanhoffer, Reichel, Rabenstein* 1992, S. 9)

Lehrerzimmer der Modellschule Graz

Bei der Gestaltung des persönlichen Lebensraumes fließen mehrere pädagogische Werthaltungen zusammen:

- Die Förderung von Selbstbewußtsein als eine Voraussetzung für Ge-schmacksbildung: "Du kannst dein Zimmer so einrichten, wie du willst, auch wenn mir manches so nicht gefällt."
- „Wenn du etwas willst, mußt du und kannst du etwas tun; allein oder mit anderen gemeinsam."
- "Du mußt nicht sofort die endgültige Lösung haben - die gibt's gar nicht. Probier's aus; und was nicht passt, kannst du ja wieder ändern."

In einem gestaltpädagogischen Seminar lenke ich oft die Aufmerksamkeit der TeilnehmerInnen zunächst auf den Raum: "Hier werden wir also ein paar Tage verbringen. Schaut mal, ob euch der Raum so passt, wie er ist. Wollt ihr etwas verändern? Probiert es aus!" Manchmal ergibt sich schon aus diesem kleinen Impuls ein angeregtes Gespräch. Auch der Kontakt zwischen zunächst fremden Menschen gelingt viel besser, wenn zunächst mal "Hand angelegt" wurde.

C. ... in der Gemeinsamkeit...

In der bisherigen Darstellung ging es vorwiegend um die individuelle Kreativität. In unserem weiterentwickelten Konzept von Kontakt und Bezogenheit ist diese Sicht zu erweitern um die Dimension des Miteinander, um die Interaktion:

Für meinen Ausdruck - siehe Abschnitt A. - brauche ich ein Gegenüber, das mir wohlwollend zuschaut, mich anhört oder einfach nur da ist.

Einen Qualitätssprung erlebe ich dann, wenn ich gemeinsam mit Menschen, die ähnliches erlebt haben, von ähnlichen Sorgen betroffen sind, einen gemeinsamen Ausdruck finde, wie dies etwa bei manchen Selbsthilfegruppen ist, oder wenn beim Zielgruppentheater homogene Gruppen (Aidskranke, Häftlinge, Arbeitslose, ...) ihre Situation zu einem Theaterstück oder Film verdichten.

Auch die (Mit)gestaltung meines Lebensraumes - siehe Abschnitt B. - ist nur über Kompromiß oder Konsens mit meinen Mitmenschen möglich. Im Grunde ist sie nur so sinnvoll, denn es ist ja unsere Welt, nicht meine. Zusammenarbeit lernen heißt hier auch: Leben lernen.

Ein Klassenzimmer gemeinsam neu einzurichten, eine Schülerzeitung gemeinsam zu gestalten, eine Reise oder ein Fest miteinander zu organisieren, ein Sozialprojekt miteinander zu entwickeln, das alles und vieles mehr ist die unverzichtbare Ergänzung zu meiner individuellen Kreativität.

D. ... zum Überleben

Jahrhundertelang haben für den Umgang mit Problemen traditionelle Sichtweisen und Lösungskonzepte gereicht, mehrere Generationen waren nötig, um etwas Neues zu etablieren. So geht's nicht mehr. Es gehört heute zu den gesicherten Erkenntnissen, daß viele "neue" Probleme unserer Welt mit den "alten" Sichtweisen und Lösungskonzepten nicht mehr zu bewältigen sind und daß diese "neuen" Probleme unsere Existenz, unsere Gesundheit, zumindest unseren Lebensstandard real gefährden: Dazu gehören die Umweltzerstörung, der Giftmüll, die mit Armut verbundenen neuen Völkerwanderungen in Europa und bald wohl auch anderen Kontinenten, die Entwicklung des Massenverkehrs, die Unfinanzierbarkeit unseres Sozialstaats u.a. Bei all diesen Problemen ist eines klar: Es gibt keinen, der eine ehrlich funktionierende Lösung zu bieten hat.

Die Erkenntnis, daß Kreativität zum Überleben notwendig wird, müßte eigentlich entscheidende Konsequenzen für die Pädagogik haben:

- Es müßte klar sein, daß wir Menschen brauchen, die sich etwas einfallen lassen können, was es so noch nicht gab.
- Es müßte klar sein, daß verrückte Ideen oft die Voraussetzung für realistische neue Ideen sind.
- Es müßte die Angst vor dem Niedergang größer werden als die Angst vor neuen Versuchen.

- Fragen wie "Wie könnte interkulturelles Zusammenleben heute aussehen?" oder "Was würdet ihr als Weltsicherheitsrat machen?" oder "Wie kann Arbeit auf mehr Menschen aufgeteilt werden?" usw. müßten nicht nur Politikern, sondern auch Jugendlichen zur Beratung vorgelegt werden.

Die kreative Arbeit mit Visionen ist ein wichtiges Element der Gestaltpädagogik; Voraussetzung dafür ist manchmal die respektvolle Verdeutlichung von Zukunftsangst (siehe dazu die "Konferenz des Lebens" im Methodenteil unter "Identifizieren").

Didaktisch wichtig ist dabei die Bewußtheit darüber, daß ein kreativer Prozeß immer auch von Krisen begleitet ist. Werden alle Lernanforderungen geschickt didaktisch aufbereitet, gibt es kaum noch Chancen für Staunen und Verwirrung. Aber höhere Ordnungen bilden sich erst nach Phasen des Ungleichgewichts und des Chaos, und wer zu viel Sicherheit braucht und jede Frustration vermeidet, bleibt auf der befahrenen Straße. Er kommt nicht dazu, sich in unbefahrenem Gelände einen Weg suchen zu müssen. Das aber brauchen die nächsten Generationen.

Beim politischen Mitwirken wird ganz offenkundig: Hier führt nur Zusammenarbeit - Co-Kreativität - zu sinnvollen Ergebnissen, weil überhaupt Sinn (lat. sens) nur als Mit-Sinn (consens) möglich ist. Individuelle Weltgestalter hatten wir schon, und wir haben keine guten Erfahrungen damit gemacht.
Hier wird deutlich, warum Gruppenarbeit und Teamarbeit in der gestaltpädagogischen Haltung nicht nur nette methodische oder technische Varianten zur Belebung eines mitmenschlichen Klimas sind (das sind sie sowieso), sondern elementarer Bestandteil:

Die Methode ist zugleich auch das Lernziel!

Jetzt, am Ende dieses zweiten Kapitels bieten wir Ihnen zwei zusammenfassungeb an:

Der G-Mensch

In dieser Metapher ordnen wir "die sieben Elemente" bestimmten **Körperregionen** zu. Nicht eindeutig und endgültig, das wäre ein überzogener und unplausibler Anspruch, aber die spielerische Hinordnung zu bestimmten Körperregionen kann einzelne Qualitäten und vor allem den Verbund, die "Ganzheit", auch analog deutlicher machen, als es eine Auflistung bieten kann.

Zwei mögliche Anordnungen für einen solchen **"G-Menschen"** werden vorgestellt, weitere sind möglich. Daher ist dann ein "G-Mensch" ohne zugeordnete Elemente abgebildet: Gestalten Sie ihn!

Wenn Sie als LeserIn hier Ihre Theoriearbeit aktiv beeinflussen, dann entwickeln Sie ihre eigene Anordnung spielerisch. Sie könnten z.B. davon ausgehen, was Sie bei der Gestaltpädagogik zuerst "berührt" hat. So hat manche das Kontakt-Modell konstruktiv in ihrer Arbeit beeinflußt, für andere war die umfassende Sicht und Förderung von Kreativität besonders anziehend usw. Und wo in Ihrem Körper hat diese erste Qualität Sie berührt, erreicht? Hat es Sie standfester gemacht (Beine)? Hat es Ihr Herz angerührt? Hat es Sie an bisherigen Überzeugungen (im Kopf) zweifeln lassen? Oder hat es Ihr "Hand"werkszeug bereichert?

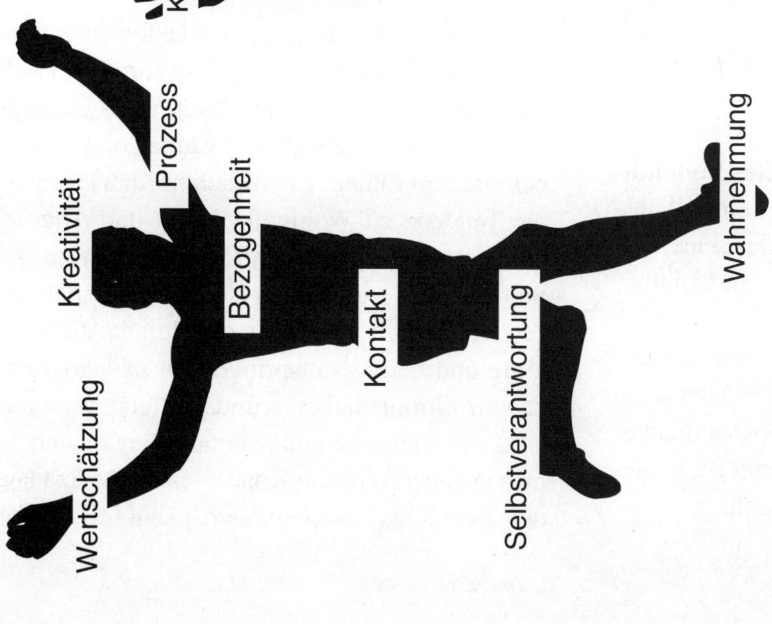

Der G-Mensch Var. 1

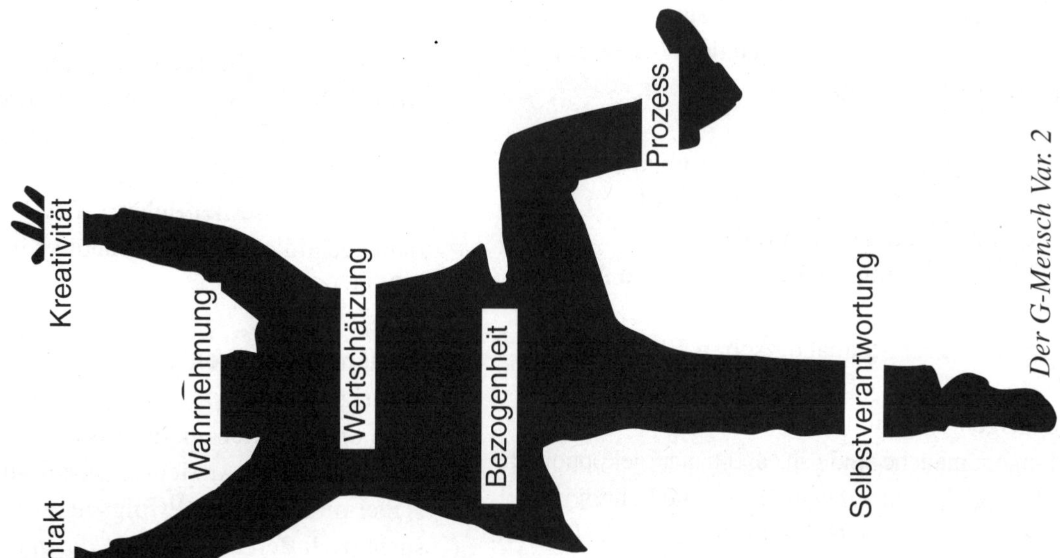

Der G-Mensch Var. 2

Der G-Mensch Var. 3

Die G-See

So einleuchtend gestaltpädagogische Praxis auf Anhieb den meisten erscheint, die dahinterliegende Theorie wirkt beim ersten und auch zweiten Kennenlernen verwirrend und unklar. Das liegt daran, daß hinter der Vielzahl der Zugänge Beliebigkeit vermutet wird. Das ist aber keineswegs der Fall. In der hier folgenden Darstellung des Hintergrundes von Gestaltpädagogik wollen wir auch einige Abgrenzungen zu anderen pädagogischen Auffassungen vornehmen.

Eine fundierte Pädagogik steht auf einem **philosophischen Grund**, aus dem eine **Sicht des Menschen** und eine **Persönlichkeitstheorie** hervorgehen, darauf kann eine **Erziehungstheorie** aufbauen. Dieser Aufbau entspricht einer metatheoretischen Sicht, wie sie z.B. im 'Tree of Science' (*Petzold* 1993, S. 457ff) verlangt wird. Diese vier Positionen besetzen die vier Ecken des G-Sees und sind mit vier 'Grundüberzeugungen' ausgefüllt:

A. **Eigengesetzlichkeit des Lebendigen**
B. **Optimistisches Menschenbild**
C. **Personenzentrierung**
D. **Ausbildung aller menschlichen Anlagen**

Die einzelnen gestaltpädagogischen Elemente haben ihren Hafen in diesen Überzeugungen, aus denen sie als Schiffe ausgelaufen sind, die Fahrtrouten sind vielfältig verschlungen, manche sind ganz aneinandergekoppelt, die Schiffe begegnen sich auf dem G-See und kehren irgendwann wieder in ihren Heimathafen zum Auftanken zurück.

Sehen wir uns nun die einzelnen Heimathäfen und die Schiffe an:

A. Bin ich von der **Eigengesetzlichkeit alles Lebendigen** überzeugt, dann baut jeder Mensch in seiner Wahrnehmung für sich und in Absprache mit anderen seine Welt auf, für die er die **Verantwortung** übernehmen muß.

Diese Weltsicht ist verschieden von allen Anschauungen, die eine normgebende Macht außerhalb des Menschen annehmen. So sehr die Gestaltpädagogik etwa auf anderen Gebieten der Waldorfpädagogik verwandt ist, in diesem wesentlichen Punkt sind sie verschieden.

Eigengesetzlichkeit des Lebendigen bedeutet aber auch, menschliches Verhalten nicht steuern zu können. Alle einfachen erzieherischen Rezeptbücher, die nach dem input-output System funktionieren, fallen unter diese Kategorie. Nackte behavioristische Erziehungsmodelle sind inzwischen wissenschaftlich überholt, aber in der täglichen Erziehungspraxis gang und gäbe. Und in verfeinerter Form überschwemmen sie derzeit den Markt in Form von unzähligen NLP- Unterrichtsbehelfen, Kinesiologie, Biofeedback, Mentalpädagogik, Mind-Fitness, Lerneffizienz-Training usw. Es mögen brauchbare Vorschläge darunter sein, aber alle versprechen auf manchmal peinliche Weise die Lösung fast aller Probleme durch technische Eingriffe, manche lesen sich wie ein 'Handbuch zur Schülermechanik'.

Beispiel: "Jane, ein normalerweise sehr lebhaftes Mädchen, sieht deprimiert und traurig aus. Sie beschließen, ihr eine Möglichkeit zu geben, sich anders zu fühlen. Welche Technik würden Sie anwenden? Antwort: Falls die Situation keine schwere Krise war, wäre wahrscheinlich die Technik des Integrierens von Ankern in 3O Sekunden die geeignetste Methode." (*Cleveland* (1995): Das Lernen lehren. Erfolgreiche NLP-Unterrichtstechniken. V.f.angewandte Kinesiologie, Freiburg, S.2O3f)

"Schöne Neue Welt", in der selbst eine kurzdauernde Traurigkeit respektlos weggezaubert werden muß, noch dazu ohne vorher um die Einwilligung der Betroffenen zu fragen. Die Anziehungskraft solcher Bücher liegt sicher nicht an ihrer Erfolgsquote, sondern in der Sehnsucht nach Berechenbarkeit, die in jedem von uns steckt.

B. Gehen wir nun zum zweiten Hafen über, der mit **optimistisches Menschenbild** überschrieben ist. Baut sich die Menschheit selbst ihre Welt, ist es günstig, freundliche Farben und Formen zu wählen, um sich darin auch heimisch zu fühlen. Die Annahme, daß lebende Systeme die Tendenz zu Wohlgeformtheit und Abgeschlossenheit haben (Selbstorganisation), kann zu gelassener Selbstachtung und einer damit verbunden wertschätzenden Haltung führen. In der Humanistischen Psychologie und daraus entspringenden pädagogischen Konzepten nimmt dieses grundsätzliche Vertrauen in die Güte des Menschen manchmal beängstigend naive Formen an, ebenso in den Konzepten der Antipädagogik, die das 'freie Kind' - was immer das sein soll - verherrlichen.

So schlage ich für den Begriff 'optimistisches Menschenbild' folgende Auflösung und auch Einschränkung vor: Der Mensch strebt nach Harmonie mit sich und seiner Umwelt und nach Selbst-Entwicklung, wenn er genügend hilfreiche Unterstützung erfährt.

Nicht im Gegensatz, eher als Ergänzung dazu sehe ich den Skeptizismus des psychoanalytischen Menschenbildes, das ich prägnant so zusammenfassen will: Im Wesen des Menschen sind zerstörerische Triebkräfte angelegt, die jederzeit die Tünche der Kultur durchbrechen können.

Ganz entgegengesetzt würde ich die verschiedenen Ausprägungen der 'Schwarzen Pädagogik' ansiedeln, die der ursprünglichen Destruktivität des Kindes (Erbsünde) nur mit Zähmung und Einschränkung Herr zu werden glaub(t)en.

C. Eng mit dem Menschenbild sind die Vorstellungen über die Ausbildung der Persönlichkeit verbunden, wir wechseln damit zum dritten Hafen über und kommen damit bereits in engeres pädagogisches Terrain. Weil Menschen nach der Geburt zum Überleben die Unterstützung anderer Menschen brauchen ("soziales Embryo"), darum spielen beim weiteren Aufwachsen menschliche ***Bezogenheit,*** also ***Kontakte, Begegnungen, Beziehungen*** und ***Bindungen*** die wichtigste Rolle. Die Gestaltpädagogik ist daher **personenzentriert**. Der Pädagoge selbst ist das wichtigste Medium (dialogische Beziehung). Einen ähnlichen Weg gehen auch die Humanistische Pädagogik (*Carl Rogers, R.* und A. *Tausch., Th. Gordon*), TZI (Ruth Cohn), der Philosoph Martin Buber und der Pädagoge *Paulo Freire*.

Einen anderen Schwerpunkt setzen auf diesem Sektor Bewegungen, die ich als 'Pädagogik der vorbereiteten Umgebung' charakterisieren will: Freinet-Pädagogik, Montessori-Pädagogik, Projektmethode, offenes Lernen. Die Person des Lehrers tritt hier in den Hintergrund, seine Rolle wird weniger reflektiert.

"Wer Kinder liebt, erzieht sie nicht" ist ein Spruch der antipädagogischen Richtung (Ekkehard von Braunmühl, Alice Miller). Der Erwachsene als Leitbild wird hier völlig abgehalftert.

D. Der letzte Hafen ist der eigentlichen Erziehungstheorie gewidmet, gestaltpädagogisches Ziel ist hier die **Ausbildung aller menschlicher Anlagen** in einem Weg der Identitätsfindung und Selbstverwirklichung. Ganzheitliche Erziehung (Integration), Förderung der Kreativität und Ausrichtung am Prozeß sind hier die Möglichkeiten, dieses Ziel optimal zu verwirklichen. Die Gestaltpädagogik knüpft hier an die humanistische pädagogische Tradition an, die immer wieder die Ausbildung des 'ganzen Menschen' in den Blick nimmt und deren bekanntester Verkünder wohl Wilhelm von Humboldt ist: "Der wahre Zweck des Menschen...ist die höchste und proportionierlichste Bildung seiner Kräfte zu einem Ganzen." Dieser 'alternative' Erziehungsstrang läuft neben dem 'offiziellen' her, seit es institutionalisierte Erziehung gibt (18.Jh.) und wirkt immer wieder befruchtend, korrigierend oder distanzierend auf letzteren ein. Das beginnt bei Rousseau, findet erste schulische Breitenwirkung in der Reformpädagogik der Jahrhundertwende und verzweigt sich in diesem Jahrhundert in viele Bewegungen.

Dem gegenüber stehen didaktische Modelle, denen es um die Optimierung von Wissensaneignung geht, die Lernschule im klassischen Sinn mit Affektkontrolle und Anpassung an die Berufswelt.

Und der Kreis schließt sich zum Anfang hin: wenn die Menschen gemeinsam ihre Welt erschaffen, dann ist es wünschenswert, sie so ganzheitlich wie nur möglich auszubilden, denn dann werden sie auch eine vielfältige Welt hervorbringen.

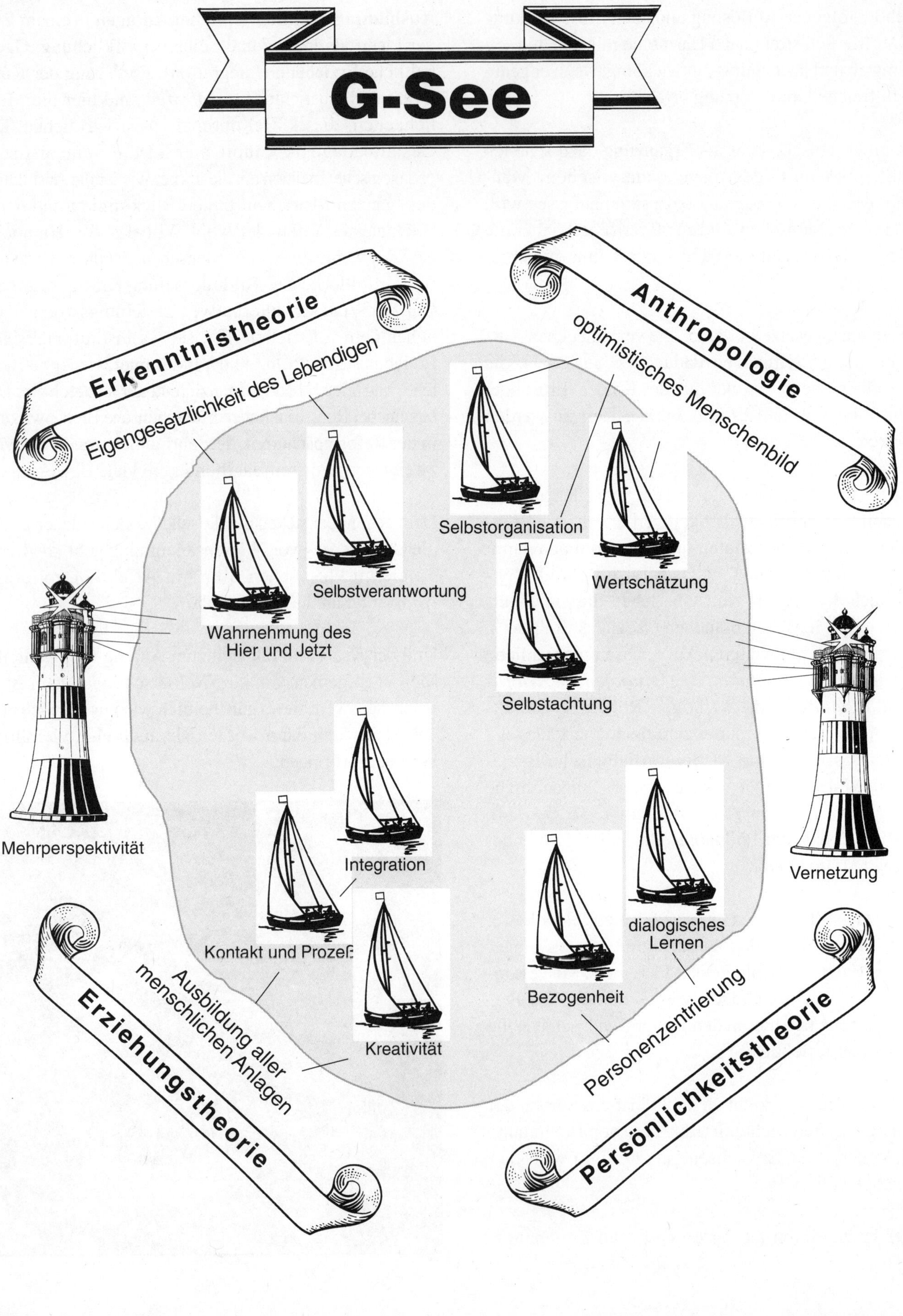
G-See
Erkenntnistheorie
Eigengesetzlichkeit des Lebendigen
Anthropologie
optimistisches Menschenbild
Selbstorganisation
Wertschätzung
Selbstverantwortung
Wahrnehmung des Hier und Jetzt
Selbstachtung
Mehrperspektivität
Vernetzung
Integration
Kontakt und Prozeß
Kreativität
dialogisches Lernen
Bezogenheit
Ausbildung aller menschlichen Anlagen
Erziehungstheorie
Personenzentrierung
Persönlichkeitstheorie

Kapitel 3

Blicke auf die Praxis

Einleitung
Kindergarten
Schulen
Grundschule/Integrationsklasse
Hauptschule
Gymnasium
Die ideale Schule
Der Schuh paßte nicht
Jugendzentrum
Heim
Behindertenbetreuung
Frauenhaus
Deutsch für Flüchtlinge
Lehrerbildung
Universität
Berufsorientierung

Einleitung

Gestaltpädagogik versteht sich nicht als idealistisches Konzept im luftleeren Raum, sondern gestaltet sich im oft konfliktreichen Kontakt zum jeweiligen Kontext, d.h. zu den organisatorischen Rahmenbedingungen im jeweiligen pädagogischen Feld. Zu diesen Rahmenbedingungen gehören vor allem:

* Die räumlichen Bedingungen

Die gestaltpädagogischen Möglichkeiten in einem Klassenzimmer sehen in der Regel völlig anders aus als etwa in einem Bildungshaus. Oft führt das Reinigungspersonal Regie und protestiert gegen ein Umräumen. Oft ist auch der Raum einfach zu klein. Aber es ist auch spannend, mit Witz und Erfindungsgeist gerade unter solchen Bedingungen Freiräume zu erobern.

- ❍ Laden Sie Ihre Schüler, Kinder, Teilnehmer, ... ein, sich den Raum als "Traumraum" neu zu gestalten. Sammeln Sie alle Ideen und Wünsche. Überlegen Sie gemeinsam, welche klitzekleine Veränderung schon jetzt sofort, welche schon morgen und welche in den nächsten Wochen oder Monaten möglich ist. Tun Sie es - gemeinsam!
- ❍ Spielen Sie eine halbe Stunde lang so, als wäre der Raum um die Hälfte kleiner... dann wieder die alte Sitzordnung. Welche Erfahrungen haben Sie gemacht?
- ❍ Schreiben Sie Klebezettel mit Botschaften an die Wand, den Boden, das Fenster, die Lampe, den Blumentopf, etc.... oder umgekehrt Botschaften, die diese Raumelemente an die Teilnehmer richten... und kleben Sie die Zettel an, z.B. "Bitte, reparier mich!" (der Stuhl) oder "Ich brauch mehr Licht!" (die Topfpflanze) ...

* Die zeitlichen Bedingungen

Auch hier ist der Unterschied zwischen Schule und etwa Heim oder Seminar sehr deutlich, was aber nicht immer nur zum Klagen auf Seite der LehrerInnen dienen sollte. In der Kürze von Schulstunden liegen auch gute Chancen.

Diskutieren Sie mit Ihren Schülern, Teilnehmern, ... über Zeit, hier und woanders! Entdecken Sie gemeinsam Zeitstrukturen, z.B. wann und wielange kann ich gut aufmerksam sein?
Diskutieren Sie über das Maß und die Gestaltung von Pausen!

* Die personelle Besetzung

Speziell im Betreuungs- und Pflegebereich ist die personelle Unterbesetzung und Ausbeutung der MitarbeiterInnen ein wichtiger Aspekt und zwingt zu besonderer Beachtung des "Kontakts zu sich selbst".
Auch die "Einzelkämpfer"-Rolle des Lehrers führt zu "besonderen Merkmalen" des Praxisfelds Schule.
Die personelle Besetzung ist nicht zu trennen von der Frage des "Schlüssels", also wieviele Kinder, Schüler, Teilnehmer, ... kommen auf einen Pädagogen. Die übliche Kinderzahl in Kindergärten und die Schülerzahlen pro Klasse müssen immer wieder als unsinnig bezeichnet werden - auch wenn eine umfassende Änderung derzeit unrealistisch ist.
Der neue Bereich "Erlebnispädagogik" ist ein gutes Beispiel, daß nur bei personeller Großzügigkeit Erfolge möglich sind.

* Die kollegiale Situation

Wie wird Kommunikation und Kooperation unter KollegInnen ermöglicht, gefördert, etc? Wie wird mit Konkurrenz umgegangen? Gibt es Supervision? Gibt es einen brauchbaren internen Kommunikationsfluß? Genug Dienstbesprechungen etc.?
Welche "Kultur" herrscht in dieser Einrichtung oder Institution?
Während in anderen pädagogischen Arbeitsfeldern solche Themen schon lange als bedeutsam betrachtet werden, ist in den Schulen erst in den letzten Jahren eine Verbreitung solchen Bewußtseins spürbar. Lange Zeit war das einigen wenigen gruppendynamischen "Spinnern" vorbehalten.

* Aus- und Weiterbildung

Sind die MitarbeiterInnen ausreichend ausgebildet, um sich in ihrer Arbeit grundsätzlich sicher zu fühlen? Bei vielen LehrerInnen und BetreuerInnen für ausländische Kinder kann das z.B. nicht behauptet werden.
Gibt es genügend gezielte Fortbildungsangebote? Für manche auch außerschulische Praxisfelder haben sich gestaltpädagogische Fortbildungen ganz besonders bewährt, etwa für die Arbeit mit AusländerInnen, für Berufsorientierungspädagogik, für die Arbeit in Behinderteneinrichtungen, in der Verbindung mit Erlebnispädagogik, bei Selbsterfahrung in der Erwachsenenbildung, u.v.a.

Wieviel investiert ein erfolgreiches Unternehmen in die Fortbildung seiner MitarbeiterInnen im Vergleich zu Schulen oder die meisten anderen sozialen und pädagogischen Einrichtungen? Der Vergleich liefert für die Pädagogik peinliche Ergebnisse. Aber das wird sich ändern, da die Zeit der Konkurrenzlosigkeit auch für Schulen und Sozialeinrichtungen dem Ende entgegen geht.

* Das öffentliche Image

Wird ein Arbeitsfeld angemessen geschätzt oder nicht? So hat etwa ein Erzieher für auffällige Jugendliche weniger Ansehen in der Öffentlichkeit als etwa eine Krankenschwester auf der Chirurgie.
Fühlen sich die MitarbeiterInnen angemessen bezahlt? Stimmen die Ansprüche der Gesellschaft mit den inneren Ansprüchen der MitarbeiterInnen überein? Bei BetreuerInnen in Jugendzentren kann das oft nicht behauptet werden, denn hier gibt es zusätzliche Konflikte, weil Kontakt auch mit solchen jungen Menschen gehalten wird, die in den Medien und an den Biertischen massiv abgelehnt werden (Punks, Skins, ...).

Das sind nur einige der Rahmenbedingungen, die die "eigentliche" pädagogische Arbeit oft wesentlich beeinflussen. Die bisher genannten beziehen sich vor allem auf Faktoren, die die Mitarbeiter betreffen. Manchmal können sie so schwer wiegen, daß jemand seinen Beruf aufgibt. Das erleben wir in Fortbildung und Supervision immer wieder. Und manchmal kann engagierte Arbeit an diesen Faktoren sehr attraktiv und hilfreich sein, weil jemand das Gefühl bekommt, auch institutionell etwas "bewegen" zu können.

Und dann gibt es noch solche Faktoren, die vor allem für die Klienten, Schüler, Teilnehmer etc. von Bedeutung sind:

* Der Stellenwert in meinem Leben

Das Maß an erwünschter persönlicher Erfaßtheit im Sinne der Gestaltpädagogik hängt auch vom Stellenwert der jeweiligen Einrichtung im Leben des Schülers, Klienten, etc. ab. So wollen z.B. viele Gymnasiasten sich gar nicht mehr so persönlich in der Schule einbringen, wie sich das manche engagierte LehrerInnen erhoffen. "Dauernd soll ich sagen, wie ich dazu stehe und wie ich mich dabei fühle; das geht die Schule nichts an. Das bequatsch ich mit anderen."
In einem Kinderheim ist das natürlich völlig anders. Hier ist es wichtig, daß die Ansprüche der Kinder, Schüler etc. und die der PädagogInnen zusammenpassen.

* Freiwilligkeit

"Relative" Freiwilligkeit ist eine Grundvoraussetzung für Lernen. Ab der Pubertät ist der Jugendliche stärker als vorher in der Lage, sich abzugrenzen oder Widerstand zu leisten. Deshalb wird etwa in der Oberstufe der Höheren Schulen oder auf der Universität persönlich betroffenes Lernen auf Bestellung ein besonders schwieriges Gebiet. Daher wird Lehren und Lernen mit gestaltpädagogischen Methoden hier auch vorsichtiger eingesetzt. Dafür rücken selbstklärende Fragen des Pädagogen "Was will ich selbst? Und wie kann ich gut für mich sorgen?" mehr in den Vordergrund.
Die Atmosphäre einer gestaltpädagogischen Fortbildung, in der alle TeilnehmerInnen freiwillig und unter Verzicht auf Geld und eventuell Freizeit zusammenkommen, ist keineswegs auf andere Praxisfelder zu übertragen. Aber auch Fortbildungveranstaltungen können mehr oder weniger freiwillig besucht werden, und das wirkt sich dann sofort auf das Klima und auf die Wirkung bestimmter Impulse aus. Gestaltpädagogen können Freiwilligkeit nicht als Voraussetzung verlangen, sondern müssen respektvoll und differenziert mit Unfreiwilligkeit und Widerstand umgehen.

- Ein kurzer Austausch in der Gruppe: "Wo wäre ich jetzt gern, wenn ich nicht hier sein müßte?" kann entspannend wirken.
- Die genaue Klärung durch den Leiter ist wichtig: "Was will ich hier unbedingt haben, und wo respektiere ich die freie Entscheidung der hier Anwesenden?"

Und so gehen wir nun daran, einzelne Praxisfelder aus der Sicht von GestaltpädagogInnen zu betrachten, ohne dabei den Anspruch auf besondere Vollständigkeit zu stellen. Weder sind hier alle möglichen Praxisfelder vertreten, noch wird das einzelne Praxisfeld umfassend analysiert. Es geht eher um einzelne, assoziative Beobachtungen und Hinweise, die den "strukturellen Blick" engagierter PädagogInnen schärfen mögen.

Um aber prinzipiell die Bandbreite der Arbeitsfelder für GestaltpädagogInnen deutlich zu machen, listen wir hier die Felder auf, aus denen bis heute Praxisfelder von LehrgangsabsolventInnen vorliegen:

alle Schultypen
Schulversuche
Jugendzentren
Heim
Behinderteneinrichtungen
Multikulturelle Erziehung
Mütterrunden
Obdachlosenprojekt
Erzieher-Ausbildung
Politikertraining in Slowenien
Ausbildung von Mitarbeitern des Arbeitsmarktservice
Reha-Einrichtung
Musical-Werkstadt-Wels
Eltern-Kind-Zentrum
Frauenhaus
Lehrlingsheim
Kindergarten
Berufsorientierungskurse
Kinderwohnheim
Krankenpflegeausbildung
Weiterbildung von Justizwachebeamten
Erwachsenenbildung
Flüchtlingsbetreuung
Logopädie
Seniorenbetreuung
Pflegeeltern
Uni-Lehrveranstaltung
Gruppenarbeit im Strafvollzug

Wir haben den Charakter der nun folgenden Erfahrungsberichte nicht "genormt"; manche erzählen Utopisches, manche reflektieren Strukturelles, manche berichten von persönlichen Erfahrungen, manche stellen spezifische Methoden vor. So bleibt jeder dieser Beiträge auch ein persönlicher Ausdruck der Co-AutorInnen, denen wir für ihre Mitarbeit herzlich danken.

Auguste Reichel

Kindergarten

Ein Tag ... eine Utopie mit Wirklichkeiten

Patrick rennt durch die Tür, wirft sich ins Matratzeneck und schreit: "Ich will meinen Teddybär von zu Hause mitnehmen! Meine Mama gibt ihn mir nicht!". Die Erzieherin, Frau Berger, hat diese Szene beobachtet und geht zu Patrick. Sie setzt sich in die Nähe und wartet, bis er sich beruhigt hat. Dann nimmt sie ihn bei der Hand und führt ihn zur Spielecke, um einen Bär auszusuchen, den er heute den ganzen Tag bei sich haben darf. Patrick akzeptiert es. Bei einer nächsten Gelegenheit erklärt Frau Berger Patricks Mutter, daß ein Teddybär von zu Hause dem Patrick beim Abschied helfen würde.

Inzwischen begrüßt Herr Maier, der Erzieher, die anderen Kinder und spricht ein paar Worte mit den Vätern, Müttern oder Großeltern der Kinder. Er strahlt Ruhe und Sicherheit aus, und das tut gut am Morgen. Bald sind alle 16 Kinder da.

Frau Berger legt nun eine beruhigend heitere Musik auf, und die Kinder wissen: das ist das Signal für die Lockerungs- und Entspannungsübungen.Die Kinder lieben diese morgendlichen Rituale, sie dehnen sich und gähnen, klopfen sich gegenseitig ab und bewegen sich zur Musik. Danach fühlen sich alle wirklich "angekommen". Diese Übungen heißen auch: "Ich bin da, und du?" Danach gibt es eine Erzählrunde, in der manche Kinder von ihren Träumen berichten oder von zu Hause sprechen. Manchmal sagen die Kinder nur, wie es ihnen geht. So lernen sie einander besser kennen.
Im Laufe des Vormittags verteilen sich die Kinder in verschiedene Gruppen, sie haben kleine Projekte zur Aufgabe: Werkstücke, Plakate, Einladungen - alles für das nächste Elternfest. Herr Maier geht von Gruppe zu Gruppe und unterstützt, wo es notwendig ist. Gegen Mittag kommen Frau und Herr Seidl aus dem Seniorenheim, und wer will, kann sich mit ihnen unterhalten oder sich etwas vorlesen lassen.

Ein gemeinsames Spiel führt dann zusammen, und je nach Wetter gehen alle nach draußen oder in den Bewegungsraum. Vorne ist eine Bühne mit Verkleidungsmaterial. Einmal wöchentlich gibt es eine Aufführung, denn einige Kinder haben Vorliebe für Rollenspiele und wollen diese auch den anderen zeigen. An der Seite befindet sich eine Ausstellungswand, wo Kinder ihre Produkte präsentieren.

Am Donnerstag ist "Parlament", da werden Probleme und Konflikte besprochen und nach Lösungen gesucht. Daran sind schon einige Dreijährige interessiert und sitzen staunend dabei. Die Kinder lernen so, miteinander zu verhandeln und nicht alles die Erwachsenen regeln zu lassen.

Das gemeinsame Essen wird in der Küche eingenommen, einige Kinder haben Küchendienst, decken den Tisch, wählen die Tischmusik und räumen auch wieder ab. In der Mittagspause gibt es mehrere Möglichkeiten sich zurückzuziehen: entweder mit Walkman und einer Geschichte oder in die Ruheecke mit Kuscheltier oder ein Spaziergang mit einem Erwachsenen.

Es sind täglich 3 Erwachsene zur Verfügung: die beiden Erzieher, die Hausfrau, zuständig für Küche, Garderobe und Garten, und fallweise noch zwei Senioren. Das Team, einschließlich der Seniorenmitarbeiter (auf Honorarbasis) trifft sich wöchentlich zur Besprechung und einmal monatlich zur Supervision.

Ziel der Gruppenarbeit ist vor allem Erziehung durch Beziehung, das erfordert von den Erziehern und Mitarbeitern persönliche Auseinandersetzung mit sich, dem Team und den Kindern. Die Gruppenleiter haben nach ihrer sozialpädagogischen Ausbildung mehrjährige Fortbildungen mit Selbsterfahrung absolviert. Sie kennen ihre eigene Kindheit und wissen gut mit der eigenen Aggression, mit Angst, Nähe und Distanz umzugehen.

In diesem Kindergarten ist die Zusammenarbeit wichtig, die der Kinder und der Erwachsenen. Dabei ergeben sich oft Konflikte: Christoph baut in der Spielecke mit Bausteinen konzentriert einen hohen Turm. Ruth geht rasch vorbei und stößt diesen versehentlich um. Christoph wird sehr wütend und kratzt Ruth. Sie schreit. Alle werden aufmerksam. Herr Maier geht zu den beiden, versucht sie zu beruhigen und wartet. Dann sagt jedes Kind seinen Ärger und Christoph schimpft nochmals mit Ruth.

Diese merkt, daß sie Christoph sehr gestört hat und sagt: "Es tut mir leid. Ich helfe dir aufbauen. Aber nächstes Mal brauchst mich nicht so fest kratzen, schimpfen genügt." Die Kinder sind erleichtert und wenden sich wieder ihrer Tätigkeit zu.
So lernen die Kinder im Laufe der Zeit, Aggressionen, Ärger und Wut zu steuern und zu gestalten. Beim Eingang hängt noch ein Boxsack und ein Müllsack, wo Kinder ihren Ärger und ungeliebte Gefühle zusätzlich symbolisch und über Kraftausdruck auslassen können. In der Spielecke befinden sich "Ärgerpuppen und Wuttiere", sowie Schutzsymbole (Steine, Schilder etc.), die negativ empfundene Gefühle ausdrücken lassen.

Zwischendurch ist immer Zeit für aktuelle Fragen der Kinder. Diese haben Vorrang, und daraus ergibt sich die Wochenplanung. Mal ist Tod und Trauer durch einen Todesfall eines Angehörigen im Blickpunkt: dann besuchen sie einen Friedhof oder gestalten ein Grab für einen toten Vogel.
Sie denken über vieles nach, was ihnen so einfällt. Sie erfahren, daß es viele Religionen gibt und üben auch einfache Formen von Meditation. Manchmal treten auch durch die Bühnendarbietung Fragen auf, denen man nachgeht, z.B. Angst vor Umweltverschmutzung.
Dann wird einige Tage oder Wochen in der Umgebung geforscht und der Kontakt mit der Natur vertieft. Im Garten gibt es auch einen Kaninchenstall, den die Kinder mit der Hausfrau betreuen.

In der Gruppe sind auch fremdsprachige Kinder und zwei behinderte Kinder. Die Kinder lernen voneinander, und das Anderssein macht sie neugierig. Einmal pro Woche findet ein gemischter Sprachunterricht statt, bei dem die inländischen Kinder von den anderssprachigen lernen und umgekehrt, meist mit Rollenspiel und viel Spaß. Nach einer gewissen Zeit verschwindet die Fremdheit, und jedes Kind bringt seine Eigenheit ein.
Neue Kinder werden bewußt in die Gruppe aufgenommen, und dafür ist genügend Zeit vorhanden, da es keine fixierten Lernziele gibt.

Die Kinder verabschieden sich täglich voneinander und haben außerhalb des Kindergartens fallweise Kontakt. Die Eltern werden mehrmals jährlich eingeladen, um aktuelle Themen, die auch die Kinder beschäftigen, zu besprechen. So bekommen die Eltern auch Gedankenanstöße für sich selbst.

Zivildiener und Praktikanten aus sozialpädagogischen Ausbildungen arbeiten auch mit. Die Kinder sind über die Abwechslung erfreut und lernen, mit verschiedenen Erwachsenen umzugehen. Das stärkt ihre Selbstsicherheit im Umgang mit neuen Situationen.

Hier ist keine "Vorschule", sondern "Kinder-garten", ein Ort für Kinder-kultur.

Schulen

Im Bereich Schule, und hier in allen Schultypen und -stufen, haben GestaltpädagogInnen die meiste Erfahrung. Gestaltpädagogik bezieht keine eindeutige und endgültige Position gegenüber der (Regel)Schule. Daher ergibt sich für die einzelnen LehrerInnen ein großer Fächer verschiedener gestaltpädagogischer Erfahrungen mit Schule:

- ❍ Bereicherungen des Unterrichts in der Regelschule zur Freude von LehrerIn und SchülerInnen (Bericht 1 und 2)
- ❍ Bemühungen in der Regelschule mit anschließender Einsicht und Berufswechsel (Bericht 5)
- ❍ Bemühungen in der Schule mit Teilerfolgen und Ausweitung der beruflichen Kompetenzen im außerschulischen Bereich oder in der Lehrerfortbildung (Bericht 2 und 3)
- ❍ Mitarbeit bei einer Alternativschule oder einem Schulversuch
- ❍ Gründung einer "gestaltpädagogischen" Schule oder Mitarbeit bei dieser (vgl. *Scala* 1990 und Bericht 4).

Es ist nach unserer langjährigen Erfahrung nicht feststellbar, daß Gestaltpädagogik in einem Schultyp besser "geht" als in einem anderen. Überall gibt es Chancen und Grenzen. Alles weitere hängt von den Personen ab. Gewisse Unvereinbarkeiten der gestaltpädagogischen Haltung mit der schulischen Realität wird jeder Lehrer bewältigen müssen (nur keine 'reine Lehre'!):

- ❍ Die Gestaltpädagogik hat wesentlich das Individuum im Blick und sucht, die Bedürfnisse des Einzelnen aufzuspüren und aufzugreifen; das wird in einer Klasse immer nur bedingt möglich sein.
- ❍ Ganzheitlicher Unterricht fordert Zeit und Gelassenheit den Ergebnissen gegenüber; beides ist nicht immer aufzubringen, der Stoff- und Leistungsdruck ist oft zu groß.
- ❍ Ich kann nur Themen gestaltpädagogisch aufbereiten, die komplex genug sind, um verschiedene persönliche Zugänge zu ermöglichen, und die mit der Lebenswelt der SchülerInnen verknüpft werden können.
- ❍ An Auslese und Beurteilung führt letztlich kein Weg vorbei und damit auch nicht an Angst und Mißerfolgserlebnissen.
- ❍ Das Korsett des Stundenplans und die Anonymität der Organisation mit ihren Sachzwängen verhindern oft eine kreative Eigendynamik von Lernprozessen.

Diese Einschränkungen stehen hier nebeneinander aufgefädelt, damit die Ideale nicht abheben vom Boden der Wirklichkeit. Ein bißchen ist viel und wird mehr in der Zusammenarbeit mit Gleichgesinnten.

Daher war es naheliegend, in den folgenden Beiträgen die ganz unterschiedlichen Erfahrungen nebeneinander zu stellen. Eine reine Sammlung von Erfolgsberichten hätten wir unseriös gefunden, obwohl Beobachtungen, Rückfragen und andere Erhebungen zeigen, daß die erfreulichen und konstruktiven Auswirkungen deutlich überwiegen.

Wir möchten hier nochmals auf das Element "Wertschätzung" und das "optimistische Menschenbild" (siehe Einleitung zur "G-See") hinweisen; das bedeutet, daß ein Mißerfolg durchaus ein Zwischenschritt auf einem Erfolgsweg sein kann... und in einer Erfolgssträhne kann es auch einen Absturz geben. Nehmen wir jede Erfahrung als Ausdruck gestaltpädagogischer Wahrnehmung.

Was in diesen Berichten nicht ausreichend Platz hat - weil es sonst endlos würde -, sind gestaltpädagogische Unterrichtsmodelle. Viele weitere finden Sie in unserem Buch "Kreativ Unterrichten" (*Thanhoffer, Reichel, Rabenstein* 1992). Es gibt auch hervorragende SpezialistInnen für bestimmte Gegenstände, Themenbereiche und Schultypen (z.B. Krankenpflegeschulen). Wenn Sie sich für Genaueres interessieren, vermittelt Ihnen das nächstgelegene Ausbildungsinstitut (siehe Kapitel 5) oder auch die AGB passende Adressen.

Gabriela Malin

Grundschule / Integrationsklasse

Eigentlich bin ich anders -
aber ich komme immer öfter dazu,
so zu sein, wie ich bin.

Dieses abgewandelte Zitat von Ödön von Horvath fällt mir spontan ein, wenn ich nachdenke, was der Lehrgang Gestaltpädagogik bei mir verändert hat.

Ich bin 41 Jahre alt, habe zur Zeit mit einer Kollegin eine dritte Integrationsklasse in der VS Ruckergasse in Wien (in Österreich wird Grundschule als Volksschule - VS - bezeichnet).

Folgende gestaltpädagogischen Elemente sind inzwischen ein fixer Bestandteil in meinem Schulalltag: Selbstwahrnehmung, Körperkontakt, Bewegung und Körperbewußtsein, Selfsupport (wurde mir besonders wichtig), Phantasiereisen, Reflexion - Feedback, Rollenspiel, Tanz, Ausdruckstanz.

Mein Interesse galt schon seit einigen Jahren dem offenen, handlungsorientierten und ganzheitlichen Lernen. Ich setzte mich mit Montessori-Pädagogik auseinander. Das handelnde Kind, das durch Bereitstellen von Materialien und durch Selbsttätigkeit zur Selbstbestimmung kommt, hat mich beeindruckt. Aber irgendwie war ich mit dem Ergebnis nicht so recht zufrieden. Es fehlte mir etwas. Vor allem mit meiner Rolle war ich unzufrieden. Nach Montessori ist der Lehrer ein vollkommen ausgeglichener, ruhiger Mensch. Ich schaffte es sehr selten, so zu sein, meistens nur mit großer Anstrengung. Außerdem weiß ich heute, daß für mich das HERZ in der Montessori-Pädagogik zu kurz kommt.

In der Gestaltpädagogik lernte ich mich selbst gut kennen und schätzen. Ich erfuhr die Wichtigkeit des Körperkontakts, und was er bei mir auslöste. Ich begann in meiner Klasse Morgenrunden einzuführen, mit folgenden Inhalten:

Morgenrunde

a) Hände auf den Bauch legen, in den Bauch atmen, Augen schließen und fühlen;
b) Wie geht es mir im Moment: Was will ich im Kreis erzählen, was will ich für mich behalten?
c) Eine Körperübung - miteinander oder mit sich selbst.

Wie machen diese Übungen seit drei Jahren, und ich bemerke, wie wichtig es den Kindern geworden ist.

Alex, ein achtjähriger Bub mit großen Problemen (leicht autistisch, sehr verträumt, große Lernschwierigkeiten), brauchte drei Jahre, um sich auf diese Körperübungen einzulassen. Von seinen Traumreisen wußte ich, daß es bei ihm Blockaden, Angst und Bedrohliches gab. Bei einem Theaterspiel, das hauptsächlich aus Ausdruckstanz bestand, wollte er die Hauptrolle spielen. Bei diesem Tanzen passierte etwas. Er lebte sich vollkommen in die Rolle hinein und tanzte mit sehr viel Lebendigkeit. Bald darauf bat er, die Vertrauensübung, sich mit geschlossenen Augen im Kreis fallen zu lassen, ausprobieren zu dürfen. Seitdem macht er bei allen Körperübungen mit, und ich spüre, wie sehr es ihm gut tut. Er hat jetzt viel mehr Kontakt mit anderen Kindern, arbeitet in der Gruppe mit und zeigt Interesse. Seine schulischen Leistungen haben sich auch verbessert.

Diese Morgenrunden helfen mir zu spüren, wo die Kinder abzuholen sind und wie ich arbeiten werde. Viele kreative Dinge sind bei diesen Runden entstanden. Andere Lehrer fragen mich manchmal: Wo nimmst du die Zeit her? Es ist aber kein Zeitverlust! Nach diesen Morgenrunden gehen wir miteinander offener und aufmerksamer ans Werk.

Selbstverantwortung ist mir sehr wichtig geworden. Ich lasse Frustrationen zu. Oft dauert es doch ziemlich lange, bis eine Lösung gefunden wird.

Bei einem Kind, Christian, war es besonders schwierig. Er ist ein intelligentes Kind, das aber sofort aufgab und einen Wutanfall bekam, wenn nicht alles auf Anhieb glückte. Er wollte sofort Erfolgserlebnisse, er griff oft zu einfacheren Aufgaben, um den Erfolg zu sichern. Erst als ich ihm half, mit seinem Zorn umzugehen, sich Zeit zu lassen, ihm seine ungelösten Aufgaben ließ, änderte er sein Verhalten. Er setzt sich jetzt viel intensiver und ausdauernder mit einer Sache auseinander, ein Selbstbewußtsein ist gestiegen. Er ruft mich jetzt: "Hilf mir, ich spüre, ich werde zornig!"

Phantasiereisen lieben die Kinder. Es entsteht eine wunderbare Stille, die (auch) die Kinder sehr genießen. Anschließend entstehen Geschichten, Erzählungen oder Zeichnungen. Phantasiereisen sind für die Kinder schon so selbstverständlich, daß sie sie selbst anwenden.

Als wir nach einem Projekt eine Ausstellung mit Führungen veranstalteten, brachten die Kinder Ideen zur Gestaltung ein. Als Einstieg gab es eine Phantasiereise, und sie machten es toll. Überhaupt war es eine Ausstellung, bei der man mit allen Sinnen beteiligt war. Es war verblüffend für mich, daß die Kinder diese gestaltpädagogischen Elemente selbst einbauten.

Viele dieser Elemente: Stille, polarisierte Aufmerksamkeit, Arbeit mit allen Sinnen, Reflexionsrunden, Selbsttätigkeit, Körperbeherrschung, fand ich auch bei der Montessori-Pädagogik.
Durch die Gestaltpädagogik kamen das bewußte Wahrnehmen, vor allem das Wahrnehmen meiner eigenen Person, Rollenspiele, Ausdruckstanz und all die kreativen Medien, die ich immer wieder neu gestalte, dazu. Mit Hilfe der Gestaltpädagogik kommen Hand, Herz und Hirn zum Einsatz ...
Für mich sind Montessori-Pädagogik und Gestaltpädagogik eine wunderbare Ergänzung.

Zur Zeit bin ich eine begeisterte Lehrerin, fühle, daß dies der richtige Weg ist. Schlechte und gute Schultage finden statt, beide haben ihren Platz.

Wenn ich die Augen schließe und an die Kinder und die Klasse denke, sehe ich uns als schöne, bunte, verschieden große Vögel, jeder singt anders, manchmal klingt es harmonisch, manchmal laut und unangenehm, aber eigentlich fühlen wir uns auf diesem Baum recht wohl.

Christine Tschötschel-Gänger

Hauptschule

Manchmal kann eine Klasse von 13-15jährigen Pflichtschülern wie ein Dampfkochtopf sein.

In meinen Anfangsjahren als Lehrerin (1980, an einem polytechnischen Lehrgang) artikulierte sich die Stimmung der SchülerInnen mitunter als schriller Pfeifton, und der Deckel flog auch manchmal weg. Die Klasse war eine Stunde außer Rand und Band und tanzte mir dann einige Stunden lang auf der Nase herum. Ich war hilflos und verzweifelt und schämte mich meiner Ohnmacht. Es war schrecklich!

Damals schenkte mir meine rechte Hirnhälfte zu meiner Entlastung das Bild vom Dampfkochtopf:
- Die aufgestaute Energie von mehreren Jahren Schule
- natürlich vorhandene, aber vielfach zurückgebremste Impulse wie Neugier, kindliche Lust, sich an den Mitschülern zu messen, sich an den Erwachsenen zu reiben
- tausendfach unterdrückter Bewegungsdrang durch jahrelanges Stillsitzen
- massive Unausgewogenheit im "Stoffwechsel": immer nur aufnehmen, selten etwas ausdrücken, tun und "loswerden"
- vielfach unterdrückter Ärger - - Schüler erleben, daß das Privileg, seinen Ärger zum Ausdruck zu bringen, oft in einseitiger Weise beim Lehrer liegt ....

Diese Energien (und vermutlich auch noch andere) machen wirklich Druck, und dieser entlädt sich dort, wo es eben geht!

Erfahrene KollegInnen ließen nicht so viel Freiraum, daß diese Emotionen hochkommen konnten. Ich war jung, bot wenig Widerstand, lud sogar ein, sich zu artikulieren. Und wußte noch nicht, daß ich der Gruppe mit viel strukturierter Didaktik und einer eindeutig wahrgenommenen Führungsposition Sicherheit hätte geben müssen, daß ich das Ganze im Griff behalten würde. Meine Idee, ganzheitliche Pädagogik bestehe hauptsächlich in ausdrucksfördernden Übungen, wurde durch diese Erfahrung als Ideologie entlarvt. Ich wollte daraus lernen.

In den nächsten Dienstjahren ist der Deckel oben geblieben, ohne daß dies mit Totenstille verbunden gewesen wäre. Mit der Zeit entwickelte sich statt einem Pfeifton eine kräftige, powervolle Rockmusik mit deutlich verstehbarem Text.
Notwendig war dazu, daß die Jugendlichen erfahren konnten, daß ich als Person stark genug war, sie zu halten, zu führen, und das bedeutet auf einer tieferen Ebene auch, sie zu schützen. Das verlangte mir ab, daß ich meine Idee aufgab, den SchülerInnen gleichgestellt zu sein, und war durchaus mit etwas Trauer verbunden.

Dann entdeckte ich, daß das Kind, die Jugendliche in mir mit den SchülerInnen immer noch mitleben konnte. Ich merkte, daß ich mehr auf die Füße kam, daß ich anders dastand; ich spüre heute noch den anderen Kontakt meiner Fußsohlen mit dem Boden.

Auch verlagerten sich die imaginären Gewichte: vorher saß ich quasi auf der SchülerInnenseite mit auf der Wippe und nach einem kräftigen gemeinsamen Schwung bewegte sich gar nichts mehr. Jetzt saß ich auf der anderen Seite, hielt das Gleichgewicht zu ihnen, und wir verhandelten von verschiedenen Positionen aus. Dabei blieb aber die Wippe in Bewegung, ich spürte auch, wie sehr die SchülerInnen mein Gegengewicht brauchten, um ihre eigene Gewichtigkeit zu spüren. Da war ich versöhnt mit meiner neuen Rolle. Jetzt konnte ich nach und nach auch Wege mit ihnen gehen, die gemeinhin als gestaltpädagogische Medien und Methoden gelten.

Diese schmerzhafte Erfahrung hatte mir die Einsicht geschenkt, daß eine ganzheitliche Pädagogik zuallererst auf einer wirklich "tragenden" zwischenmenschlichen Beziehung fußt. Diese Beziehung muß für die Altersgruppe der 10-1jährigen aufgrund der Entwicklungsphase der Pubertät vor allem dem Bedürfnis nach Orientierung, nach Reibung, nach dem Erproben der eigenen Kräfte gerecht werden. Vermutlich ist diese spezielle Bedürftigkeit bei HauptschülerInnen aus verschiedenen Gründen auch größer als früher: Wenn beide Eltern berufstätig sein müssen, sind die Chancen naturgemäß geringer, für die Kinder dazusein. Die Zahl alleinerziehender Eltern ist gestiegen; mit der Aufgabe des Gegenhaltens ständig alleine konfrontiert zu sein, wird leicht zur Überforderung. Die Reizüberflutung einer allgegenwärtigen Medienwelt, der sich viele PflichtschülerInnen täglich stundenlang aussetzen und deren Wertorientierung oft sehr fragwürdig ist, bringt darüberhinaus eine zunehmende Desorientierung. Sie setzt sich oft bis in das soziale Netzwerk, in die Peergroup hinein fort oder kann dort umschlagen in eindeutig destruktive, wenn auch haltgebende z.B. rechtsradikale Ideologien.

Dieses Defizit und seine Auswirkungen ständig ausgleichen zu müssen, ist für viele KollegInnen eine nervenaufreibende Überforderung und führt bekanntermaßen oft zum Burn-out, vor allem wenn in der eigenen Jugend wenig positive Modelle einer gelungenen Abgrenzung erlebt wurden.

Hier liegt gerade für LehrerInnen im Pflichtschulbereich eine große Chance in einer fortlaufenden Selbsterfahrung, wie sie die Gestaltpädagogik als Fundament in ihrer Ausbildung vorsieht. Die Erfahrungen mit der eigenen Kindheit und Pubertät aufzuarbeiten, ermöglicht oft eine Neudefinition der eigenen Rolle als LehrerIn, die andere Kräfte freisetzt. Auch ist gerade für diese Altersgruppen die Klarheit der erwachsenen Person wichtig. Das im Rahmen der Selbsterfahrung trainierbare deutliche Wahrnehmen und Artikulieren der eigenen Grenze, das Bestehen auf der eigenen Würde gegenüber den häufig auftretenden Mustern der Entwertung, welche die Schüler oft aus ihrem Milieu, ihrem sozialen Netzwerk mitbringen, kann über die normale Begleitung der Entwicklung hinaus mitunter auch heilende Wirkung haben...

Die erste Phantasie-Reise
(11jährige):
Beim Einleiten der Phantasiereise sage ich: "Wir werden jetzt auf eine Reise gehen - eine Reise, die sich ganz in unserer Phantasie abspielt. Stell Dir vor, Du bist gemeinsam mit Deinen MitschülerInnen ein Mitglied in einer Piratenbande. Wenn Du die Augen zumachst, geht es vielleicht leichter. Ihr geht gerade an Bord ..." Kichern, laute Bemerkungen aus der letzten Reihe. Ich: "Das Reisen in der Phantasie funktioniert nur, wenn Du Dich auf Deinen inneren Film konzentrieren kannst. Versuche deshalb, jetzt nicht mehr zu sprechen". Weitere SchülerInnen kichern, machen undeutliche Bemerkungen: "So ein Scheiß!" Ich ärgere mich: "Also ein Scheiß ist das nicht - ich mach mit Euch keinen Scheiß. Aber ich hab verstanden, daß das einige von Euch nicht gut finden. Was stört Euch?" "Ja, wir haben so etwas noch nie gemacht, wozu soll das denn gut sein?" "Das ist so komisch, die Augen zumachen." Jetzt bin ich froh, daß ich gefragt habe. "Also: wenn ich an Euch denke, habe ich Euch schon öfter als Piraten gesehen, die miteinander wilde Stürme aushalten. Wir könnten uns wirklich einmal den Spaß erlauben, uns vorzustellen, daß Ihr echte Piraten wärt, und wir könnten auf einfachem Wege voneinander erfahren, was jeder auf so einem Schiff gerne für eine Aufgabe hätte. Wir könnten dadurch auch neue Ideen bekommen, wie wir in der Klasse zusammenleben. Man kann die Augen auch offen lassen. Ich werde dafür sorgen, daß keiner herumgeht und jemanden stört, der die Augen zu hat. Die Teilnahme ist freiwillig, ich würde mich aber sehr freuen, wenn alle mitmachen!" Alle bis auf einen Schüler wollen jetzt mitmachen. Ich hatte offensichtlich die SchülerInnen viel zu wenig orientiert und sie haben sich gewehrt, ins Ungewisse verführt zu werden ...

Die Wertschätzung der eigenen Grenzen und der Grenzen der SchülerInnen (die zunächst oft nur als unartikulierter Widerstand und Verweigerung zum Ausdruck kommen) benötigt anfangs eine gehörige Portion Neugier und wohlwollender Unterstellung, um artikulierbar und verhandelbar zu machen, worum es beiden geht:

Deutschaufsatz - Übung nach geführtem Nachdenken
(15jährige)
"Ein Tag in meinem Leben mit 19 Jahren."
Markus gibt nach 10 Minuten ab. 5 Zeilen. Mürrisch wirft er sie mir hin. In mir sträubt sich etwas, dieses Werk zu akzeptieren, mich seiner Stimmung anzuschließen. Ich: "Du, das nehme ich Dir nicht ab, daß Du nicht mehr schreiben kannst. Was ist denn los?" "Mir fällt nichts mehr ein" (zieht die Schulter hoch). "Ist Zukunft für Dich nicht so ein gutes Thema?" "Hmmm." "Magst mir sagen, was Dich daran nervt?" "Jeder sagt: Du wirst schon noch sehen, wenn Du so weiter machst!"-"Verstehe. Die malen so schwarze Wolken am Himmel."-"Mhm."-"Weißt Du was - jeder Mensch hat ein Recht darauf, sich auf die Zukunft zu freuen, auch Du! Was hältst Du davon, wenn Du eine Liste schreibst mit den Namen von denen, welche alle sagen "Du wirst schon sehen!" Und hinter jeden Namen

schreibst Du, was Du von demjenigen nicht mehr hören willst!?" Das konnte Markus aufgreifen. In einem nächsten Schritt ließ ich ihn seine Sätze über die Zukunft als Antworten hinter die "Verwünschungen" der Erwachsenen schreiben. "Siehst Du, jetzt hast Du gefunden, wie Du Dir Deine Zukunft denkst, und sogar noch in Gedichtform!"

Zeichenstunde

Die SchülerInnen (10 J.) haben einen Ausschnitt aus Tom Sawyer und Huckelberry Finn gehört und zeichnen jenen Gegenstand, der ihnen in dieser Geschichte am spannendsten erscheint. Manfred malt nicht. "Mich freut es heute nicht!" Er sieht müde aus. "Bist Du müde?"- "Ja."-"Was hältst Du davon, wenn Du ein kleines Rasterl (Päuschen) machst und dann anfängst?" Er legt für ca. 10 Min. den Kopf auf die Bank. Dann sehe ich ihn malen: Huck Finn in der Hängematte!

Horror-Film.

"Frau G., wir wollen uns in Deutsch diesen Horror-Film anschauen!" Mit drängender Energie bestürmen mich die Vierzehnjährigen. Mir wird heiß. Ich spüre ihr Fasziniert-Sein, auch ihre Spannung, ob sie mich zu dem Film "herumkriegen", von dem sie wissen, daß er nicht "jugendfrei" ist. Ich selber lehne es für mich ab, mir grausige Szenen in einem Film anzusehen. Ich habe es aber auch einmal wissen wollen - früher...
Ganz schnell arbeiten meine Gedanken: Welches Bedürfnis verfolgen sie, das ich unterstützen kann? Sie wollen mich auf der Beziehungsebene testen, ob ich das Verbotene mit ihnen tue, wie stark ich bin, wo ich stehe? Sie wollen sich mit Horror, Angst konfrontieren, gemeinsam und gemeinsam mit mir? -- OK.
"Einen Horrorfilm sehen wir uns nicht an, erstens graust es mir, ich hab so was schon gesehen - und zweitens ist dieser Film, den Ihr mir vorschlagt, mit gutem Grund für Euch verboten! Aber wir können selbst einen Horrorfilm machen." Ungläubiges Gelächter. "Sicher! Wir machen unseren eigenen Horrorfilm. Dafür bin ich zu haben."
Die meisten beißen sofort an. Wir kreieren Stichworte, Assoziationen, Themen. Erste Ideen für ein Treatment, die Vorstufe zum Drehbuch. Eine Probestunde mit technischen Vorübungen für die Kamera. Dabei merken wir, daß hier nur ein Teil der Klasse beteiligt sein kann, weil wir nur eine Kamera zur Verfügung haben. Viel Wartezeit ist abzusehen. Ich schlage vor, das Treatment für eine Horror-Dia-Show zu verwenden: Standfotos wie bei einem Comic, dazwischen Dias mit Texten und Dias mit gemalten Horrorvisionen. Als Filmmusik wählen sie die Titelmusik aus "Spiel mir das Lied vom Tod".
Als wir das erste Mal ihre Diashow mit der unterlegten Musik sehen, sind sie "von sich selbst ganz fertig", betroffen über die Wirkung ihres eigenen Werks. In dieser Stimmung kommen spontan Äußerungen darüber, wovor man selbst manchmal Angst hat. Wir setzen das Projekt in dieser Richtung fort. "Wovor hat wer Angst". Sie gehen als JournalistInnen und machen Interviews mit MitschülerInnen, Eltern, LehrerInnen: "Wovor hast Du/haben Sie Angst? Was tun Sie/tust Du gegen die Angst?" Die Ergebnisse werden dokumentiert und auch verglichen mit einer wissenschaftlichen Untersuchung über die Zukunftsängste von Kindern und Jugendlichen.
Wir diskutieren in der Klasse unsere eigenen Positionen über Zukunftsängste und deren Bewältigungsmöglichkeiten.
"Schauen wir einen Horrorfilm" war eine verschlüsselte Botschaft: "Teilen wir unsere Angst miteinander? Wie können wir bloß damit leben?"
Nach dieser intensiven Projektphase (ca. 4 - 5 Wochen) plumpsten wir alle dankbar in einige Unterrichtseinheiten zum Thema Rechtschreibung ...

Ich arbeite nach meiner Zeit als Lehrerin an einer Hauptschule bzw. am Polytechnischen Lehrgang seit vielen Jahren als Beratungslehrerin mit Schülern dieses Alters. Dadurch habe ich die Chance bekommen, die Perspektive und das Erleben beider Seiten - der LehrerInnen wie der SchülerInnen - zu teilen.

Die Vielzahl der Faktoren anzugeben, die Gestaltpädagogik in diesem Bereich der Pflichtschule als Unterstützung geben kann, ist hier nicht Platz genug. Deshalb wollte ich lieber Rückblick halten auf die Schlüsselerlebnisse, die mich dazu gebracht haben, den personenzentrierten Ansatz der Gestaltpädagogik zu verfolgen und als Trainerin mitzuentwickeln.

Elisabeth Kossmeier

Gymnasium

Ich unterrichte seit 21 Jahren Deutsch und Musik an einem Wirtschaftskundlichen Realgymnasium für Mädchen. Meine persönlichen Erfahrungen mit Gestaltpädagogik lassen sich in 5 Entwicklungsphasen beschreiben:

1.Phase: **Begeisterung**

- Immer schon eine Lehrerin auf der Suche nach einer ehrlichen Unterrichtsform, in der sich Schüler und Lehrer gleichermaßen wohl fühlen können,
- immer schon eine Lehrerin auf der Suche nach einer gelungenen, partnerschaftlichen Umgangsweise mit den Schülern,
- immer schon eine Lehrerin mit viel Engagement und "power"

erlebte ich als eine erste Reaktion auf meine Bekanntschaft mit der Gestaltpädagogik die Begeisterung.

Der neue Ansatz der sinnlichen Lernerfahrung kurbelte meinen Ideenreichtum an, und mir fielen eine Fülle von Einstiegsmethoden und Selbsterfahrungsansätzen zu den verschiedensten Themen im Deutsch-Unterricht ein. Literaturgeschichte wurde zu einem spannenden Fach, war ich doch bemüht, immer einen Bezug zu der Schülerwelt von heute herzustellen (Phantasiereisen, Zeitreisen, Sculpting, diverse Umfragemethoden mit Bildern, Kärtchen, Punkten, fingierte Radiosendungen, Rollenspiele, usw.).

Die Methode war auch für die Schülerinnen etwas ganz Neues, zunächst "fuhren sie darauf ab". Es waren auch wiederum die Schülerinnen, die meine Begeisterung bald schon nicht mehr uneingeschränkt mit mir teilten, war doch der GP-Ansatz nicht nur motivierend, sondern auch ziemlich aktivierend und daher anstrengend! Ich erkannte bald, daß sich mein Unterricht niemals in der Form durchführen lassen würde, wenn alle Lehrer so täten wie ich. Kein Mensch kann sich ganzheitlich 6 mal am Vormittag jeweils für 50 Minuten 6 völlig unterschiedlichen Stoffgebieten "hingeben" und sich auf ein persönliches "Erlebnis" einlassen!

Eine Anekdote aus meiner 7.Klasse (13.Schulstufe), die mein GP-Übungsfeld war, soll zu meiner zweiten GP-Phase überleiten:
Als ich wieder einmal die Klasse betrat, mit Packpapier unter dem Arm, mein Schüsserl mit Wachskreiden und Kärtchen in der Hand, riefen mir meine Mädels entgegen: "Bitte, Kossi, heute kein Plakat, keine Kärtchen, kein Sculpting, nur reden, einfach vortragen, so ganz normal, bitte, und wir schreiben dafür mit..."

Nachdem sich meine Verwunderung über diese Situation gelegt und ich darüber ausgiebig reflektiert hatte, begann meine

2.Phase: **Haltungsveränderung**

Ich erkannte, daß der Sinn der GP nicht in der "tollen Methodik" liegt, sondern in der klaren, authentischen "Haltung" der Lehrer-Persönlichkeit. Intensive Auseinandersetzungen mit meiner Lehrer-Rolle, mit meiner Identität als Lehrerin und meiner innersten Motivation für diesen Beruf begleiteten mich über einige Jahre, begleiten mich noch heute.

Die Folgen: Ich arbeitete mehr prozeßorientiert, lernte mich zurückzunehmen und verstärkt wahrzunehmen, was ist. Die Gruppendynamik einer Klasse gelangte mehr in mein Blickfeld. Ich lernte, was es heißt, Schüler ernstzunehmen und meine Arbeit ernstzunehmen, z.B. kein Vortrag, kein Stoff, wenn es sowieso keinen Sinn hatte, weil die Schülerinnen ganz woanders waren (etwa eine Stunde vor oder nach einer Mathematik-Schularbeit). Dazu brauchte ich Mut, dauerte es doch manchmal 20 Minuten und mehr, bis ich mit dem Unterricht beginnen konnte. Unterm Strich kam allerdings etwas Gutes heraus:

- eine relativ gute Zusammenarbeit mit den Schülerinnen
- Aufwertung der effektiven Stoffvermittlung
- Förderung einer autonomen Handlungsfähigkeit der Schülerinnen
- Aufwertung meines Unterrichts als Angebot anstelle von Zwang
- Freiwilligkeit als Motivation

Andererseits setzten jetzt erst die Probleme ein mit dem Schulsystem, mit den KollegInnen, mit der Traditionsgebundenheit, auch bei Eltern und Schülern.

Zitat eines Vaters: "Kossi, wir sind glücklich, daß wir dich als Klassenvorstand für unsere Mädchen haben, aber weißt du, diese deine Jungscharstunden, die erscheinen mir übertrieben." Damit meinte er die Übungen in Deutsch, bei denen es um die Beziehungen der Mädchen untereinander ging.
Zitat eines Kollegen, dessen Klasse ich in Musik neu dazu bekam: "Bitte verdirb mir meine Klassse nicht!"
Zitat einer Schülerin der 6.Klasse: "Kossi, bei uns müssen Sie härter durchgreifen, sonst tun wir nichts. Wir tun nichts freiwillig, schreien Sie ruhig, dann geht es am besten!"

3.Phase: **Überzeugungsarbeit**

Die größten Probleme erwuchsen mir im Konferenzzimmer, im "Konkurrenzzimmer", wie ich es einmal genannt habe (*Thanhoffer, Reichel, Rabenstein* 1992, S. 192). Ich mußte mich immer wieder deklarieren, das glaubte ich mir schuldig zu sein und sprach vor verständnislosen Menschen. Meine Überzeugungsversuche wurden immer wieder zu Rechtfertigungen, bei denen ich deswegen unterlag, weil es nicht um die jeweilige Sache ging, sondern um die unterschwelligen, stets unter den Teppich gekehrten Konkurrenzkämpfe.

Ich konnte jederzeit ein Projekt mit den Schülerinnen auf die Beine stellen, ich bekam immer freiwillige Helfer für irgendwelche Aktionen, ich erhielt "Dank und Anerkennung" vom Landesschulrat für meine Projekte, ich wurde von den Schülerinnen liebevoll "Kossi" genannt, ich hatte gute "Zensuren" in den Maturazeitungen usw. - das blieb nicht ohne Folgen bei meinen Kolleginnen! Geheime Beschwerden an die Direktion waren an der Tagesordnung.

Ich redete und redete, arbeitete an meiner eigenen möglichen "Überheblichkeit", war nett und freundlich zu allen Kollegen, gerade auch zu den "Feinden", zeigte ihnen meine Wertschätzung, dennoch (oder deswegen?) schlitterte ich in Phase 4 hinein.

4.Phase: **Resignation (?)**

Aus verschiedenen Gründen wollte ich nicht die Schule wechseln. Ich sah aber auch keinen Fortschritt mehr, und so zog ich mich zurück ins Raucherkammerl, verbrachte jede Freistunde zuhause anstatt im Konferenzzimmer und beteiligte mich nur mehr an den allernotwendigsten Versammlungen wie Konferenzen.
Ich gab den Schulchor auf und baute mir außerhalb der Schule langsam ein neues Betätigungsfeld auf - kreative Jugendarbeit für die Stadt Wels.
Das ist der Stand bis heute. Meine Arbeit mit den Schülerinnen macht mir nach wie vor große Freude, ich sehe mich auch als relativ erfolgreiche Lehrerin an, aber ich habe jede missionarische oder sonstige Rechtfertigungsarbeit im Konferenzzimmer aufgegeben.

Mein Selbstbewußtsein und und meine Selbstbestimmung sind so weit gediehen, daß ich vor keiner Obrigkeit mehr Angst habe und tue, was ich für richtig erachte. Das ist für mich einer meiner wichtigsten Erfolge der Gestaltpädagogik, wie auch die relativ große Gelassenheit, mit der ich mich in diesem Ist-Stand zurechtfinden kann.

5.Phase: **Veränderung**

Seit zwei Jahren unterrichte ich nur noch 14 Stunden in der Schule und arbeite mit 10 Wochenstunden für die Stadt Wels, wo ich eine neue, kommunale Jugendarbeit auf die Beine stelle. Mein erstes Projekt war ein Musical mit 80 jungen Leuten von 14 bis 25 Jahren: "Flashback into the 60's"
Dabei konnte ich nun wirklich alle meine Fähigkeiten, die ich mir in meiner GP-Ausbildung erworben hatte, einsetzen. Das Projekt wurde noch dazu ein derart großer Erfolg, daß die Stadt grünes Licht gegeben hat für die weitere Tätigkeit auf diesem Gebiet. Und darauf bin ich stolz.

Dennoch unterrichte ich nach wie vor gerne. Meine beiden Betätigungsfelder befruchten einander. Es ist gerade die Kombination, die meine Arbeit in beiden Feldern erfolgreich macht.

Als Gestaltpädagogin lebe ich zwar mit dem Schulsystem mehr schlecht als recht, aber ich lebe damit. Was meine Identität als Lehrerin betrifft, hat mir die GP einen neuen Weg eröffnet, der mir sehr gut tut, mich ehrlich sein läßt und mich noch dazu ziemlich entspannt, weil ich die Realität mit mehr oder weniger liebevollem Schmunzeln wahr- und anzunehmen gelernt habe. Erich Frieds Motto sei auch das meine zum Abschluß: "Es ist, was es ist, sagt die Liebe."

Die ideale Schule

Was war Ihre erste Reaktion, als Sie diesen Titel lasen? Ein mißtrauisches Verschließen, ein sehnsüchtiges Aufseufzen, ein höhnisches Lachen, ein skeptischer Blick...?

Immer wieder planen Erwachsene die Expedition der Expeditionen: die Rückkehr ins Paradies; und sie scheitern dann, wenn sie sich selbst und anderen weismachen wollen, das wäre möglich. Ausdruck davon sind dann die unsäglichen 'Erfahrungsberichte' über kreative Kindergruppen, die ohne Zwang unter den wohlwollenden Blicken passiver Erzieher sich selbst entfalten und wachsen und wachsen, und wenn es nicht die böse Welt da draußen gäbe, dann könnte der Schöpfungsbericht endlich berichtigt werden.

Die '**Modellschule Graz**' war auch so ein Versuch. Es sollte eine Schule werden, in der alle Beteiligten demokratisch mitbestimmen, in der das gemeinsame Interesse an Themen das Lernen bestimmt und in der eine intensive Kommunikation möglich ist. (*Scala* 1990)

Die Modellschule Graz in Stichworten:
Realgymnasium mit Schwerpunkt Bildnerische Erziehung und Privatschule mit Öffentlichkeitsrecht (Träger: ein Verein, dem die Eltern und LehrerInnen angehören). Schließt mit der Matura (Abitur) ab und umfaßt 8 Klassen (Schulstufe 5-12), 180 SchülerInnen und etwa 25 LehrerInnen. Die Schule wurde 1983 mit einer 5. Schulstufe gegründet und Klasse für Klasse aufgebaut.
Wandel von einer 'Alternativschule' zu einer 'Schule mit außergewöhnlichen Innovationen':

Lernen:
- freies Lernen
- Projektunterricht als Unterrichtsprinzip
- Lernwerkstatt in den unteren Klassen
- fächerübergreifende Lernorganisation

Beurteilung:
- lernzielorientierte Beurteilung
- Organisation: konsequente Demokratisierung
- kollektive Leitung
- neue Formen der Kontrolle (4er-Gremium)
- schulinterne Lehrerfortbildung

Die Abspaltung der 'bösen Außenwelt' gelang einige Jahre, und die böse Außenwelt, vertreten durch Schulinspektoren, Landesschulrat, Direktoren anderer Schulen, spielte ihren Part ausgezeichnet, war kleinlich, haarsträubend verzopft und engstirnig, genauso wie die SchulgründerInnen es sich erwartet hatten. Im häßlichsten Schulgebäude der Stadt wurde uns ein Platz zugewiesen, und die Eltern bauten Kobel in die Klassen, die Mütter nähten Pölster und Vorhänge, und die Direktorin begann schnell zu kehren, wenn Inspektion angesagt war, und räumte die verschimmelten Brote aus den Bänken.

Inzwischen ist das verwahrloste Gebäude innen und außen wunderschön mit öffentlichen Mitteln renoviert worden, ein äußeres Zeichen für die inzwischen erfolgte öffentliche Anerkennung. Der Prozeß der Annäherung an die Normalität war langsam und unaufhaltsam. Es waren äußere, aber vor allem innere Zwänge, die einen schmerzhaften Lernprozeß anführten: auch die ideale Schule mußte mit den beiden großen, unlösbaren, inneren Widersprüchen jeder Schule umgehen lernen: der 'Erziehung zur Selbständigkeit' und dem Dilemma von Förderung versus Selektion.

In der Euphorie der Paradiesesausgestaltung hatten die LehrerInnen auf etwas Wichtiges vergessen: die Pubertät. Sie dachten sich die spannendsten und anregendsten Projekte aus, bereiteten die Themen ganzheitlich auf - hatten doch die meisten LehrerInnen eine gestaltpädagogische Ausbildung - und waren bereit, alles für diese reizenden, interessierten Kinder zu tun.
Aber was in den Anfangsjahren Spaß gemacht hatte, wurde allmählich mühsam. Manche der leicht lenkbaren Elfjährigen verwandelten sich in rotzfreche Vierzehnjährige, die unsere spannenden Projekte gar nicht so spannend fanden, sonden ausstrahlten: "Na, mach mich doch betroffen. Wenn du in jeder Hinsicht super und verständnisvoll bist, werde ich vielleicht auch was lernen."
Die Fehlstunden nahmen zu, und die Leistungen waren erbärmlich - und das bei einer Schule, in der der Unterricht nicht fad und die Schüler nicht unterdrückt waren! Das hatten die LehrerInnen nicht einkalkuliert.

Langsam machte sich Enttäuschung breit und zwar im wortwörtlichen Sinn: Ent-täuschung - eine Täuschung weniger.
In aller Beglückungswut und Sehnsucht nach Harmonie war kein Platz vorgesehen gewesen für Auflehnung.

Da spielten die Jugendlichen nicht mit, und die LehrerInnen begannen zu begreifen, daß Freiheit immer gegen etwas erkämpft wird, sonst ist es keine, und daß es die ideale Schule, in der nur 'persönlich bedeutsame Lernprozessse' laufen, nicht geben wird. Plötzlich waren Sätze im Lehrerzimmer zu hören: "Wir sind doch keine therapeutische Anstalt!" "Schüler müssen auch lernen, manchmal mit Streß und Unlust fertigzuwerden." Bis zu dem ungeheuerlichen Ausspruch: "In einer guten Schule muß es den LehrerInnen gut gehen."

Und die LehrerInnen einigten sich auf Mindestanforderungen an Anwesenheit und Verläßlichkeit, schrieben diese in einem VERTRAG zusammen, den jeder Schüler erfüllen muß, will er die Modellschule besuchen. Die Einhaltung des Vertrags wird kontrolliert, und die Strafmaßnahmen reichen bis zum Ausschluß. Der Kampf um diesen Vertrag, der die SchülerInnen natürlich empörte, tobte längere Zeit, mit Schülerstreik, endlosen Versammlungen und Gesprächen und langfristigen Auswirkungen. Dieser Vertrag wurde das Symbol dafür, daß auch in einer 'idealen Schule' Lehrer in ihren Rollen verhaftet bleiben, daß sie Standards setzen und für ihre Einhaltung sorgen und daß sie nicht für alles die Verantwortung übernehmen.

Dies war nur ein Beispiel, wie in einer Schule der Ausgleich zwischen Anforderungen und Bedürfnissen mühsam ausgehandelt, erstritten, errungen wird. Einen ähnlich verschlungenen Weg nahmen die organisatorische Entwicklung, die Leistungsbeurteilung und die Lernorganisation dieser Schule. Und das ist keineswegs normal, in den meisten Schulen fehlt diese lebendige Auseinandersetzung.

So ist die Modellschule Graz - auf ganz andere Weise als ursprünglich gedacht - doch eine lebendige, brauchbare Schule geworden, allemal für Überraschungen gut. Von den ursprünglichen Zielen sind die Demokratisierung der Entscheidungen, der intensive Kontakt aller Beteiligten und über weite Strecken auch ein ganzheitlicher Unterricht durchaus Wirklichkeit geworden.

Eva Kapsammer

Der Schuh paßte nicht

"Leute, ich bin ja schon fast zwei Jahre weg von der Schüssel!"
Und ich soll einen Bericht schreiben. Einen Bericht, wie sich Gestaltpädagogik in der Sonderschule verwirklichen lasse.

"Die Gestaltpädagogik ist eine innere Haltung, der Methodenschatz ihr Ausdruck."

Ich WAR Lehrerin, Sonderschullehrerin. Aber - pardauz - ich bin's nicht mehr. Und wißt Ihr, warum? Weil diese raffinierte Gestaltpädagogik mir aufgezeigt hat, wo mich der Schuh drückte.
Erinnerung an eines meiner ersten Seminare, Zitat: "Ich erkenne, wo mich der Schuh drückt und was es zu tun gilt." - Das war mein Ziel und tatsächlich: es ist eingetroffen. Ich erkannte, daß der Schuh nicht paßte.

Und jetzt habe ich den eigenwilligen Konflikt, daß ich über Gestaltpädagogik in der Sonderschule berichten soll, obwohl mich die innere Haltung von der Schulpädagogik immer mehr entfernte.

Na gut, ich könnt' vom Sitzkreis, vom Zuhören und Reden erzählen, von gestaltpädagogischen Elternabenden, von fights und highlights mit schwierigen Schülern. Aber ehrlich: Ich hab keine Lust dazu. Und solche Erfahrungsberichte gibt's ja genug, hab ich recht?

Aber was erzähl ich dann?
Nicht, was ich alles an der Schule auszusetzen habe. Das ist nicht der richtige Ort für Ketzereien. Wer ernsthaft LehrerIn ist, hat die Sensibilität für die verkorksten Geschichten des lieben Systems ohnehin.

Was zum *Goodman* erzähl ich dann?! Von meinem Prozeß von der engagierten Lehrerin ("Für mich warst du der Prototyp einer guten Lehrerin!" Zitat Direktorin - ach, was bin ich doch stolz auf mich) zur überzeugten Nicht-Mehr-Lehrerin?

Da gab's mal die Sehnsucht nach Lebendigkeit, Authentizität (ein schreckliches Wort, aber ich weiß kein besseres) und als Konsequenz Eigenverantwortung. Ist auch in der Schule lebbar. Für mich persönlich zwar nicht, aber was für den einen muß ja bekanntlich nicht für den anderen... Eben.

Also die Eigenverantwortung ist ein Knackpunkt in unserer hehren Pädagogik. Denn sie wird gefordert, aber nicht ertragen. Wenige Pädagogen spüren die eigene und schon gar nicht die der Kinder. Aber das ist eine andere Geschichte, die soll ein andermal erzählt werden...

Die Geschichte, die ich euch erzähle, ist die: Eigenverantwortung ist, wenn man tut, wonach einem ist, und nicht, wonach einem sein sollte. Und dazu fällt mir nun doch ein Beispiel aus der sogenannten Praxis ein:

Das Schülermaterial ist heut' wieder einmal verdammt lästig. Tino ist aufgekratzt. Das Energiebündel kann seine Gliedmaßen einfach nicht in die erwünschte Schülerhaltung bringen. "Wüst rafn?" frage ich gut gelaunt - ich war tatsächlich an diesem Vormittag gut gelaunt. Und spontan balle ich meine Hände zu Fäusten, grinse ihn herausfordernd an und lade zum Kampfe (eh nur Schattenboxen, eh klar...).

Macht so was eine Pädagogin? Ich bitte, wo bleibt der Ernst, was soll man da lernen Fragezeichen Rufzeichen.

Tino indes ist bass erstaunt, reagiert aber schnell. Ach, was haben wir doch Spaß! Und die anderen halten plötzlich inne. Sie verfolgen das Geschehen. ...
Tino und ich haben uns abreagiert. Im Scheinkampf flogen unsere Herzen aufeinander zu. Und die Atmosphäre änderte sich zum Guten. Lachen entspannt.

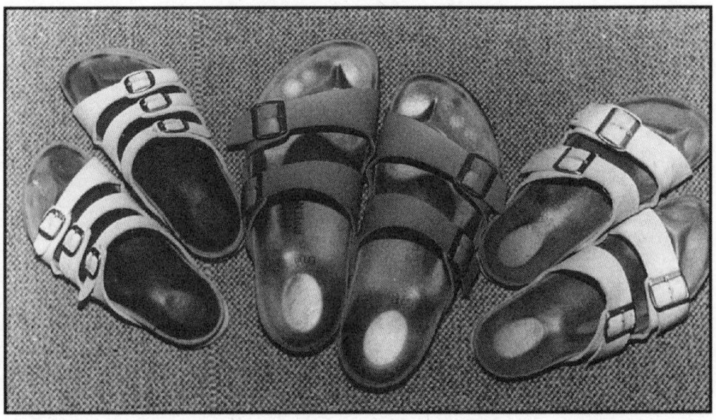

Gewonnen. Aber nix g'lernt. Oder doch? Daß Stimmungen Rechte haben, auch in den heiligen Hallen unserer Bildungseinrichtungen? Daß SchülerInnen und LehrerInnen doof, schräg, übermütig und das gemeinsam sein dürfen? Daß es eine sogenannte Gaudi ist, wenn man sich aufeinander einläßt?

Aber mehr wollen wir da jetzt nicht raus-re-konstruieren, sonst kippt das Geblödel in einen kalkulierten Lernprozeß, und das wär echt Schule. Brrr...
Eigenverantwortung ist auch, wenn man es aushält und zuläßt, daß das Kind tut, wonach ihm ist, und nicht, wonach ihm sein sollte.

Eh schon wissen: Verdammt schwer bei allem Lehrplan, Leistungsdruck, Klassenschülerzahl und dünnen Wänden. Für mich letztlich zu schwer. Der Schuh wurde einfach zu eng... unter anderem darum bin ich - eigenverantwortlich - ausgestiegen. Hoffe inständig, Ihr könnt diesen Wert 'Eigenverantwortung' besser vereinbaren mit diesen Rahmenbedingungen. Denn: Solche Lehrer braucht das Land! Menschen, die es wagen, vorgefertigte Denkstrukturen zu verlassen und mit den Kids gemeinsame Sache machen. Für eine Welt, die uns allen paßt, und nicht für Menschen, die nur in eine Welt passen. Dazu alles Gute!

PS: Nenne mich heute Freie Journalistin und Freie Pädagogin und tingle durch die Lande.

Das Heim

"Erziehung durch Beziehung", dieser Grundsatz gilt nicht nur für Kinder- und Jugendheime, in denen die Betreuung ernst genommen wird, sondern abgewandelt gilt diese Haltung für jede Art von professioneller sozialpädagogischer und auch sozialarbeiterischer Unterbringung, also auch für Frauenhäuser, für Behinderteneinrichtungen, für Altenheime. Damit ist eine gute Grundlage für die gestaltpädagogische Betrachtung dieser Einrichtungen gegeben.

Das Problem der Professionalisierung von Beziehung stellt sich in vielen Helferberufen, aber im Kinder- und Jugendheim vielleicht am krassesten. Gerade Kinder "mit besonderen Bedürfnissen" brauchen Verläßlichkeit, Stabilität, intuitive Zuwendung, sagen wir ruhig Liebe. Professionelle SozialpädagogInnen brauchen aber auch klare Arbeitsstrukturen, Abgrenzungsmöglichkeiten, Distanzierungshilfen wie Urlaub, Weiterbildung, Supervision, etc. Diese beiden Bedürfnisstrukturen stehen in einem unauflösbaren Widerspruch bzw. Spannungsfeld. Da nützt das nostalgische Erinnern an die Klosterschwestern, die einst rund um die Uhr für die armen Kleinen da waren, gar nichts. Diese Widersprüchlichkeit ist aus gestaltpädagogischer Haltung besonders gut einschätzbar und lebbar, weil dadurch einseitige und sinnlose Schuldzuweisungen entfallen.

Auch ein zweites Grundproblem der Heimerziehung wird aus einer mit systemischer Sicht ergänzten Gestaltpädagogik besser handhabbar: Die letztlich unvermeidbare, tiefsitzende Konkurrenz zwischen den leiblichen Eltern (und anderen Verwandten) einerseits und den professionellen ErzieherInnen andererseits. Viele Kinder, z.B. von getrennten Eltern, bringen das absurde und doch reale Dilemma "wen hab ich lieber?" schon mit, und häufig wird dieses böse Spiel dann zwischen Eltern(teil) und Heim weitergespielt: Die Eltern projizieren ihre Schuldgefühle auf das böse Heim, und die Profis bestärken einander im Ärger über die blöden Eltern, deren Fehler sie hier reparieren müssen. Und die Kinder kriegen das - zumindest unbewußt - ganz gut mit, leiden noch mehr und entwickeln noch mehr Symptome, die sie zu Problemkindern machen.
Verschärft wird das dann noch, wenn im sozialpädagogischen System Heim besonders hohe und edle Ideale gefordert sind, die auch das Personal in eine überfordernde Anspruchshaltung drängen und daher Schuldgefühle produzieren.

"Ich habe zwei Behindertenheime erlebt: In einem stand 'das behinderte Kind immer im Mittelpunkt' des Interesses, nur mit dem Ausdruck hoher Wertschätzung wurde über 'unsere Kinder' gesprochen. Im anderen Heim wurde unter den Erziehern oft auch über die Kinder geschimpft, manchmal machten sie sich auf durchaus aggressive Weise Luft. ...

In welchem Heim, glauben Sie, herrschte eine menschenfreundlichere Atmosphäre?
Richtig, im zweiten! Natürlich kann diese Erfahrung auch mißverstanden werden, aber klar ist: Wenn Ideale dazu führen, daß Ehrlichkeit unterdrückt wird, dann kippen sie in ihr Gegenteil!"

In der Heimerziehung erweist sich wieder ganz deutlich: Die Qualität der pädagogischen Arbeit steht und fällt mit der Qualität, die der Pädagoge im Kontakt mit sich selbst hat. Daher ist Sozialpädagogik nur gut möglich, wenn die Aus- und Weiterbildung sowie die Supervision personbezogenes, persönlich bedeutsames Lernen ermöglicht. Das gilt auch und besonders für die HeimleiterInnen. Leiter strahlen eine Atmosphäre aus, die in ihrer Wirksamkeit auf das "Betriebsklima" oft unterschätzt wird. Bei der Besetzung von Leiterposten wird von den übergeordneten Ämtern traditionell viel Schaden angerichtet bzw. kann vieles gut gemacht werden. Auch die brauchen aber dann wieder eine gute persönliche Begleitung (Supervision, Coaching, gut geführte Heimleiterrunden, ...).

Das Jugendzentrum

Die Institution Jugendzentrum oder Jugendhaus ist von zahlreichen Spannungsfeldern und strukturellen Widersprüchen geprägt, die hier zu diskutieren den Rahmen bei weitem sprengen würde. Außerdem ist das Jugendzentrum wie keine andere pädagogische Einrichtung ein Spiegel der Wandlungen, d.h. viele Merkmale, die jetzt zutreffend beschreibbar wären, sind in drei Jahren überholt.

Das bedeutet andererseits, daß hinter den sich ständig wandelnden Merkmalen andere grundlegende Qualitäten bleibende Bedeutung haben. Dazu gehören die Qualitäten Kontakt, Begegnung und Beziehung zwischen BesucherInnen und BetreuerInnen. Die Lebenssituation von Jugendlichen stellt sich im Jugendzentrum unter anderem im markanten Spannungsfeld zwischen dem Bedürfnis nach Personalität und dem Bedürfnis nach Anonymität dar (*Reichel, R.* 1983, 7). Einerseits wollen Jugendliche wahrgenommen werden, sich erproben, sich bestätigen. Andererseits wollen sie die ständige Kontrolle, die ständige Anforderung, das meist negative belauert werden vermeiden, notfalls wird das massiv abgewehrt. Und so ergibt sich ein Verhalten im einerseits - andererseits, erkennbar durch das sich aufhalten im Eingangsbereich, durch das an der Theke lehnen, das sitzen auf dem Moped; ich bin zwar da, aber ich kann jederzeit leicht weggehen oder wegfahren.

Jugendzentren bieten fast immer vielfältige Möglichkeiten für kreative Experimente, besonders im Kulturbereich (siehe dazu auch den Beitrag über "Gymnasium"). Darüber hinaus ist aus gestaltpädagogischer Sicht die Gestaltung der Kontakte von Interesse: In kaum einem pädagogischen Praxisfeld sind Kontakt, Begegnung und Beziehung so wenig reglementiert bzw. so frei gestaltbar wie in einem Jugendzentrum. Und das bietet aus gestaltpädagogischer Sicht viele Möglichkeiten.
Dazu folgendes Beispiel aus dem Praxisbericht von

Heinz Buchberger

<u>**Szene 1**</u> (ich arbeite seit 3 Monaten)

Ein Jugendzentrum in einer Stadtrandsiedlung von Wien. 14 Uhr, der 13jährige Junge betritt das Haus. Ich stehe im Eingang und begrüße ihn. Er huscht an mir vorüber ohne ein Wort, ohne Blick, und ich hatte Grund zur Annahme, daß er randvoll "geladen" war. Seine Schultasche flog in irgendeine Ecke. Ich gehe auf ihn zu und frage: "Na, war's so schlimm heute Vormittag?"
Erst jetzt wendet sich der Junge mir zu, zeigt mir durch sein Fingerspiel mit der rechten Hand unmißverständlich, was er von meiner Frage hält, und brüllt:
"Was geht dich das an? Laß mich in Ruh'!"
Durch das Gebrüll aufmerksam geworden, kommt meine Kollegin um die Ecke und meint: "Du bist aber grantig heute!"

Auch an mir geht das nicht spurlos vorüber, ich stehe dem jungen Mann "fassungslos" gegenüber und denke: 'Wieso muß ich mich von diesem 'Lümmel' so behandeln lassen? Kommt hier rein und brüllt mit mir rum. Ich bin doch für den da!'
"Schrei hier nicht so herum, du bist hier nicht zu Hause!"
Das ist alles, was ich in diesem Moment über meine Lippen bringe.

Das war's dann; wir spielten das Spiel "wer brüllt lauter" und es steht bis heute nicht fest, wer der lautere war. An diesem Tag war uns beiden eine Annäherung nicht mehr möglich.

Meine autoritär bemitleidende Frage "war's so schlimm heute vormittag?" hatte ihn völlig in Rage gebracht. Ja, es war so schlimm heute vormittag, und noch schlimmer. Und da kommt noch einer daher, noch dazu ein Erwachsener, der garnichts versteht, aber auch schon garnichts, und fragt, ob's schlimm war. Das ist ja wohl das letzte. Und dann brüllt dieser Jesus noch durch die Gegend und sagt, ich sei hier nicht zu Hause. Hat der eine Ahnung, was zu Hause los ist!

Szene 2 (ein Jahr später)

Dasselbe Jugendzentrum in der Stadtrandsiedlung.
Es handelt sich um ein 14jähriges Mädchen, das ich schon länger kannte und dessen Stimmung ich gut einschätzen konnte.
An jenem Tag kam sie wie ein Wirbelwind in das Haus. Ihre Bewegungen waren hastig, unruhig. Sie war aufgewühlt, ihre Augen funkelten. Ich glaubte, ihr eine gewisse Entschlossenheit anzusehen. Nur - wozu war sie entschlossen? War sie auf Zoff aus? Sollte ja nicht das erste Mal sein. Nun gut - ich beschloß, sie 'auffällig' zu verfolgen, in der Hoffnung, von ihr bemerkt zu werden.
Sie begab sich auf eine Runde durch das Haus, da und dort eine Rangelei, in der sie sich durchsetzte. Plötzlich drehte sie sich blitzartig um. Nun standen wir da, Aug' in Aug'.

"Was willst du von mir?" brüllte sie mich an.
"Ich interessiere mich bloß, was du so machst," sagte ich ruhig.
Jetzt begann das Mädchen zu zittern, die Haut in ihrem Gesicht färbte sich rot und ihre Augen wurden groß und gläsern.
"Jeder schaut, was ich mache! Das ist ja zum Schreien!" brüllte sie noch lauter.
"Dann schrei," meinte ich.

Sie atmete ganz tief durch, formte aus ihren großen, runde Augen Schlitze und schrie mich an.
Sie schrie wie ein Gruselmonster in den verschiedensten Tonlagen. Ich muß zugeben, ich war von der inneren Kraft dieses Mädchens überrascht, war einen Augenblick wie versteinert, ... und glücklich zugleich. Sie schrie weiter. Das Schreien übertrug sich auf mich und ich schrie mit. So schrien wir beide vor uns hin, bis wir ein lustvolles Stadium erreichten, indem wir mit unserer Stimme zu experimentieren begannen. Die Töne wurden höher, sie wurden tiefer, die Schwingungen der Stimmen übertrugen sich auf unsere Körper und mir war plötzlich zum Tanzen zumute.
Ich streckte dem Mädchen die Hände entgegen, sie griff danach, andere Kinder, die bis dahin verwundert um uns herum standen, gesellten sich dazu, tanzten, sangen, schrien; es war ein Spektakel.
Die Situation endete in einem Spiel, das sich "Schreifangerl" nennt. Ich spielte als erster den Fänger und lief schreiend der Meute hinterher.
Das 14jährige Mädchen lachte, schwitzte, wirkte ruhig, und - was keineswegs alltäglich war - als sie nach ein paar Stunden nach Hause ging, verabschiedete sie sich von mir und sagte: "Bis morgen."

Behindertenbetreuung

In der Arbeit mit behinderten Menschen ergeben sich so vielfältige Ansätze aus gestaltpädagogischer Sicht, daß sie hier nur angedeutet werden können. Die Vielschichtigkeit ergibt sich auch schon daraus, daß "Behindert" ein Sammelausdruck für äußerst unterschiedliche Phänomene und Problemstellungen ist, sodaß prägnante Aussagen in Kürze sehr schwierig bis unmöglich sind.

Eine Besonderheit der Behindertenbetreuung ergibt sich daraus, daß die Identifikation mit den Anvertrauten nicht so einfach ist wie etwa bei Lehrern, die ja alle auch einmal Schüler waren. Ein Behindertenbetreuer war ja in der Regel nicht früher selbst behindert. Diese Identifikation als Bestandteil eines hilfreichen Kontakts ist daher aus gestaltpädagogischer Sicht speziell förderungsbedürftig. Dazu ein Ausschnitt aus dem Praxisbericht von

Franz Denkmayr

Mitarbeiterfortbildung

Ich hatte die Gelegenheit, in einer Einrichtung für Behinderte eine Fortbildungswoche für Mitarbeiter zu gestalten. Die Aufgabenstellung war, den MitarbeiterInnen einer Station mit zum Großteil schwer geistig und mehrfach behinderten Männern Hilfen zu vermitteln, vor allem im Umgang mit sehr verhaltensschwierigen Behinderten.
Den überwiegenden Teil meiner Arbeitszeit verbrachte ich in der Gruppe, war "mitten im Geschehen" und versuchte, durch meine Mitarbeit mögliche Lösungsansätze für alltägliche Probleme mit den Betreuern "vor Ort" zu erarbeiten. Daneben gab es mehrere "Lerneinheiten", z.B. zum Thema "Behinderte verstehen":
Wir befanden uns an diesem Abend in einem Raum der Station, in dem sich tagsüber mehrere Bewohner aufhalten. Die Behinderten ("Patienten") sind hier fast völlig sich selbst überlassen, es gibt kein Beschäftigungsangebot. Einige Behinderte verbringen überhaupt den ganzen Tag (und die Nacht) im gleichen Zimmer und haben abgesehen von der pflegerischen Versorgung keine Abwechslung im Tagesablauf. In dieser Arbeitseinheit wollte ich den Mitarbeitern Verständnis (als Grundvoraussetzung ihrer Arbeit) für die Situation und die Verhaltensschwierigkeiten der Behinderten vermitteln.

Meine Aufforderung an die Mitarbeiter lautete: "Suche dir einen Platz, den derjenige Bewohner deiner Gruppe, der dir als erster einfällt, hier in diesem Raum einnehmen würde, wäre er jetzt hier. Du brauchst diesen Menschen nicht zu 'spielen', sondern bleibe du selbst, aber versuche, dich in den Menschen einzufühlen und seine Haltung einzunehmen."
Anschließend versuchte ich, das Umfeld nachzumachen, in dem diese Menschen hier gewöhnlich leben. 20 Minuten lang, hatten wir vereinbart. Ich machte nur real Erlebtes nach:
... Fernseher einschalten und auf lautester Einstellung laufen lassen...wieder ausschalten.... wieder einschalten.... dazu eine zweite Geräuschquelle (Radio).... ich gehe, laufe zwischen den Leuten herum, steige über sie drüber.... das Licht aus- und einschalten.... Türe auf und dann zuknallen.... ich gehe mit dem Putzwagen zwischen ihnen herum.... plötzlich Reizarmut: es ist still und ich gehe hinaus, überlasse die Gruppe "sich selbst".... ich setze mich gemütlich zwischen die Mitarbeiter (die inzwischen völlig gleich wie die Bewohner reagieren) und rauche möglichst unbeteiligt eine Zigarette....
Nach nicht einmal 15 Minuten brachen wir die Übung ab, weil es für uns alle im Raum unerträglich geworden war. Ich lud die Teilnehmer ein, noch kurz auf ihrem Platz zu bleiben und ihre Betroffenheit und momentanes Gefühl in einem Satz auszudrücken:

"Ich halte es hier nicht aus"
"Ich dreh durch"
"Ich möchte jetzt am liebsten davonlaufen"
"Ich fühle mich ausgeliefert, hilflos und allein"

Diese und ähnliche Sätze wurden formuliert. Wir hatten für Menschen, die selbst nicht sprechen und sich nur schwer mitteilen können, gesprochen. Es ergab sich noch ein langes und intensives Gespräch.

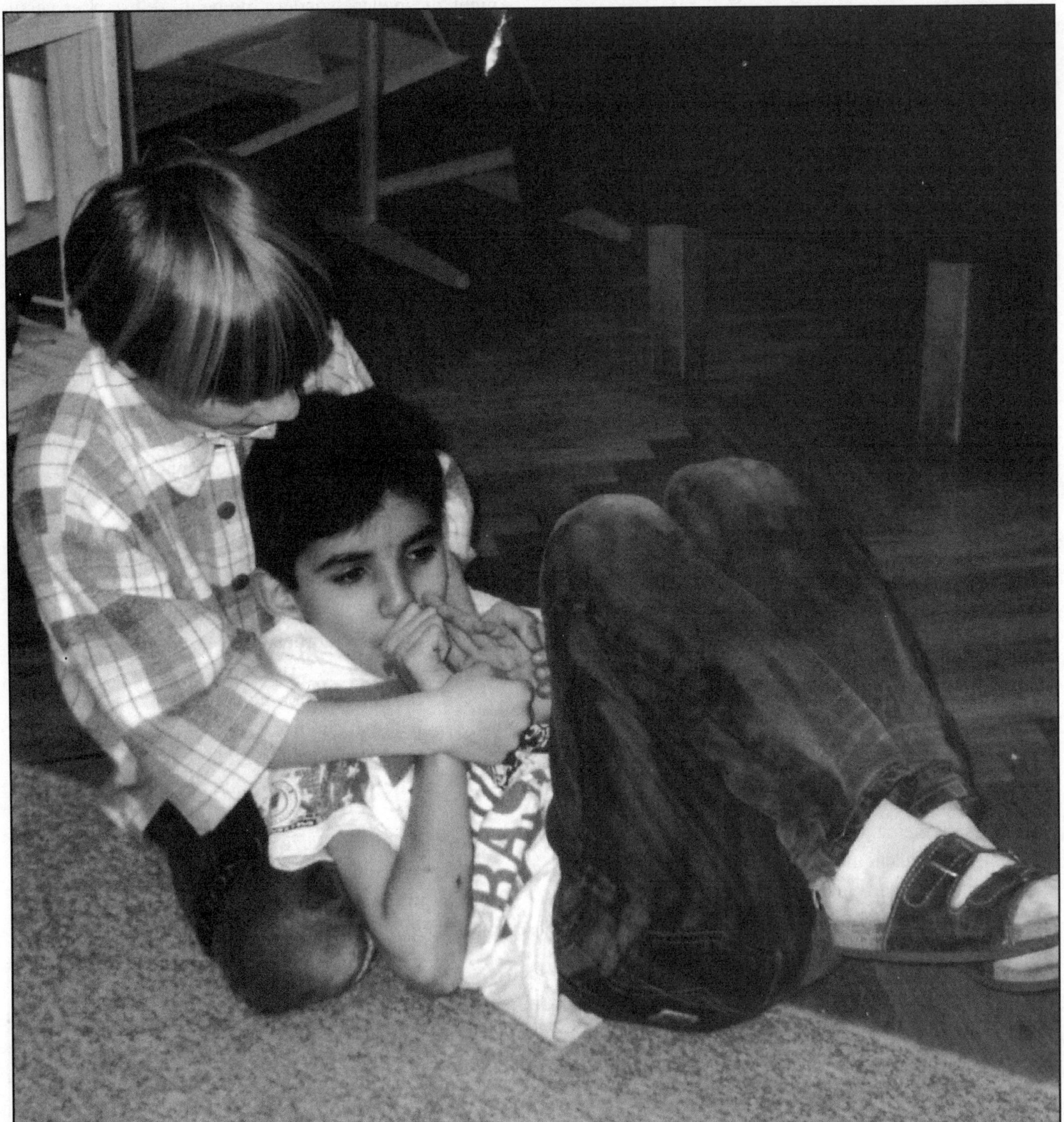

Marina Sorgo

Frauenhaus

Das Frauenhaus ist eine Zufluchtsstätte für bedrohte und mißhandelte Frauen und deren Kinder. Das oberste Ziel dieser Einrichtung ist die Gewährung von raschem Schutz und Sicherheit. Obwohl in diesem Arbeitsfeld meist ein großer Handlungsbedarf besteht und die Mitarbeiterinnen oft unter Zeitdruck sind, gibt es Möglichkeiten, gestaltpädagogische Elemente bewußt einzusetzen, um den Betroffenen die Verwirklichung ihrer individuellen Wünsche und Ziele zu ermöglichen.

Im Erstkontakt

Ein Kernstück im Umgang mit Betroffenen ist der Erstkontakt, die Aufnahme in das Haus. Die Frauen und Kinder befinden sich in einer Krisensituation. Diese äußert sich unterschiedlich. Von tiefster Verzweiflung, Depression bis hin zu einem übersteigerten Redebedürfnis. Beim Erstgespräch geht es daher nicht so sehr um relevante Inhalte, sondern darum, Bedingungen zu schaffen, die es den Betroffenen ermöglichen, mit sich selbst in Kontakt zu kommen und dadurch auch den Kontakt zu ihrer Umwelt wieder herstellen zu können.

Frau M. wurde von der Polizei mit ihrer 4jährigen Tochter ins Frauenhaus gebracht. Beide, Mutter und Tochter, sind verängstigt und wirken orientierungslos. Die Mitarbeiterin des Frauenhauses versucht behutsam, mit der Frau in Kontakt zu treten, indem sie ihr Zeit läßt, ihren Bedürfnissen nachgeht und ihr ermöglicht, die Situation in Ruhe darzustellen. Die Mitarbeiterin sorgt dafür, daß dieses Gespräch nicht gestört wird. Sie nimmt die Angst der Frau wahr und bestärkt sie in ihrer Entscheidung, in das Frauenhaus gegangen zu sein. Die kleine Tochter ist dabei und möchte vorerst bei der Mutter bleiben. Sie ist sehr zurückhaltend und wirkt angespannt. Eine zweite Mitarbeiterin, die sich als "Kinderfrau" vorstellt, setzt sich dazu und versucht mit dem Hilfsmittel Handpuppe den Kontakt und die Begegnung zu fördern. Die Handpuppe begrüßt das Mädchen, fragt sie nach ihrem Namen und ihren Spielsachen. Zuerst noch zögerlich, doch dann immer munterer plaudert das Kind mit der Handpuppe. Die Puppe ermöglicht dem Kind über seine eigenen Bedürfnisse zu reden und mit der Kinderfrau in Kontakt zu treten.

Im Konzept

Das Grundkonzept des Frauenhauses beinhaltet, daß dieses sich selbst verwaltet und die darin lebenden Frauen in Form einer Wohngemeinschaft die Organisation des Haushaltes selbst regeln. Sie müssen mit ihren Alltagskonflikten untereinander selbst zurecht kommen und werden dabei von den Mitarbeiterinnen nicht parteilich unterstützt, sondern geschwisterlich gefördert. Die Frauen profitieren voneinander, indem sie sich gegenseitig stützen, ihre Erlebnisse austauschen und erfahren, daß sie kein Einzelschicksal haben.
Durch jahrelange Demütigungen, Kränkungen und Abwertungen sind die Frauen oft nicht mehr in der Lage, ihre Handlungsmöglichkeiten und ihre Stärken zu erkennen. Die Mitarbeiterinnen versuchen, ressourcenorientiert zu arbeiten, d.h. die Frauen dabei zu unterstützen, ihr Selbstvertrauen wieder zu gewinnen und ihre Fähigkeiten neu zu entdecken. Im geschützten Rahmen des Frauenhauses gibt es dazu genug Möglichkeiten: Frauen erfahren, daß sie auch alleine für sich und die Kinder sorgen können, sie entdecken in der Gemeinschaft ihre sozialen Fähigkeiten und den Mut, ihr Leben zu verändern.
Das Betreuerinnenteam wird dadurch entlastet, und die Ressourcen der betroffenen Frauen werden aufgewertet.

In der Arbeit mit einzelnen Frauen

In der Phase der Entscheidungsfindung ist es notwendig, daß Frauen sich mit ihrer Angst beschäftigen, denn nur dadurch wird es möglich, der Bedrohung, der sie ausgesetzt sind, entgegenzuwirken. Dabei ist es oft hilfreich, eine andere Position einzunehmen, sich z.B. in die Rolle des Mannes zu versetzen (Dissoziation). Es geht dabei darum, zu assoziieren, wie er reagieren würde, wenn er z.B. erfährt, daß sie sich scheiden lassen möchte. Diese Methode kann hilfreich sein, reale Ängste von irrealen Ängsten zu unterscheiden und ermöglicht dadurch das Entwickeln von Gegenstrategien. Ein weiteres gestaltpädagogisches Element, das bei Entscheidungsfindungen zum Tragen kommt, ist das Prinzip von Hier und Jetzt.

Die Betroffene wird dabei unterstützt, ihre Bedürfnisse und Befindlichkeit in der jetzigen Situation darzustellen. Dabei wird das Reden über Situationen in der Vergangenheit oder über die Befürchtungen der Frau für die Zukunft durch eine Handlung in der Gegenwart ersetzt.

In der Gemeinschaft der Frauen

Im Haus leben die unterschiedlichsten Frauen. Sie unterscheiden sich in Alter, Kultur, Herkunft, Religion, Hautfarbe usw. Zur Bewältigung des Zusammenlebens sind Regeln notwendig. Eine dieser Regeln beinhaltet den verpflichtenden Besuch der wöchentlichen Hausversammlung. In dieser wird nicht nur besprochen, wie die anfallenden Hausarbeiten aufgeteilt werden sollen, sie wird auch genutzt, um etwaige Probleme, die die Frauen untereinander betreffen, zu regeln. Dabei werden die Bewohnerinnen auf "wir", "man" u. ä. allgemeine Aussagen aufmerksam gemacht und ihnen vorgeschlagen, mit "Ich"-Aussagen zu experimentieren. Damit übernehmen sie ihren Teil der Verantwortung für das eigene Handeln und Fühlen (Self-Support) und somit auch für das Geschehen. Sie können nicht mehr ausweichen und sich "verstecken".

Wenn Frauen über die Gruppe ein Feedback erhalten, können sie neue Erfahrungen machen, die im Alltag nicht üblich sind. Sie erleben Wertschätzung, Offenheit, und den Ausdruck von Gefühlen.

In der Hausversammlung werden auch "Neuzugänge" gebührend empfangen oder Frauen verabschiedet. Verschiedene Themen werden mit Hilfe kreativer Methoden bearbeitet:

"Die Geschichte meines Namens"

Die Frauen werden eingeladen, über folgende Fragen nachzudenken und Antworten zu finden: Wer hat Euren Vornamen ausgewählt? Was war der Grund, diesen Namen auszuwählen? Wer sonst hat diesen Namen bereits getragen? Was bedeutet er? Mögt Ihr Euren Namen? Hattet Ihr einmal einen Spitznamen? Hattet Ihr einmal den Wunsch, anders zu heißen? Wie war es für die verheirateten Frauen, ihren Namen zu wechseln? Wie wollt Ihr jetzt gerne genannt werden? Nach 5 Minuten Überlegungszeit erzählen die Frauen reihum die Geschichte ihres Namens.

"Energiekuchen"

Die Frauen listen persönlich alle Bereiche in ihrem Leben auf, die ihnen Energien nehmen bzw. Energien geben. Jeder Bereich wird in Kuchenstücke übertragen, die jeweils in ihrer Größe der Bedeutung entsprechen, die sie für die Frauen haben. Wenn ihr z.B. die Kinder am meisten Energien geben, zeichnet die Frau dafür das größte Kuchenstück in den einen Kuchen; für die anderen energiegebenden Bereiche entsprechend kleinere. Die Summe aller Kuchenstücke ergibt dann den ganzen Kuchen. Danach stellen die Frauen reihum ihre Kuchen vor, erzählen, wie es ihnen beim Aufzeichnen ergangen und was ihnen aufgefallen ist. Verständnisfragen von den anderen können eingebracht werden. Wenn weitergearbeitet werden möchte, können die Frauen sich auch noch überlegen, wie sie ihre belastenden Energiebereiche verändern können.

"Rücken abklopfen"

Die Frauen gehen paarweise zusammen, stellen sich hintereinander; die vordere schließt die Augen, versucht sich zu entspannen und die Arme lose hängen zu lassen. Die andere klopft den Rücken der Partnerin. Sie beginnt dabei ganz zart auf den Schultern und klopft dann immer stärker von oben bis unten mit leichten Trommelschlägen. Dabei ist es notwendig, darauf zu achten, wie es der Partnerin geht, was ihr angenehm ist und was unangenehm. Zum Abschluß vorsichtig dreimal vom Hals weg bis zu den Fersen abstreifen. Danach Rollentausch und zum Schluß Austausch darüber, wie es den beiden ergangen ist.

Die Betreuerin/nen

Um das Selbstvertrauen der Betroffenen zu stärken und ihre eigenen Entscheidungen zu respektieren, müssen wir die Frauen "loslassen" können, sie ihren eigenen Weg gehen lassen. Das bedeutet, ihnen Wertschätzung auch dann zukommen zu lassen, wenn sie Schritte setzen, die gerade in einer feministisch orientierten Einrichtung nicht gutgeheißen werden können, wie z.B. wenn Frauen auf ihre finanziellen Ansprüche verzichten möchten. Dabei werden auch die unterschiedlichen Haltungen im Team spürbar, weil aufgrund der eigenen Geschichte und der eigenen Wertvorstellungen jede Betreuerin anders damit umgeht. Solche Themen führen daher auch zu heftigen Diskussionen bzw. Konflikten innerhalb des Betreuerinnenteams.

Wenn ich mich in dieser Diskrepanz befinde, kostet es mich viel Kraft, den Frauen dennoch den notwendigen Respekt vor ihrer Entscheidung zukommen zu lassen. Gefühle wie Ärger, Wut und Ohnmacht überwiegen manchmal, und ich bin unzufrieden. Hilfreich ist mir dabei, meine Sichtweise und Einschätzung den Betroffenen mitzuteilen, sowie die Erfahrung, daß Entscheidungen nur halten, wenn die Frauen dahinter stehen können, weil sie von ihnen selbst erarbeitet wurden.
Inzwischen gelingt es mir auch, die Entscheidung von Frauen, zu ihrem "Mißhandler" zurückzukehren, zu akzeptieren, weil ich davon ausgehe, daß die Frauen für das, was sie tun, selbst verantwortlich sind. Problematisch ist für mich dann nur der Zusammenhang mit den Kindern. Dabei fühle ich mich mitverantwortlich und handle auch dementsprechend.

In der Einzelsupervision nutze ich die Möglichkeit, mich mit meinen unangenehmen Gefühlen in solchen Situationen auseinanderzusetzen.
In der Teamsupervision bearbeiten wir die oft heiklen oder konflikthaften Fragen der alltäglichen Vorgangsweisen, die auf dem immer wieder zu reflektierenden gemeinsamen Konzept aufbauen.

Irmgard Gstettner

Deutsch für Flüchtlinge

Ausgebildete Lehrer, die aus dem ehemaligen Jugoslawien geflüchtet waren und nun kroatische und bosnische Schüler an österreichischen Schulen unterrichten, nahmen an einem Kurs "Verbesserung der Sprachbeherrschung Deutsch für Muttersprachenlehrer" teil. Ihr Sprachniveau war mittel bis gut. Meine Kollegin und ich arbeiteten mit der "Psychodramaturgie Linguistique - PDL", einer Methode, die von Bernard und Marie Dufeu entwickelt wurde (Dufeu, B. 1996).

Da jeder Kurstag mit einer Entspannungsübung begann, konnte am letzten Tag die gestaltpädagogische Phantasiereise "Zum Ort meiner Träume" eingebaut werden.

Die entspannt auf dem Rücken liegenden Tn stellen sich vor, an einen Ort zu gelangen, der all das bietet, was sie für ihr körperliches, geistiges und seelisches Wohlbefinden brauchen. Vor ihrem geistigen Auge soll dieser Ort in allen Details erscheinen. Bevor sie ihn wieder verlassen, können sie 3 Gegenstände als Symbole für den "Ort ihrer Träume" mitnehmen.

Danach haben die Tn 30 Minuten Zeit, mit den Gegenständen, die sie im Kursraum oder in der Umgebung "gefunden" hatten, diesen "Ort ihrer Träume" zu gestalten, d.h. einen Platz im Kursraum zu wählen und ihn mit Decken, Tüchern, Zweigen und anderen Gegenständen auszustatten. ... All das noch ohne darüber zu sprechen.
Nach einer Pause besucht die Gruppe nacheinander jeden Tn an seinem Ort. Dieser erläutert und erzählt von ihm und erklärt, was die mitgebrachten Gegenstände symbolisieren.
Nach der Präsentation schreibt jeder eine kleine Erzählung über seinen "Ort der Träume". Diese Erzählungen werden von uns Leiterinnen anschließend auf sprachliche Fehler überprüft, getippt und den TeilnehmerInnen zugeschickt.

Die entstandenen Texte dokumentieren, wie intensiv sich die Tn auf diese Einheit eingelassen haben. Dadurch entstehen nicht nur sprachlicher Ausdrucksreichtum und erzählerische Dichte, sondern auch Dokumente der Lebenssituation von Flüchtlingen. Die Entwurzelung, die Verletzungen, aber auch der Wunsch nach "Heilung" und die Einsicht, daß die Bewältigung nur durch eine veränderte, flexible Einstellung zum Leben gelingen kann, kommen zum Ausdruck.

Im abschließenden Feedback äußerten sich die Tn sehr positiv. Sie betonten, daß es für einige von ihnen mit Trauer und Schmerz über das Verlorene verbunden war, sich den Ort der Träume vorzustellen, daß ihnen aber letztendlich auch die eigenen Ressourcen bewußt gemacht wurden.

Ein Beispiel:

Der Ort der Träume

Ich habe mich in der Wüste verirrt. Der Wind hat mich hineingeweht. Ich hatte keine Angst, weil ich jemanden, den ich liebe, tief in mir hatte.
Ich habe bald einen Brunnen in einer ruhigen Oase gefunden.
Das Wasser des Brunnens gab mir besondere Kräfte und reinigte mich innerlich. Ich fühlte mich wieder wohl.
Dann sah ich in der Ferne eine durchsichtige Pflanze. Ich bin schneller gegangen, aber die Pflanze war immer weiter weg.
Ich lief, aber das war umsonst, ich konnte sie nicht erreichen.
Dann habe ich die Augen zugemacht. Da wußte ich: Es war mein Lebensglück, das ich nie ganz erreichen kann, nur ein bißchen. Man kann immer nur ein bißchen glücklich sein.
Meine innere Stimme, meine Liebe, führte mich weiter.
Ich habe dann auf dem Weg einen kleinen, ganz besonderen Stein gefunden. Die Kälte dieses Steines erzählte mir von der Ewigkeit. Ich spürte, wie klein und kurzlebig ich bin.
Der Wind hat mich dann plötzlich in die Wirklichkeit zurückgebracht. Aber den Stein halte ich noch in meinen Händen.
In mir ist ein großer Zweifel.

Hubert Teml

Die Lehrerbildung

"Die Studienangebote der Pädagogischen Akademien sollen auf eine ganzheitliche Bildungswirkung abzielen..." (Die Pädagogischen Akademien sind in Österreich die Träger der Pflichtschullehrer-Ausbildung)

Anläßlich einer Tagung zur Weiterentwicklung des Studienkonzepts an meiner Pädagogischen Akademie versuchte ich, die Problematik der im Lehrplan geforderten "ganzheitlichen Bildungswirkung" erfahrungsorientiert vor Augen zu führen: Ich legte das Bild eines Studenten in die Mitte des Raumes und verteilte rundherum den Namen eines jeden seiner Lehrer samt Titel und Uhrzeit der wöchentlichen Lehrveranstaltung. Diese Demonstration dauerte etliche Minuten, denn es waren insgesamt 26 verschiedene LehrerInnen, die er pro Woche in 32 Unterrichtseinheiten zu 45 Minuten zu 'konsumieren' hatte! Die Betroffenheit der TeilnehmerInnen über die Zersplitterung des Bildungangebots in der Lehrerbildung führte zu einer regen Diskussion und auch zu einzelnen Veränderungen im Studienplan, ohne allerdings das grundsätzliche Problem zu lösen...

1. Ganzheitlichkeit zwischen Auftrag und Wirklichkeit

In der Folge beziehe ich mich auf die österreichische Pflichtschullehrerbildung an den (sechssemestrigen) Pädagogischen Akademien, für die der Auftrag zu ganzheitlicher Bildung in den leitenden Zielen mehrfach formuliert wird:
Neben der kognitiven Auseinandersetzung soll danach auch affektiv-emotionales sowie handlungsorientiertes Lernen beachtet werden, und explizit wird "Ganzheitlichkeit" im oben zitierten Didaktischen Grundsatz "Wissensintegration und Persönlichkeitsbildung" genannt (Lehrplan, zit. nach *Freund, Krainz* 1987, S.44).

Wie aufgezeigt sind die strukturellen Rahmenbedingungen in der Lehrerbildung allerdings wenig geeignet, ganzheitliche Lernprozesse bei den Studierenden anzuregen. Man kann auch davon ausgehen, daß die meisten LehrerbildnerInnen kaum Erfahrungen mit einer ganzheitlichen Lernkultur haben - schon gar nicht im spezifischen Bereich der Gestaltpädagogik. Soweit ich die Situation an den Pädagogischen Akademien überblicken kann, gibt es nur vereinzelt Lehrangebote, in denen ganzheitliche Methoden einen größeren Stellenwert haben: im "Darstellenden Spiel", in einzelnen "Alternativen Studien" oder in der Religionspädagogik, wo u.a. mit Märchen gearbeitet wird. Ich selbst biete ein Wahlpflichtseminar "Einführung in Konzepte ganzheitlichen Lernens" an, das ich geblockt in einem Jugendheim mit Selbstversorgung abhalte.

2. Gestaltpädagogische Ansätze in der Lehrerbildung

Auch wenn in einigen Veranstaltungen der Pädagogischen Akademien kognitives, emotionales und operatives Lernen verbunden wird, so handelt es sich dabei aber nicht unbedingt um Lernen im Sinne der Gestaltpädagogik. Vielfach werden ganzheitliche Methoden auch nur deswegen eingesetzt, um Abwechslung zu schaffen und die Motivation zu fördern. Wesentliche Grundprinzipien der Gestaltpädagogik - etwa Selbstverantwortung - kommen aber nicht immer zum Tragen. Dennoch: Ich erachte auch erste Ansätze ganzheitlichen Lernens als einen konstruktiven Anfang.

2.1. Mit sich im Kontakt

Lehrerbildung bedeutet für die Gestaltpädagogik vor allem "Persönlichkeitsbildung". Dieses Ziel wird an den Pädagogischen Akademien zwar oft angesprochen, aber kaum einmal im Rahmen der Ausbildung konkret gefördert. Die Sachen dominieren weithin die Personen, und im Sinne des heimlichen Lehrplans wird vor allem gelernt: Lehrstoff ist wichtig - Personen sind dazu da, ihn aufzunehmen! Ich halte es daher für einen ersten Schritt, den Studierenden immer wieder Zeit zu geben, sich selbst wahrzunehmen und mit sich in Kontakt zu kommen:

"Hier und Jetzt"
Montagmorgen... Die Studierenden schleppen sich - und vielfach noch ihre Reisetaschen - in den Seminarraum... Einige lassen ihre Anoraks an... Ich beginne dann meist mit einer Zentrierungsübung: Kannst du spüren, wie du auf deinem Stuhl sitzt... wie du atmest... ob du schon hier bist... oder noch im Wochenende...

2.2. Mit anderen im Kontakt

Auflockerungsübungen verwende ich auch dazu, die Studierenden miteinander in (körperlichen) Kontakt zu bringen:

"Rücken-Kommunikation"
Setzen Sie sich paarweise auf den Boden... Rücken an Rücken... Lassen Sie die Rücken miteinander reden... nun miteinander heftig diskutieren... oder gar streiten... und sich nun wieder versöhnen... Eine Person soll nun - ohne sich verbal zu verständigen - mit dem Rücken die Führung übernehmen... dann - wieder nonverbal - die Führungsrolle wechseln...

Den Kontakt innerhalb der Seminargruppen versuchen wir an unserer Akademie von Anfang an bewußt zu fördern. Die Studierenden erhalten bereits in der ersten Woche Gelegenheit, über verschiedenste Kennenlern-Übungen zueinander Vertrauen zu entwickeln und als Gruppe zusammenzuwachsen. Im Verlauf des ersten Semesters bieten wir auch ein zweitägiges Kommunikationstraining für jede Gruppe an, das besonders die Selbstverantwortung im Sinne von "Lernen in Freiheit" (Rogers 1988) betont und auch einige gestaltpädagogische Elemente enthält. Im Rahmen unseres neuen Autonomie-Konzepts können die Studierenden auch zwei geblockte Seminare zur Gruppen-Selbsterfahrung besuchen, bei denen überwiegend mit ganzheitlich-kreativen Methoden gearbeitet wird.

2.3. Mit dem Thema in Kontakt

Lernen zielt in der Gestaltpädagogik auf bedeutungsvolles, lebendiges, die ganze Person berührendes Lernen ab. Ich versuche daher immer wieder Anregungen zu geben, daß auch innerhalb einer ein- oder zweistündigen Lehrveranstaltung die Lerninhalte in die Person der Studierenden integriert werden und lebendige Lernprozesse wachsen können (vgl. auch *Teml/Teml* 1991).

"Lern-Tagebuch"
In der Vorlesung "Perspektiven der Schulentwicklung" habe ich versucht, persönliche Stellungnahmen zu den Inhalten in ein "Lern-Tagebuch" als eine (frei wählbare) Grundlage für die Notenanforderung schreiben zu lassen. Ein Student im 4.Semester schreibt darin unter anderem: "Ich glaube, daß Lernen auch sehr viel mit eigenen Gefühlen zu tun hat. Manchmal läßt mich ein Thema 'kalt', ich kann nichts mit dem Stoff verbinden, habe keine eigenen Gefühle und Erfahrungen damit... Öfters, wenn ich, wie z.B. in der Psychologie, einen Sachverhalt durchdenke und mich mit meiner 'Werdensgeschichte', mit meiner Persönlichkeit in dem Thema wiederfinde, möchte ich sofort mehr wissen bzw. alles darüber wissen. ... Es interessiert mich, weil ich in der Thematik erhoffe, mich selbst oder andere mir wichtige Menschen durch die Klärung vieler offener Fragen besser zu verstehen. Leider sind solche Erfahrungen in meiner bisherigen Lehrerausbildung eher spärlich gesät gewesen..."

3. Entwicklungsperspektiven für Lehrerbildung und -fortbildung

In diesem Zusammenhang muß nochmals aufgezeigt werden, daß LehrerbildnerInnen - selbst im Bereich der Humanwissenschaften - eher selten Ausbildungen haben, die sie für die Durchführung spezifisch personenorientierter Veranstaltungen qualifizieren. Hier wäre seitens des Dienstgebers dringend ein Fortbildungskonzept zu entwickeln; diesbezügliche Bestrebungen sind jedoch nur ansatzweise auszumachen. Neben einer gewissen Skepsis gegenüber ganzheitlichen Methoden dürfte ein Grund auch darin liegen, daß kein methodenspezifischer

Ansatz - etwa die Gestaltpädagogik - durch eigene Ausbildungslehrgänge bevorzugt werden soll.

Eine Vermittlung von personenorientierten Konzepten wird allerdings im Rahmen des gegenwärtigen Studienkonzepts auch nur einführenden Charakter haben können. Die Einrichtung von gestaltpädagogischen (oder ähnlichen) Lehrgängen im Rahmen der Lehrer-Ausbildung scheint mir in der derzeitigen bildungspolitischen Situation eine unrealistische Wunschvorstellung. Für den Anfang erachte ich es schon als Fortschritt, Widerstände gegenüber selbsterfahrungsorientierten Formen des Lernens aufzuarbeiten und einen positiven Zugang - unter anderem auch für spätere Fortbildungs- und Supervisionsangebote - zu öffnen. Die Gestaltpädagogik dürfte dafür wegen ihrer schulpädagogischen Orientierung ein besonders geeignetes und attraktives Angebot für die Lehrerbildung sein. Allerdings ist mit Luca/Winschermann (1995, 113) zu beachten, "daß es nicht genügt, sich ein paar Ideen anzueignen. Der Umgang mit Entspannungstechniken, erlebnisaktivierenden Methoden und auftauchenden Konflikten muß erfahren, also 'einverleibt' werden, um verantwortlich damit umgehen zu können. Anderenfalls besteht die Gefahr, daß mit ein paar 'Psychotechniken' der Unterricht kurzzeitig interessanter gemacht, an den grundlegenden Problemen von Entfremdung, Fragmentierung und Kontaktstörungen aber nichts geändert wird."
Gestaltpädagogische Ausbildung ist als mehrjähriger Selbstreflexions- und Entwicklungsprozeß zu sehen, der m.E. erst nach einiger Berufserfahrung voll wirksam werden kann. Hier ist besonders die Lehrerfortbildung gefragt, in der bereits von einzelnen Pädagogischen Instituten Lehrgänge für Gestaltpädagogik angeboten werden.

Universität

Der Student hat - erstmals - die Möglichkeit, ein für ihn persönlich bedeutsames Lerngebiet zu wählen. Das scheint zu genügen. Alle weiteren Aspekte von persönlicher Berührtheit, von Begegnung und Beziehung, von kreativer Gestaltung, etc. sind ab jetzt seine Privatsache. Die Lehrenden und besonders die Institution kommen ihm hierbei in den seltensten Fällen entgegen. Das hat institutionelle Ursachen:

Wissenschaftliches Denken fordert "Objektivität" unter Ausklammerung des "subjektiven Faktors". In der akademischen Welt herrscht ein Wissensverständnis vor, in dem die persönliche Erfahrung nichts gilt, es zählt allein ein Wissen, das über "wissenschaftliche" Methoden vermittelt ist.

Lehre spielt auf der Universität eine untergeordnete Rolle und wird inneruniversitär auch nicht honoriert. Bei Berufungsverhandlungen etwa zählen Publikationen und nicht pädagogisch-didaktische Fähigkeiten.
Eine gewisse Ausnahme bilden hierbei solche Studien, die entweder ganz neu eingerichtet wurden, z.B. Landschaftsökologie, oder solche Studien, deren berufliche Umsetzbarkeit gleich Null sind, wie etwa Archäologie, Soziologie, Ethnologie. Hier fließt der "menschliche Faktor" noch am ehesten ein. An einigen Universitäten wird Gestaltpädagogik zum Kennenlernen als Lehrveranstaltung angeboten. Nostalgische Reste einer intensiveren Begegnung gibt es schließlich noch in einigen Privatissima, in der Nähe des großen Meisters. Das derzeit wichtigste Feld für Gestaltpädagogik an der Universität ist die Lehrerausbildung, und hier insbesondere das Schulpraktikum. Dazu etwas mehr am Ende dieser Betrachtung der Universität aus gestaltpädagogischer Sicht.

Im Aufbau des Studiums geht auch das Bewußtsein über die Prozeßhaftigkeit des Lernens verloren. Die Curricula sind in isolierte, quantifizierte Einzelteile aufgesplittert. In der Raserei des Modulsystems ("Scheine sammeln!") verliert sich die persönliche Entwicklung. Das führt zu einer Verbindung von Lernen und Beziehungslosigkeit, ja geradezu Anonymität. Die Freiwilligkeit bei der Anwesenheit heißt auf der anderen Seite auch Bedeutungslosigkeit. Die Anteilnahme am Lernfortschritt etc.

reduziert sich auf eventuelle Freundschaftsbeziehungen. Viele StudentInnen kommen am Anfang mit dieser intensiv erlebten Bedeutungslosigkeit schwer zurecht. Einige Jahre lang wurde auf einigen Instituten mit Hilfe der "Tutorien" - Gruppen von StudienanfängerInnen unter der Leitung von ein bißchen ausgebildeten älteren StudentInnen - versucht, diese Anfangsschwierigkeiten zu lindern. Natürlich nur mit mäßigem Erfolg, weil diese "Anfangsschwierigkeiten" ja eigentlich Charakteristika des akademischen Betriebs sind. Manche dieser Tutorien sind als Selbsterfahrungsgruppen mit gruppendynamischen oder auch gestaltpädagogischen Methoden geführt worden, aber sie waren - und sind - doch eher exotische Pflanzen auf dem Boden der Wissenschaftlichkeit.

An den österreichischen Hochschulen gibt es zwar keinen "numerus clausus", aber die Selektion geschieht auf eine andere Weise. Die Auswahl der "Tüchtigen" ist der freien Wildbahn überlassen. Nicht umsonst ist die Zahl der Studienabbrüche im europäischen Schnitt hier besonders hoch.

Dabei gäbe es Voraussetzungen an den Universitäten, die förderlich für persönlich bedeutsames Lernen sein können. An erster Stelle ist hier die große Lehrfreiheit zu nennen. In Inhalt und Gestaltung von Lehrveranstaltungen gibt es viele Nischen für ungewöhnliche und persönlich beteiligende Angebote, die auch von einigen Universitätslehrern und Instituten genützt werden. Der Trend scheint aber derzeit zu mehr Zeit- und Prüfungsdruck zu gehen.

All das macht auch deutlich, warum das außeruniversitäre Studentenleben eine ganz entscheidende Bedeutung für die Persönlichkeitsentwicklung hat. In der psychotherapeutischen Praxis finden sich sehr viele Menschen, die früher "brav" und "pflichtbewußt" gelernt haben, und irgendwann tauchen die verschütteten Bedürfnisse nach persönlicher Bedeutsamkeit, nach intensiver Begegnung, nach "verrückten" Erfahrungen auf, jetzt aber oft als Leidenssymptome.

In der Lehrerausbildung

Naheliegend sind Versuche, persönlich bedeutsames Lernen in der universitären Lehrerausbildung zu integrieren, und es gibt sie auch, speziell im letzten Teil, dem Schulpraktikum. Das Schulpraktikum wird nach dem Studium absolviert und dauert ein Jahr. Schmölz (1992) weist in ihrer Studie auf einen wichtigen Widerspruch in diesem Konzept hin:

Einerseits finden sich hier begrüßenswerte Elemente und Haltungen: "In der Einführungsphase des Schulpraktikums geht es um die Person des Studierenden und dessen allmähliches Hineinwachsen in die Lehrerrolle." (Iberer 1991, zit. nach Schmölz 1992, S. 179) Hier wird in der Auseinandersetzung mit erfahrenen (Betreuungs)LehrerInnen vielfältiges Ausprobieren möglich.

Andererseits ist das Schulpraktikum letztlich die "Absolvierung eines Kontrolljahres", das den Praktikanten zum "schwächsten Glied in der Kette der Schulhierarchie" macht. Da sie auch hier beurteilt werden, müssen sie sich den schulinternen Anforderungen genau anpassen und teilweise außerordentliche Leistungen vollbringen (a.a.O., S. 180).

Daher schlägt Schmölz vor, weniger Energie, Zeit, Geld und didaktisches Engagement in das Praktikum fertig ausgebildeter LehrerInnen zu investieren, aber dafür LehrerInnenfortbildung und Supervision zu forcieren (a.a.O., S. 181).

Unsere Erfahrungen bestätigen diese These.

Berufsorientierung

Die Arbeitswelt und der Arbeitsmarkt zeigen sich in den letzten Jahren massiv verändert, und diese Veränderungen halten an. Damit sind viele gewohnte Einstellungen ("Schuster, bleib bei deinem Leisten!" - "Was Hänschen nicht lernt, lernt Hans nimmermehr!") überholt, aber sie stecken natürlich noch in den Köpfen der meisten Menschen. Auch die traditionellen Unterstützungsformen bei Berufswahl und Arbeitssuche sind in die Krise geraten. Die Berufsberatung alten Stils wird immer bedeutungsloser, sie war vielleicht nie besonders effizient. Unterstützung wird aber wichtiger denn je.

Neue Ideen und Konzepte für die Unterstützung der Menschen bei

- Berufswahl
- Arbeitssuche
- Berufswechsel
- Weiterbildung
- Umschulung

werden zusammengefaßt unter dem Begriff "Berufsorientierung".

In den Arbeitsfeldern der Berufsorientierung ist die Präsenz von GestaltpädagogInnen unübersehbar, sei es bei speziellen Beratungsstellen, bei Maßnahmen für Langzeitarbeitslose, bei Förderungsprojekten für junge Arbeitslose, bei den Versuchen mit "BerufsorientierungspädagogInnen (BOPs)" in der Steiermark und Kärnten und bei der Ausbildung von MitarbeiterInnen des Arbeitsmarktservice (AMS).

Diese deutliche Präsenz von GestaltpädagogInnen ist naheliegend, wenn man die "Philosophie" der Berufsorientierung genauer betrachtet. Die traditionelle Berufsberatung konzentriert sich auf drei Aspekte:
a) Wofür interessieren Sie sich?
b) Bringen Sie die Voraussetzungen dafür mit?
c) Gibt es Ausbildungsplätze oder Stellen dafür?
Diese drei Fragen greifen viel zu kurz.

Berufsorientierung versteht sich als Prozeß, der Menschen bei Fragen bez. Arbeit und Beruf begleitet und unterstützt. Einige wenige dieser Fragen werden hier vorgestellt. Sie machen deutlich, daß die gestaltpädagogische Haltung und Methodik dabei sehr passend ist (*Plattner, Reichel, Gumplmaier* 1996).

Das beginnt bei den Kindern:

Wie erleben sie arbeitende Menschen?
Welchen Eindruck von Arbeit vermitteln ihnen die Eltern?
Macht Arbeit mehr Frust oder Lust?
Dürfen sie kühne berufliche Visionen haben oder müssen sie bald "realistisch" sein?
"Was willst du einmal werden?" ist eine überholte Frage.
"Was möchtest du zuerst lernen oder arbeiten?" ist heutzutage sinnvoller.

In der Jugend wird's konkreter:

Welche familiären Traditionen von Arbeit und Beruf werden jetzt wirksam?
Welche verständlichen Motive sind jetzt im Vordergrund? Z.B.: Geld verdienen; nicht mehr so viel lernen müssen; weiter zu Hause wohnen können; dasselbe machen wollen wie ...; eigentlich gar nichts machen wollen; aus Trotz (?) eine ganz ungewöhnliche Idee verfolgen; eine Schullaufbahn oder Ausbildung einfach abbrechen (wollen); ...

In späteren Lebensabschnitten kommen Fragen wie:
Für das Kind den Beruf aufgeben bzw. die Ausbildung abbrechen?
Nur an die Karriere denken?
Eine Zeitlang ins Ausland gehen?
Noch einmal etwas Neues probieren?
Der sichere Arbeitsplatz oder sich selbständig machen?
Was ist, wenn ich mal arbeitslos werde?
Jetzt sind die Kinder aus dem Haus, aber für eine Arbeit bin ich doch viel zu alt, und ich kann das doch gar nicht!?
Das soll ich jetzt bis zur Pension so weiter machen?
Wenn ich jetzt was Neues anfange, halten mich die Anderen für blöd?
Wenn ich erst mal in der Rente bin, dann...

Solche und viele ähnliche Fragen stellen sich bei den meisten Menschen, und sie sind häufig damit überfordert.

In diesem Sinn ist Berufsorientierung nicht nur ein Arbeitsfeld, sondern auch ein Themenbereich, der in viele anderen Arbeitsfelder hineinreicht:

- Im Kindergarten sind solche Themen wertvoll und vielfältig möglich, das Thema Arbeit ist bei den Kindern (noch) nicht negativ besetzt.
- In allen Schultypen sind Themen aus der Arbeitswelt bedeutsam; persönliche Visionen sind (gestalt)pädagogisch wertvolle Themen; auch die Schule selbst ist als eine Form von Arbeit reflexionswürdig.
- In der Heimerziehung ist die Vorbereitung auf die Arbeitswelt selbstverständlich, müßte aber nicht beschränkt sein auf die Vermittlung von Lehrstellen oder Arbeitsplatz bzw. die Förderung von "Arbeitshaltung".
- In der Studentenberatung geht es häufig um Berufsorientierung im hier beschriebenen Sinn.
- In der Erwachsenenbildung ist einerseits berufliche Weiterbildung ein Schwerpunkt, aber auch die Diskussion von längst diskussionswürdigen Arbeitshaltungen (Karrieredenken, Arbeitssucht, ...) ist auf dem heutigen gesellschaftlichen Hintergrund überfällig.

Erst langsam verbreitet sich die Erkenntnis, daß Berufswahl und Arbeitssuche viel mehr als früher mit psychologischen und pädagogischen Fragen zu tun hat; daß es hier um identitätsstiftende und -gestaltende Themen geht, die sich immer wieder neu stellen; daß speziell kompetente Menschen zur Unterstützung solcher Prozesse gebraucht werden. GestaltpädagogInnen haben hier viele Möglichkeiten, auch in der Entwicklung neuer Modelle für Berufsorientierung.

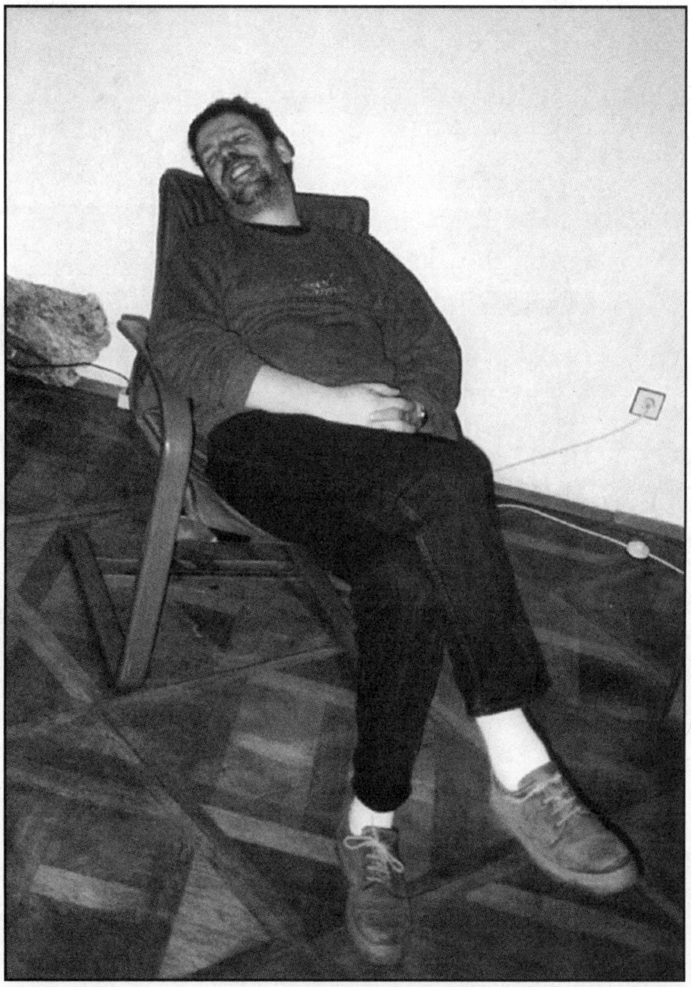

Kapitel 4

Methoden der Gestaltpädagogik

Einleitung
4.1. Methoden-Raster
4.2. Zehn markante Methoden

Einleitung

Zur Einstimmung eine Geschichte:

Der Direktor der Volksschule war hochgebildet aus Athen gekommen und hatte, so sagte man, die Neue Pädagogik mitgebracht. Wir dachten, es sei eine junge Frau, die Pädagogik heiße. Als wir ihn aber zum erstenmal erblickten, war er ganz allein. Pädagogik war nicht dabei; sicher war sie zu Hause. Er hielt einen kurzen geflochtenen Ochsenziemer in der Hand, stellte uns der Reihe nach auf und begann, eine Rede zu halten. Wir müßten - sagte er - alles, was wir lernen, selber sehen und berühren oder es auf einem Papier voller Punkte malen. Und wir sollten uns ja in Acht nehmen; er dulde keine Ungezogenheiten, ... Und auf der Straße sollten wir, träfen wir einen Pfarrer, ihm die Hand küssen.

Er war auch gerissen, dieser Gatte der Neuen Pädagogik. Eines Tages sagte er zu uns: "Morgen werde ich euch von Christophorus Columbus erzählen und wie er Amerika entdeckte. Um es besser zu verstehen, soll jeder von euch ein Ei mitbringen; wer kein Ei hat, kann Butter bringen."

... Am Karfreitag nahm er uns mit in die Kirche, daß wir den Gekreuzigten anbeteten. Danach brachte er uns wieder in die Schule. Wir reihten uns in die Bänke ein. Müde, lustlos, da wir nichts anderes gegessen hatten als saure Zitrone und nichts anderes getrunken als Essig, um Christi Schmerz nachzuempfinden. Da begann also der Mann der Neuen Pädagogik mit schwerer, feierlicher Stimme zu erklären, wie Gott auf die Erde herabgestiegen sei und Christus wurde, um uns von der Sünde zu erretten. Welcher Sünde? Wir hatten nicht ganz verstanden; verstanden hatten wir, daß er zwölf Jünger hatte und einer ihn verriet, Judas.
"Und Judas war wie wer? Wie wer?"
Der Lehrer erhob sich vom Pult und begann langsam, drohend, von Bank zu Bank zu gehen und uns einen nach dem anderen zu betrachten.
"Judas war wie der ... wie der ..."
Er hatte seinen Zeigefinger ausgestreckt und richtete ihn von einem auf den anderen, suchend, wer von uns Judas gleiche. Und wir kauerten uns zusammen und zitterten davor, daß der fürchterliche Finger, auf einen selber gerichtet, stehen bleibe. Plötzlich stieß der Lehrer einen Ruf aus, ein Finger blieb auf ein blasses, ärmlich gekleidetes Kind mit schönem, rotblondem Haar gerichtet. Es war Nikoljos, der im vergangenen Jahr gerufen hatte: "Sei still, Herr Lehrer, daß wir den Vogel hören!"
"Ja, wie Nikoljos," rief der Lehrer aus, "zum Verwechseln ähnlich. So blaß, so angezogen wie er, und er hatte rotes Haar, ganz rot, wie die Flammen der Hölle!"
Als der arme Nikoljos es hörte, brach er in Schluchzen aus, und wir alle, von der Gefahr gerettet, sahen ihn haßerfüllt an und machten heimlich von Bank zu Bank aus, ihn, wenn wir hinausgingen, tüchtig zu verprügeln, weil er Christus verraten habe. Der Lehrer, zufrieden, daß er - so wie es die Neue Pädagogik will - uns handgreiflich gezeigt hatte, wer Judas sei, entließ uns; und wir nahmen Nikoljos in die Mitte, und sobald wir auf die Straße kamen, begannen wir, auf ihn zu spucken und ihn zu verprügeln. Er entfloh heulend, doch wir verfolgten ihn mit Steinwürfen und riefen "Judas! Judas!" hinter ihm her, bis er in sein Elternhaus schlüpfte.

Nikoljos erschien nicht mehr in der Klasse, betrat die Schule überhaupt nicht mehr. ...
(*N. Kazanzakis* (1990): Rechenschaft vor El Greco, Ullstein TB, S. 45)

Diese kleine Horror-Geschichte über einen "gestaltpädagogischen Schulmeister" soll noch einmal deutlich machen, daß Gestaltpädagogik eben keine "neue Methodik" ist, sondern zuerst eine Haltung, die mit dem komplexen Zusammenspiel der in diesem Buch dargestellten 7 Elemente beschreibbar ist.

Es gibt gar keine "Methoden der Gestaltpädagogik", sondern es müßte richtiger heißen: "Gestaltpädagogisch einsetzbare Methoden". Viele der hier anschließend beschriebenen Übungen und Techniken gab es schon vorher oder werden von anderen Konzepten für sich beansprucht. Entscheidend ist der angemessene Einsatz, der sich aus den im vorigen Kapitel dargestellten "Elementen" ergibt, also z.B. ob die Übung dem aktuellen Prozeß in der Gruppe entspricht, ob sie von Wertschätzung begleitet ist oder ob die Rahmenbedingungen die Übung gut ermöglichen. Ein rezepthaftes "Man nehme und mache" kann zwar originell und manchmal auch erfolgreich sein, aber es ist nicht gestaltpädagogisch.

Daraus ergibt sich folgerichtig, daß es auch keine endgültigen Beschreibungen von Methoden, Techniken, Übungen geben kann. Je nach Situation von Gruppe und Leiterin ergeben sich Varianten, die in der Vorbereitung, aber auch oft erst im Augenblick selbst entstehen. Es ist daher wichtig, daß der/die LeiterIn nicht an der Beschreibung klebt, sondern sich mehr auf die Situation einläßt. Das braucht eine gewisse Sicherheit. Wenn die nicht da ist, dann braucht man die Gelassenheit, daß anfangs manches nicht so gut funktioniert, und daß das nicht so schlimm ist. Kollegiale Zusammenarbeit ist hier sehr hilfreich.

Und dann gibt es noch eine Schwierigkeit: "Typisch gestaltpädagogische Methoden" vermitteln oft überraschend wertvolle Kontrasterfahrungen, stellen aber auch besondere Ansprüche an Teilnehmer. Da muß plötzlich etwas getan werden, was man sonst nie oder kaum gemacht hat. Das löst zunächst verstehbare Ablehnung aus. Die Dosierung spielt hier eine wichtige Rolle. Auch mit der Gewöhnung ist das nicht so einfach. Manche Methoden nützen sich schnell ab. Wer etwa bei Pubertierenden alle zwei Wochen mit einer Fantasiereise landen will, darf sich nicht wundern, wenn er Widerstand und Spott erntet.

Die folgende Einteilung der Methoden, Techniken, Übungen sind ziemlich willkürlich. Es gibt keine objektiv richtige Systematik von Methoden, und jeder Pädagoge kann in verschiedenen Phasen seiner Praxis verschiedene Ordnungssysteme gut gebrauchen.

Als erstes stellen wir Ihnen einen "Methoden-Raster" vor, den Sie für sich kopieren, weiter ausfüllen und als Gedächtnisstütze mit sich tragen können.
Hier sind die wichtigsten Ausdrucksmittel (Medien) mit zentralen Zielen pädagogischer Gruppenarbeit verknüpft. Diese Einteilung entspricht im wesentlichen der in unserem "Methoden-Set" (*Rabenstein, Reichel, Thanhoffer* 1995), das Methoden in fünf Bänden gesammelt und geordnet enthält.

Dann stellen wir 10 markante Methoden bzw. methodische Prinzipien mit einigen Varianten genauer vor; die sind auch teilweise beipielhaft im Methoden-Raster eingetragen. Bei der Auswahl der Methoden haben wir großteils eigene Kreationen und Weiterentwicklungen berücksichtigt, die in keinem anderen Buch zu finden sind.

Zuletzt noch zum Begriff: **"Methode"**, **"Technik"**, **"Übung"**, **"Spiel"**, das sind Worte, deren genaue Abgrenzung in der heutigen pädagogischen Praxis und Theorie kaum mehr sinnvoll möglich ist, da sie sehr verschieden verwendet werden. Wir verzichten daher darauf und verwenden diese Worte synonym.

Gestaltpädagogischer Methodenraster

Ziel / Medium	In Kontakt kommen Warming up	Selbst-wahrnehmung Selbstdarstellung	Mit Themen in Kontakt kommen	Prozeß in der Gruppe
Sprechen				
Schreiben				
Körperausdruck				
Inszenieren				Schiff Krippenspiel Worttheater
Tanzen				
Malen, Zeichnen		Körperbilder Stützen der Identität	Themenbaum	
Materialmedien				
technische Medien				

4.2. Zehn markante Methoden

1. Identifizieren

Die Fähigkeit des Menschen zur Identifikation ist eine grenzenlose Quelle des Abenteuers und vor allem des Vergnügens: Das Erfassen eines Gefühls, einer Person, eines Gegenstands, einer Eigenschaft, eines ganzen Volkes, einer Epoche, einer Ameise, eines Meteoriten, einer Eizelle, etc. etc. durch Einfühlung, durch Identifikation. Das ist die Vorgangsweise, mit der Gestaltpädagogik sehr oft assoziiert wird.

Wenn diese Einfühlung dann noch dramatisiert wird, d.h. ich beginne Sätze mit "Ich bin...", "Ich fühle...", "Ich möchte..." usw., kommen oft erstaunliche Lernprozesse in Gang. Lernen ist überhaupt nur möglich, wenn ein Mindestmaß an Identifikation mit dem "Stoff" gelingt. Je mehr, desto intensiver und nachhaltiger das Lernen (näheres dazu im Kap. 2.5. "Kontakt").

Beispiele für Identifikationsübungen finden sich in diesem Buch mehrere; auf 3 von diesen wollen wir zunächst verweisen und dann noch weitere Möglichkeiten vorstellen:

☛ **Identitätstheater:** Die Variante 4 bei der Bearbeitung der "5 Stützen der Identität" (4.Methode) zeigt ein Beispiel gemeinsamer Identifizierung mit Zielgruppen.

☛ **Piraten:** Im Beitrag über die Hauptschule (Kapitel 3) werden Schüler eingeladen, sich in eine Piratenbande einzufühlen.

☛ **Behinderte:** Im Beitrag über schwer behinderte Menschen (Kapitel 3) werden Betreuer angeregt, sich in die Rolle dieser Menschen buchstäblich zu versetzen.

* "Als wäre es meine Geschichte"

Angeregt durch die "Fragen eines lesenden Arbeiters" von Bert Brecht haben schon manche Geschichtslehrer ihren Unterricht gestaltpädagogisch belebt, z.B.:
"Wie erlebe ich als 14jährige Tochter von Wallenstein den 30jährigen Krieg?"
"Als Enkelin von Nelson Mandela schreibe ich meinem Großvater einen Brief."
"Als Sohn des Pferdeknechts von Napoleon beschreibe ich diesen."

* Zeitzeugen

In den letzten Jahren ist die Methode des Interviews mit Menschen, die wichtige Ereignisse der Vergangenheit miterlebt haben, immer stärker in Mode gekommen. Gut so. Diese Methode läßt sich fallweise noch verbessern: Die Kinder oder Jugendlichen, die ein Interview mit einem älteren Menschen führen, notieren sich nur die wichtigsten Inhalte, achten aber auf die Gesamtwirkung der Person. Wenn sie in der Gruppe/Klasse sind, berichten sie nicht über das Interview, sondern erzählen die Geschichte des interviewten Menschen nach, ... in der Ich-Form! Am Anfang ist das merkwürdig und scheint sehr schwierig zu sein. Aber irgendwann nimmt die Rolle den Interviewer in Besitz, die Erzählung kommt mit großer Glaubwürdigkeit, und auch die anderen werden von dieser Rollenatmosphäre gefangen genommen. Der Beginn des Berichts wird erleichtert durch die Formel: "Ich heiße ... und bin heute ... Jahre alt. ... ..."

* Konferenz des Lebens

Diese wunderbare ökologische Aktion beschreibt Joanna Macy in ihrem Buch "Die Wiederentdeckung der sinnlichen Erde" (1994, S. 234ff):
Nach einer längeren Phase der Einstimmung durch Trauern und Erinnern an verlorene oder bedrohte Lebensformen kommt es auf dieser Konferenz zur Phase des "Für andere Lebensformen sprechen". "Zunächst läßt sich jeder von einer anderen Lebensform auswählen. ... Wir lassen uns Zeit, diese Lebensform vor dem inneren Auge zu sehen, gehen ein in sie, um eine Vorstellung von ihrem inneren Körpergefühl zu bekommen und bitten um die Erlaubnis, in der Konferenz für sie zu sprechen. ... Wo es die Zeit erlaubt, basteln wir einfache Masken. ... Dann versammeln sich alle Lebensformen im Kreis und die eigentliche 'Konferenz' beginnt. ... Wenn alle Teilnehmer an der Versammlung sich vorgestellt haben ("ich bin Wolf und spreche für alle Wölfe", "hier ist der Nil, und ich spreche für alle Flüsse") eröffnet der Leiter oder die Leiterin das Ritual: 'Wir treffen uns zur Konferenz, weil unsere Erde in Not ist.
Es ist jetzt die richtige Zeit, und es ist notwendig, daß jeder von uns gehört wird. Es gibt vieles, das gesagt, und vieles, das gehört werden muß.' Er oder sie fordert die Wesen auf, spontan zu sprechen. So manches haben Wolf und Nil, Falke und Flechte zu sagen. Bald zeigt sich, daß Menschen dies alles hören sollten, und sie werden eingeladen, in die Mitte des Kreises zu kommen und schweigend zuzuhören.
Das bedeutet, daß fünf oder sechs Teilnehmer vorübergehend ihre Masken ablegen und sich Rücken an Rücken in einen Innenkreis setzen, die Gesichter nach außen. ... und dieses eine Mal schweigen die Menschen. ... So kann jeder die Seite der Menschen und die der anderen Lebensform erleben. ..." In weiterer Folge beklagen sich die Lebensformen nicht nur über die Bedrohung durch die Menschen, sondern weisen sie auch darauf hin, was sie ihnen zu bieten haben: "Ich, Flechte, arbeite langsam, sehr langsam. Die Zeit ist mein Freund. Seht, ich gebe euch dies: Geduld und Ausdauer und Beharrlichkeit." Und indem sie diese Kräfte benennen und darbieten, rufen die Teilnehmer des Rituals genau die Qualitäten in sich selbst wach, die sie selber brauchen. ..."

Es lohnt sich, diesen Prozeß in seiner ganzen Fülle nachzulesen, und es lohnt sich sicher, ihn durchzuführen.

Gruppenidentifikationen

Gruppendynamische Vorgänge haben in Schulklassen, Heimen, Teams, Arbeitsgruppen hohe Bedeutung. Klassische Methoden der Aufdeckung und Klärung (z.B. Soziogramme) greifen oft hart und verletzend ein. Mit Identifikationsmethoden kann dieser Vorgang spielerischer und vergnüglicher gestaltet werden.

* Mein Platz im Raum

Gruppendynamisches Augenblicksbild.

Zielgruppe: Jugendliche, Erwachsene
Gruppengröße: beliebig
Dauer: etwa eine Stunde

Alle stehen auf und gehen - schweigend! - im Raum herum. ... Dann kommt die Aufforderung: "Wenn dieser Raum die Gruppe wäre, wo ist dann hier mein Platz?... ... Und in welcher Haltung befinde ich mich dann hier? ..." Wenn alle - immer noch schweigend - ihre Position gefunden haben, kommt der nächste Impuls: "Bitte sagt jetzt kurz, wie ihr euch in dieser Haltung fühlt, was ihr gut sehen könnt, was nicht, und wie ihr die Nähe oder Distanz zu den anderen empfindet? ... Bei dieser Runde soll jeder etwas sagen, aber keine Diskussion in Gang kommen." ...
Nach allen Stellungnahmen kommt der nächste Impuls: "Einige haben ihre Haltung inzwischen leicht verändert, nehmt wieder genau eure ursprüngliche Position ein. ... Spürt, welcher Impuls in euch ist. ... Was ist 'Mein nächster Schritt'? ... Folgt jetzt diesem Impuls und verändert euren Platz und eure Position! ..." Jetzt folgt wieder eine Runde wie vorher. Eventuell kann noch ein drittes Mal einem Veränderungsimpuls nachgegeben werden. Dann löst sich alles auf, und es folgt eine Nachbesprechung im Kreis.

* Kontakt an der Grenze

Diese Methode fördert das Kennenlernen in der Gruppe.

Zielgruppe: Jugendliche, Erwachsene
Gruppengröße: beliebig
Dauer: etwa halbe Stunde
Material: so viele Wollfäden wie TeilnehmerInnen

Der Impuls lautet: "Suche dir einen Platz im Raum, so groß oder klein du ihn haben willst, lege als Grenze einen Faden. Nimm die Haltung in deinem Raum ein, in der du dich am wohlsten fühlst, atme und spüre deinen Kontakt mit dir. Versuche dann, mit anderen TeilnehmerInnen in Kontakt zu kommen, ohne dabei zu sprechen. Deine Stimme kannst du gebrauchen."
Nach dem Experiment soll die Möglichkeit des Austauschs vorhanden sein.
Auswertungshilfen: Wie wird mit Grenzen, der eigenen und den anderen umgegangen? Wie ermöglicht die eingenommene Haltung Kontaktaufnahme? Welche Qualitäten hatten die Kontakte? Tauchen Veränderungswünsche, Gefühle auf? Was passiert an den Grenzen? Gab es verschiedene Phasen in diesem Prozeß?

* Schiff

Gruppendynamisches Spiel

Zielgruppe: Kinder, Jugendliche, Erwachsene
Gruppengröße: beliebig
Dauer: etwa eine Stunde

Stühle und andere Möbelstücke werden in einem Oval aufgestellt, nur eine kleine Lücke als Eingang ist da. Alle TeilnehmerInnen stehen außerhalb, dann kommt die Aufforderung: "Bitte sprecht in den nächsten Minuten nicht!... Das Innere hier ist euer Gruppenschiff.... Malt euch in Gedanken aus, welche Art von Schiff das ist.... Überlegt euch, welche Rolle ihr gleich an Bord einnehmen wollt. ... Geht jetzt - schweigend - an Bord, sucht euren Platz und die dazu passende Haltung. ..." Wenn alle ihre Haltung gefunden haben, kommt der Impuls: "Sagt jetzt kurz, in welcher Rolle ihr hier seid, und was ihr in eurer Haltung jetzt empfindet! ... Bitte nur mitteilen, keine Diskussion." Die folgenden Offenbarungen können zum Teil sehr überraschend sein, vielleicht sind manche auch etwas unernst, aber das braucht den Leiter nicht zu irritieren. Nach den Stellungnahmen kommt wieder die Anregung: "Nehmt noch einmal genau eure ursprüngliche Position ein.... Spürt, welche andere Rolle auf diesem Schiff auch mal interessant wäre... Nehmt jetzt diese Rolle an dem dazu passenden Platz in der dazu passenden Haltung ein...." Dann wieder die Runde zur eigenen Haltung und Rolle. Eventuell noch ein dritter Durchgang.
Jedenfalls braucht die Gruppe dann noch genug Zeit für die Auflösung der Szene und für eine kurze oder längere Nachbesprechung. Das hängt dann von der Lust bzw. vom Ziel des Treffens ab, in dessen Rahmen diese Vorgangsweise gewählt wurde. Eventuell können sich daraus tatsächliche Rollenveränderungen in der Gruppe ergeben. Besonders für Teams eignet sich diese Vorgangsweise sehr gut.
Wenn der Aspekt der Selbsterfahrung eine größere Rolle spielt, dann müßte noch mehr Zeit für persönliche Reflexion und Austausch gegeben werden: "Inwiefern habe ich hier die für mich übliche Rolle gewählt, weil ich das in Gruppen immer so mache? Oder habe ich hier jetzt mal etwas Neues für mich ausprobiert?"

* Krippenspiel

Eine spannende Gruppenerfahrung, die sinnvollerweise nur in den Monaten November und Dezember durchführbar ist.

Zielgruppe: Jugendliche, Erwachsene
Gruppengröße: bis 2O
Dauer: etwa eine Stunde

Die Einstimmung dazu lautet etwa so: "Ihr alle kennt die Geschichte, die den Hintergrund für Weihnachten bildet. Diese Geschichte ist für uns bedeutsam, ganz unabhängig davon, in welcher Weise Ihr daran glaubt oder sie Euch ärgert oder was auch immer. Sie ist ein elementarer Bestandteil unserer Kultur. Das Schlußbild dieser Geschichte - die Szene um die Krippe - ist millionenfach präsent, und diese Szene bitte ich Euch vorzustellen ... mit allen Rollen, die dabei sind, die menschlichen und nichtmenschlichen, also Kind, Maria, Josef, Stern, Engel, Hirten, Ochs, Eselein, Stall, Könige. ... Wählt Euch - nur in Gedanken - die Rolle aus, die jetzt im Augenblick Eure liebste Rolle wäre.... Bitte noch nicht sagen, nur in Gedanken sich festlegen... ... So, nun sagt reihum, welche Rolle Ihr gewählt habt, unabhängig davon, ob sie schon von jemandem anderen genannt wurde. ..."

In der Regel gibt es jetzt manche Rollen mehrfach, manche überhaupt nicht, aber das macht nichts. Die Anleitung geht dann so weiter: "Hier drüben stellen wir uns die Bühne vor.... Bitte nehmt jetzt Eure Positionen und die dazugehörende Haltung ein... ohne viel Regie... jeder, wo er meint, daß es passt... und friert die Haltung ein...

Nun folgt - ähnlich wie bei den anderen Varianten der Gruppenidentifikation - eine Runde, in der jeder sagt, wer er hier ist, und wie sich die Position jetzt so anfühlt. Danach kann noch eine zweite Runde die Aufmerksamkeit auf die anderen lenken, wie typisch oder überraschend diese Rolle für den oder die ist etc. ...

Anschließend nehmen alle wieder genau die ursprüngliche Position ein und spüren: Welche andere Rolle würde mir denn auch mal gefallen? Nur ausdenken, nicht sagen! ... ... Jetzt wechseln alle ohne Worte und gleichzeitig in die neue Rolle. ... Dann folgt wieder eine Runde, in der jeder sagt, wer er hier ist und wie sich die neue Rolle anfühlt. Hat sie das gebracht, was vorher erwartet wurde? Manches kam ganz anders, weil ja auch die anderen ihre Rolle und Position geändert haben. Welche Rollen fehlen jetzt, welche sind mehrfach besetzt? Eventuell kann bei einem dritten Durchgang auch ein kurzes Rollenspiel in Gang kommen, aber nur für wenige Minuten, dann werden die Positionen "eingefroren". Den Abschluß bildet auf jeden Fall ein zusammenfassendes Gespräch in der Runde.

Hier wie auch in anderen Gruppenidentifikationen sind mehrere Blickwinkel möglich:

a) die individuelle Ebene: Welche Rolle liegt mir? Welche nehme ich automatisch immer ein? Welche Rollenexperimente traue ich mir zu? Welche Bilder und Werte verbinden sich für mich mit bestimmten Rollen, z.B. Josef, Engel, ...?

b) die gruppendynamische Ebene: Welche Rollen werden hier gerne eingenommen? Welche nicht? Was erkennen wir daraus über die Gruppe hier und jetzt?

c) die Ebene des Mythos: Welche Bilder von Familie und familiären Beziehungen kommen hier zum Ausdruck? Was stimmt daran für mich, was nicht? Dürfen wir uns die Sehnsucht, die hinter dem Weihnachtsmythos steckt, zugestehen? Oder weisen wir sie empört von uns? Oder verkriechen wir uns in der scheinbaren Idylle? Usw.

* Gruppentraum

Entspannende Gruppenphantasie

Zielgruppe: Kinder, Jugendliche, Erwachsene
Gruppengröße: bis 2O
Dauer: 15 Minuten bis zu einer Stunde

Alle legen sich entspannt auf den Boden - möglichst sternförmig, mit den Köpfen zueinander, aber doch mit genug Abstand voneinander.

Das Licht wird gelöscht, höchstens eine Kerze brennt.

Der Gruppenleiter bleibt außerhalb und leitet den Gruppentraum ein:

"Wir befinden uns jetzt im Mündungsgebiet des Amazonas in einem Traum; d.h. wir können dort alles sein: ein Tier, eine Pflanze, jede Art von Mensch, aber auch der Wind oder das Feuer. ... Wir können sagen, was wir sind und was wir tun. Wir bleiben aber entspannt liegen, vielleicht mit geschlossenen Augen. Nur durch die Worte, die wir sprechen, kommen wir miteinander in Kontakt, und etwas geschieht dadurch mit uns ... wir wissen nicht genau, was ... wir werden schon sehen ... ... Wenn uns unsere Rolle nicht mehr zusagt, können wir uns in etwas ganz anderes verwandeln. Wir sagen das dann laut und können dadurch auf andere Weise wieder mittun. ... Ich werde jetzt nichts mehr sagen, sondern irgendwann den Traum beenden. ... ..."

Manchmal dauert es eine Zeitlang, bis die ersten ihre Rollen sagen, und die Interaktion in Gang kommt. Manche Träume dauern nur 10 Minuten, manche auch 20 bis 30. Schließen Sie den Traum mit sanften Worten, lassen Sie den TeilnehmerInnen Zeit zur Rückkehr hierher und in den Kreis, in dem dann eine Nachbesprechung möglich ist. Bei dieser Methode ist eine ausführliche Nachbesprechung nicht unbedingt notwendig. Wenn der Traum schön war, kann zu viel Reden die Atmosphäre zerstören. Allerdings sollten problematische Reste angesprochen werden.

Bei allen Identifikationen und Rollenspielen ist es wichtig, in einem kleinen "Ritual" sich zu entrollen, z.B. mit den Worten: "Ich bin jetzt wieder Sabine!"

Kein Wort
und keine Tat
geht verloren.
Alles bleibt
und trägt
Früchte.
Wir können
Gott
mit dem Verstande
suchen,
aber finden
können wir ihn nur
mit dem Herzen.

„Ich Bin"

2. Meine ..Geschichte - Lebenspanorama

Bei vielen Themen ist es plausibel, daß unsere Lebenserfahrungen unsere jetzigen Wahrnehmungen, Interessen, Beurteilungen entscheidend prägen. Dieser Umstand ist aber kein Nachteil ... wenn wir ihn nutzen, indem wir diese Lebenserfahrungen prägnant verdeutlichen (helfen); z.B. mit der Panoramatechnik. Geeignete Themen sind:

- ❍ Meine Lern- und Leistungsgeschichte
- ❍ Meine Körper- und Gesundheitsgeschichte
- ❍ Meine religiöse Geschichte
- ❍ Meine Geschichte als Bub zum Mann/als Mädchen zur Frau
- ❍ Meine Kunstgeschichte
- ❍ Meine Prüfungsgeschichte
- ...

Zielgruppe: Jugendliche ab 17Jahren, Erwachsene
Gruppengröße: 8-16
Dauer: 2 Stunden bei Jugendlichen, 6 und mehr Stunden bei Erwachsenen
Material: 1 Bogen A3 oder größer pro Person, Farbstifte oder Wachsmalkreiden

1.Schritt: Eine Ankündigung, etwa: "Wir wollen an unser Thema so herangehen, daß wir unsere dazu passenden Erlebnisse und Erfahrungen einsammeln und nachher austauschen. Damit haben wir schon viel wichtiges Material zur Verfügung. Ist euch das recht?" Eventuell sich kurz mit Ängsten oder Widerständen auseinandersetzen (lassen), z.B. mit der Frage: "Was brauchen Sie, um sich darauf einlassen zu können?"

2.Schritt: Material (z.B. Papier und Stifte) vorbereiten, Förderung einer entspannenden Atmosphäre: gut sitzen oder liegen, eventuell Augen schließen, Atem spüren, ... Solche Impulse aber nur bei TeilnehmerInnen einsetzen, die dafür offen sind und sie nicht als befremdlich oder peinlich empfinden. Notfalls geht es auch ohne solche "Zentrierungshilfen".

3.Schritt: Mit ruhigen, klaren Sätzen eine (Rückwärts)Reise durch das bisherige Leben anleiten, um mit der thematischen "Brille" Szenen und Atmosphären zu suchen; etwa beim Thema "Lernen":
"Welche Szene kommt mir in den Sinn bei dem Satz: Da hab ich was gelernt!? ... In welcher Rolle war ich da? ... Wer oder was war da noch dabei? ... Was habe ich da gelernt? ... Und jetzt wandere ich noch ein Stück zurück: Welche andere Szene kommt mir in den Sinn? ... ..." Zuletzt ein langsames Zurückführen in die Gegenwart, vielleicht mit ein paar ergänzenden Fragen: "Welche Menschen waren für mich bei diesen Szenen besonders wichtig? ... Habe ich bestimmte Erfahrungen immer wieder gemacht oder gibt es deutliche Unterschiede? ... Kommt dann langsam wieder hierher ... spürt euch auf dem Stuhl sitzend und bereitet euch darauf vor, die Augen zu öffnen und eure Erfahrungen auf dieser Weise aufzuzeichnen. ... ... Versucht nicht, ganz genau das wiederzugeben, was vor euren Augen war ... Laßt euch zeichnen, schreibt eventuell Stichworte dazu, das Wichtige kommt sicher zum Ausdruck."

4.Schritt: Die inneren Bilder aufzeichnen lassen, darauf hinweisen, daß es nicht auf das Zeichengeschick ankommt, sondern auf die innere Beschäftigung mit dem Erlebten während des Malens. In unerfahrenen Gruppen genügen A3-Bögen, größere Bögen machen anfangs oft Angst.
Nach dem Zeichnen kurzer Austausch zu zweit oder dritt, das nimmt Hemmungen; falls die Teilnehmerzahl für eine ganze Austauschrunde zu groß ist - das ist bei mehr als 12 in der Regel so -dann brauchen die Kleingruppen (4-6) konkrete Fragen, damit sie außer dem Austausch auch Ergebnisse liefern können, etwa: "Findet die deutlichste Gemeinsamkeit in Euren Erfahrungen. ... Und dann auch die deutlichsten Unterschiede."
Wichtig ist hier auch der Hinweis, daß es keineswegs um "Interpretationsübungen" und auch nicht um "Lösungen" von alten Problemen und Konflikten geht, sondern ausschließlich um Verdeutlichung und Anteilnahme.

5.Schritt: Mit dem Material, das aus der Gruppe oder den Kleingruppen kommt, kann man dann als LeiterIn weiterarbeiten; bevor das Thema sich aber ganz von den persönlichen Erfahrungen wegbewegt, erhält jeder Teilnehmer die Möglichkeit zu sagen, was da für ihn persönlich wichtig war: Vielleicht eine traurige Entdeckung oder auch eine beglückende Erkenntnis. Irgendeine persönliche Bilanz ist bei solchem Vorgehen unerläßlich; auch ein Kurzkommentar zur Methode, damit die TeilnehmerInnen etwaige Ängste nachträglich aussprechen können:
"So schlimm, wie ich's befürchtet habe, war's gar nicht."
Solche "Zeitreisen" sind auch in die Zukunft möglich, etwa

zur Thematisierung von beruflichen Visionen, Beziehungsängsten oder -hoffnungen, Einstimmungen auf Vater- oder Mutterrolle, ja auch als Vorbereitung auf das eigene Sterben.

Voraussetzungen sind:

- ❍ Bereitschaft der TeilnehmerInnen,
- ❍ eigene Lust als LeiterIn auf diese Vorgangsweise,
- ❍ eigene relative Abgeklärtheit des Leiters in Bezug zum Thema,
- ❍ ein hohes Verantwortungsgefühl und bei der Arbeit mit älteren TeilnehmerInnen auch therapeutische Kompetenz.

3. Meine Landkarte

Einstellungen und Meinungen zu Themen sind einerseits lebensgeschichtlich geprägt - siehe die Methode "Meine ...Geschichte" - andererseits auch von meinen räumlichen Erfahrungen und Vorstellungen, also mit Hilfe einer persönlichen "Landkarte".
Beispielhaft läßt sich das am Thema "Heimat" aufzeigen:

Zielgruppe: Jugendliche, Erwachsene
Gruppengröße: 7-20
Zeit: von 2 Stunden aufwärts, je nach Alter und Erfahrung der TeilnehmerInnen
Material: Pro TeilnehmerIn ein großer Bogen Papier, Farbstifte, Malfarben oder Wachskreiden.

1.Schritt: "Als Grundlage für unser Thema "Heimat" möchte ich euch(*) zu einer persönlichen Landkarte anregen und zunächst dazu einstimmen. Seid ihr bereit dazu? Dann sollten wir vor der Einstimmung Papierbögen und Stifte vorbereiten. ..."

2.Schritt: "Setzt euch bequem hin, schließt die Augen und macht euch bereit für eine innere Reise mit eurer Fantasie. ... Begebt euch in Gedanken an den Ort, an den Platz, den ihr zur Zeit als den Mittelpunkt eures Lebens empfindet... Nimm hier die Atmosphäre in dich auf... Bist du hier gut zu Hause?? ... Spüre nun, wie ein Teil von dir - deine Wahrnehmung - ein Stück abhebt und hinaufsteigt - einige Meter nur - und du siehst dich jetzt von oben in dem Haus mit seinen anderen Räumen und deren Bedeutungen ... was ist hier wichtig für dich?... und dann steigst du noch ein Stück höher und siehst die nähere Umgebung ... wie ist dein Platz hier eingebettet? ... Ist hier eine gute Verbindung spürbar oder bist du hier fremd?... Welche anderen Plätze kommen in dein Blickfeld, die für dich wichtig sind? ... Freunde? Ein Lokal? Vielleicht siehst du schon deinen Arbeitsplatz? Oder deine Wohnung, wenn dein Arbeitsplatz hier unter dir dein Mittelpunkt ist?... Vielleicht mußt du noch ein Stück weiter hinaufsteigen, damit du deine wichtigen alltäglichen Orte gemeinsam im Blickfeld hast... Wie ist die Verbindung zwischen diesen Orten? ... Steig jetzt noch weiter hinauf, bis du die ganze Stadt und den ganzen Landkreis unter dir siehst.

(*) Wenn wir bei den Methodenbeschreibungen direkte Rede benutzen, verwenden wir hier abwechselnd "Du" und "Sie". Das hat aber keinen Bezug zur jeweiligen Methode.

Welche weiteren wichtigen Plätze kommen jetzt in den Blick?... Ausflugsziele? Frühere Wohnorte? Verwandte?... Und noch weiter hinauf, bis du über dein ganzes Land und auch ein Stück über die nahen Grenzen schauen kannst... Wo zieht es dich vielleicht hin? Wo möchtest du keinesfalls hin?...Und weiter: Langsam kommt ganz Europa in dein Blickfeld ... Urlaubsorte... Orte mit schönen Erinnerungen... Orte mit unerfreulichen Erinnerungen... Gegenden, wo du vielleicht mal hin möchtest... und solche, wo du sicher nicht hin willst, weil du ein negatives Bild davon hast... Welches?...
Langsam wird auch Europa kleiner und auch die anderen Kontinente werden erkennbar... schließlich der ganze Erdkreis... und auch hier gibt es Orte, die dich anziehen, und solche, die dich abstoßen... Was verbindet dich mit ihnen? Welche Personen, Erfahrungen, Meinungen?... Schau jetzt ganz unten in der Mitte, wie du da an deinem Platz bist... als Mittelpunkt deiner Welt in dieser Welt... Genieße noch eine Zeitlang diesen Überblick... und mach dich dann bereit, langsam herabzusteigen... nimm noch einmal die für dich wichtigen Orte wahr, während du dich herabsenkst... Sammle sie ein wie Gepäckstücke oder Souvenirs... Lande jetzt sanft auf deinem Platz zu Hause... verabschiede dich von ihm... und komm hierher zurück, indem du dich auf dem Stuhl sitzen fühlst, deinen Atem wahrnimmst und die Augen öffnest..."

3.Schritt: Die TeilnehmerInnen gestalten nun auf ihrem vorbereiteten Bogen ihre persönliche Landkarte. Es ist günstig, darauf hinzuweisen, daß es nicht darum geht, genau das, was sie vor ihrem Auge gesehen haben, abzubilden. Veränderungen, die durch das Malen und während des Malens geschehen, sind okay. Was immer jetzt herauskommt, ist "das jetzt Richtige". Daher ist es auch eine wertvolle Grundlage zum Austausch, wie ich und du gerade die Welt, unsere Welt, wahrnehmen.

4.Schritt: Zu dritt, viert oder in der ganzen Runde soll nun jede/r erläutern, was er/sie erlebt und dann aufgezeichnet hat. Genug Zeit und Aufmerksamkeit ist hier vorteilhaft.
Es soll aber auch noch Zeit bleiben zum

5.Schritt: Zwei wichtige Rundfragen schließen diese Thema - vorläufig - ab: Was ist mir durch den Vergleich mit den anderen Bildern und Schilderungen bewußt geworden? Was möchte ich an meiner Sicht von meiner Welt demnächst ändern oder weiterentwickeln?

4. Fünf Stützen der Identität

Dieses Modell (von H.G.Petzold) für sozialpädagogische und psychotherapeutische Arbeitsfelder wurde im Laufe der Jahre zu einer methodisch vielfältigen Diagnoselandkarte ausgebaut. Die Leiterin braucht hier therapeutische Erfahrung.

Zielgruppe: Erwachsene
Gruppengröße: 5-16, eventuell mehrere Gruppen parallel
Dauer: hängt von der Gruppengröße und der gewählten Variante ab. Die Zeit, die jeder Teilnehmer in der Besprechung erhält, soll aber im Verhältnis zu der Zeit für seine persönliche Vorarbeit stehen; d.h. wenn jemand eine halbe Stunde gemalt hat, dann braucht er auch mindestens eine halbe Stunde Beachtung im Austausch mit anderen.
Material: Pro TeilnehmerIn ein großer Papierbogen, Stifte, Wachskreiden, Wasserfarben; oder pro TeilnehmerIn ca. zwei Kilo Ton.

Ausgangspunkt ist der Gedanke, daß fünf Lebensbereiche wie Stützen unsere Identität tragen:

Körper

Unser Körper, eigentlich unsere Leib-Einheit von Körper, Seele und Geist, ist Anfang und Ende unserer Existenz. An seine Lebensspanne und seine Gesundheit knüpfen sich unsere wichtigsten Wünsche und Befürchtungen, hier spüren wir uns am tiefsten.

Beziehungen

Ohne Beziehung zwischen anderen Menschen wurden wir nicht, und ohne Beziehungen können wir nicht sein. In unserem sozialen Netz entwickeln wir unser Selbstbild, unsere Ausdrucksmöglichkeiten und unsere Fähigkeiten als Mit-Mensch.

Arbeit - Leistung

In dem, was wir tun, erfahren wir uns als wertvoll und nützlich. Wir erleben unsere Gestaltungsmöglichkeiten, unsere Macht und unsere Grenzen beim Machbaren. Wir erleben und suchen Vergleich mit anderen und Beurteilung durch andere.

Materielle Sicherheit

Die (fehlende) Sicherung unserer Grundbedürfnisse wie Essen, Wohnen, Kleidung prägt unsere Gesundheit wie auch unsere Beziehungen entscheidend mit. Der Lebensstandard und Lebensstil beeinflußt unser Identitätserleben mehr, als wir es uns oft eingestehen. Wir verwenden auch sehr viel Lebenszeit dafür.

Werte - Sinn

Wenn alle anderen Stützen stabil sind, wird diese kaum spürbar. Wenn es uns gut geht, sind Werte oft nur unbewußt, oder sie werden nicht so wichtig genommen, oder sie schlummern hinter leeren Phrasen.
In starken Krisen aber, etwa bei Krankheit, Beziehungsverlust, Krieg etc. wird diese Stütze plötzlich sehr wirksam (oder sie erweist sich als sehr schwach). Sie kann eventuell alles andere retten, z.B. das Überleben von Folter oder KZ, oder sie kann alles andere opfern, z.B. durch Heldentod.

Die erste Blickrichtung in der methodischen Arbeit mit diesen 5 Stützen sind natürlich wir selbst, dann wir in der Arbeit mit anderen, und schließlich ermöglicht dieses Modell auch die Arbeit an der Erfassung der Lebenssituation anderer Menschen. Und überall sind verschiedene Grade der Intensität möglich:

Zunächst stellt der Leiter dieses Modell so vor, daß die TeilnehmerInnen jede "Stütze" mit eigenen Vorstellungen, Bildern und Gedanken füllen können. Für die gestaltende Arbeit schlagen wir mehrere Varianten vor:

Variante 1: Bilanz (für unerfahrene TeilnehmerInnen)
Sie stellen die derzeitige Situation Ihrer 5 Stützen grafisch dar, wie es ein Statistiker machen würde: In fünf verschieden hoch und breit ausgefüllten Säulen, je nach derzeitiger Stabilität.
Sie überlegen im Austausch mit einigen anderen, was sie zur weiteren Absicherung, zur Erhöhung des Gleichgewichts oder zur Auffüllung aller oder auch nur einer Stütze machen können.
Das ist auch für Lebenspartner eine reizvolle Methode.

Variante 2: Malen oder Tonformen (für etwas erfahrene TeilnehmerInnen)
Sie nehmen sich Zeit, ein Bild dieser Stützen zu malen oder sie in Ton zu formen, so wie sie sich derzeit in Ihrem Leben darstellen. Sie lassen sich dazu jede mögliche andere Bildhaftigkeit einfallen, die Ihnen beim Malen in den Sinn kommt, z.B. Bäume, Türme, Berge, ...
In Kleingruppen erläutern Sie dann Ihr Werk, holen sich aber auch Rückmeldungen der anderen auf das, was die hier herausspüren. Vorsicht: Sie zeigen und erläutern natürlich nur das, was Sie hier mitteilen wollen (kein Druck zur Offenheit!); und es gibt nur Eindrücke auszutauschen, keine Deutungen oder Interpretationen ohne ausdrückliche Zustimmung des Malers!!

Variante 3: Verkörpern (für erfahrene TeilnehmerInnen)
Nach dem Malen oder Skizzieren oder Formen der 5 Stützen nimmt sich jede einen Platz im Raum und sucht eine Haltung für eine der Stützen. Dann solange konzentriert in dieser Haltung bleiben, bis ein Satz, eine grundsätzliche Aussage, von innen heraus deutlich wird. Dann diesen Satz aufschreiben. Auf diese Weise jede der 5 Stützen verkörpern und den dazugehörenden Satz suchen. Manche Stützen können auch Sätze zu einer anderen sagen, z.B. was sagen die anderen Stützen zu "Arbeit - Leistung"?
Wichtig ist, immer genug Zeit für den Austausch bereitzustellen, und dann auch ein persönliches Résumé nicht vergessen: Was ist mir jetzt klarer? Was möchte ich in nächster Zeit mehr schätzen? Was möchte ich Neues ausprobieren?

Variante 4: Identitätstheater
Wir können uns auch in die Identitätsbereiche anderer Personen oder Zielgruppen stellvertretend einfühlen, wenn es darum geht, deren grundsätzliche Lebenssituation besser zu erfassen, etwa: Erstklässler, 15-jährige Buben, 12-jährige Mädchen, neue Direktorin, AlleinerzieherInnen, Frührentner, usw.:
Kleingruppen (ideal zu 5 oder 6) einigen sich auf eine Zielgruppe, mit der sie beruflich viel zu tun haben. Durch körperliche Darstellung der "Haltung" jeder Stütze versuchen sie auszudrücken, wie es dieser Personengruppe in diesem Bereich geht. Diese Haltung geht dann in Bewegung über und wird mit Sätzen kommentiert. Diese Sätze beginnen mit "Ich fühle ... ", mit "Ich denke, das ist, weil ..." und mit "Ich brauche ...". Dadurch hat man 5x3=15 Sätze dieser Gruppe als ergänzendes Rohmaterial für die anschließend zu erarbeitende szenische Darstellung (siehe die schematische Darstellung).

Für die Vorführung können die Sätze als einfachste Lösung mit verteilten Rollen gelesen werden, oft aber kommen den Kleingruppen noch weitere dramaturgische Elemente in den Sinn. Es ist immer wieder erstaunlich, wie beeindruckend die Darbietungen werden.

Diese Methode eignet sich ganz besonders in der Aus- und Weiterbildung für alle sozialen und pädagogischen Berufe.

	Körper	Beziehungen	Arbeit-Leistung	Materielle Sicherheit	Werte Sinne
Ich fühle	*Müdigkeit, Schmerzen im Rücken, Lustlosigkeit*	*u.s.w*	*u.s.w*	*u.s.w*	*u.s.w*
Ich denke das ist, weil ...	*ich nie Sport treibe*	*u.s.w*	*u.s.w*	*u.s.w*	*u.s.w*
Ich brauche	*Zeit für mich Spaß*	*u.s.w*	*u.s.w*	*u.s.w*	*u.s.w*

5. Körperbilder

Diese Methode ist eine unerschöpfliche Quelle gestaltpädagogischer Arbeit, weil sie viele Varianten und Weiterentwicklungen ermöglicht und die so oft vernachlässigte "Leiblichkeit" in den Mittelpunkt der Aufmerksamkeit rückt.

Zielgruppe: Kinder, Jugendliche (ev. gibt's hier Widerstand), Erwachsene
Gruppengröße: hängt von der Größe des Raumes ab, jeder Teilnehmer braucht mindestens 2 m2 freie Bodenfläche
Dauer: Je nach Intensität und Nacharbeit von 2 Stunden aufwärts
Material: Pro Teilnehmer ein so großer Papierbogen, daß er in voller Körpergröße Platz hat, am besten von einer Papierrolle; Wachskreiden, Wasserfarben oder Fingerfarben.

Jeder sucht sich einen Partner und gibt ihm einen Stift in seiner Lieblingsfarbe und legt sich auf seinen Papierbogen. Der Partner zeichnet nun den Körperumriss des Liegenden in Ruhe und möglichst genau nach. Anschließend tauschen. Bei jungen und/oder unerfahrenen Teilnehmern kann diese "Intimität" auch zu Unruhe führen; bleiben Sie gelassen und nachdrücklich, es lohnt sich. Die Teilnehmer finden schon die für sie passende Form. In manchen Gruppen kann diese Phase schon sehr sensibel, fast meditativ werden; umso besser. Eine ruhige Hintergrundmusik kann helfen.

Anschließend legt sich jeder in seinen Umriss oder setzt sich daneben und beginnt, mit allen zur Verfügung stehenden Farben und Formen seinen "Körper" auszumalen.
Wenn möglich werden die Bilder anschließend aufgehängt.

Die Weiterarbeit kann sehr vielfältig gestaltet werden:

- Ich kann einen Text, einen Brief, ein Gedicht an diese "Figur" schreiben; dann vorlesen.
- Andere können mir kleine Rückmeldungen außen dazu schreiben.
- Ich kann mir einen Körperbereich heraussuchen,um den dann noch einmal - vergrößert - zu malen.
- Ich kann im Gespräch mit anderen austauschen, wo und wie ich mich gerade in meinem Körper wohl fühle und wo nicht.
- Ich kann mein Körperbild in eine Tanzbewegung umwandeln, und dabei entdecken, daß sich dabei schon wieder etwas verändert, daß ich mich weiterentwickle.

In Kindergruppen, aber auch für Kinder in der Familie, ist diese Aktion eine Quelle großer Freude. Bei Menschen ab der Pubertät ist es wichtig, Zeit für einen aufmerksamen Austausch zu haben, weil vielleicht schmerzliche Erfahrungen und Gefühle ein Stück deutlicher werden können, die dann Beachtung brauchen. Das heißt nicht, daß hier ungefragt "therapeutelt" werden soll. Respektvolle Anteilnahme ist oft mehr als genug. Wichtig ist hier auch das Verhindern von Grenzverletzungen, z.B. keinen Druck bei der Darstellung von Geschlechtsmerkmalen. Üblicherweise regelt sich das Maß an guter Offenheit in einer Gruppe von selbst. Exhibitionistische Tendenzen sollten freundlich eingebremst oder relativiert werden; Schüchternheit ist zu respektieren. Aber solche Hinweise erübrigen sich, wenn der Hintergrund stimmt: und das ist das gute Gefühl des Leiters bei der Wahl einer solchen Methode.

Einfachere Variationen:

* **Beschreibungen:** Wenn Zeit und Lust fürs Malen fehlen, kann ich meinen Umriß auch "beschreiben". Wo fühle ich mich wohl, wo nicht? Welche Sätze passen zu meinen Körperteilen? Was kann ich mit ihnen gut, was nicht?

* **An der Wand:** Manche Räume (z.B. in Jugendzentren) haben Wände, an denen man diese großen Bögen auch gleich aufhängen kann. In diesem Fall wird der Umriss im Stehen gezeichnet. Man kann auch mit einem Spot den Schatten auf den Bogen projezieren und nachzeichnen.

* **Körperteile:** Natürlich muß es nicht immer um den ganzen Körper gehen: Der Umriß meiner Füße lädt mich ein, hineinzuschreiben oder zu -zeichnen, "worauf ich stehe". Der Umriß meiner Hände lädt mich ein, hineinzuschreiben oder -zuzeichnen, was ich gut kann oder was ich gerne mal anpacken möchte.
Der Umriß meines Kopfes lädt mich ein, die Empfindungen meiner Sinnesorgane zu zeichnen, mein "Festgesicht" zu malen, meinen "bösen Blick" zu gestalten, etc.

* **Biologie:** Und dann kann mein Umriß auch Ausgangspunkt für den Anatomie-Unterricht sein... aber auf die Idee sind viele BiologielehrerInnen schon von selbst gekommen.

6. Themenbaum

Zu einem intensiven Einstieg in ein umfassendes Thema eignet sich diese Methode, die aus mehreren ganz verschiedenartigen Schritten aufgebaut ist.

Zielgruppe: Kinder (ab 8 J.), Jugendliche, Erwachsene
Gruppengröße: günstig 10 bis 30
Dauer: 50 Minuten bis 2 Stunden
Material: viele verschiedenfarbige Kärtchen oder Zettel (pro TeilnehmerIn ca. 10), Schreibgerät für jeden, große Papierbögen (Flipchart), Wachskreiden, einige Tuben Klebstoff.

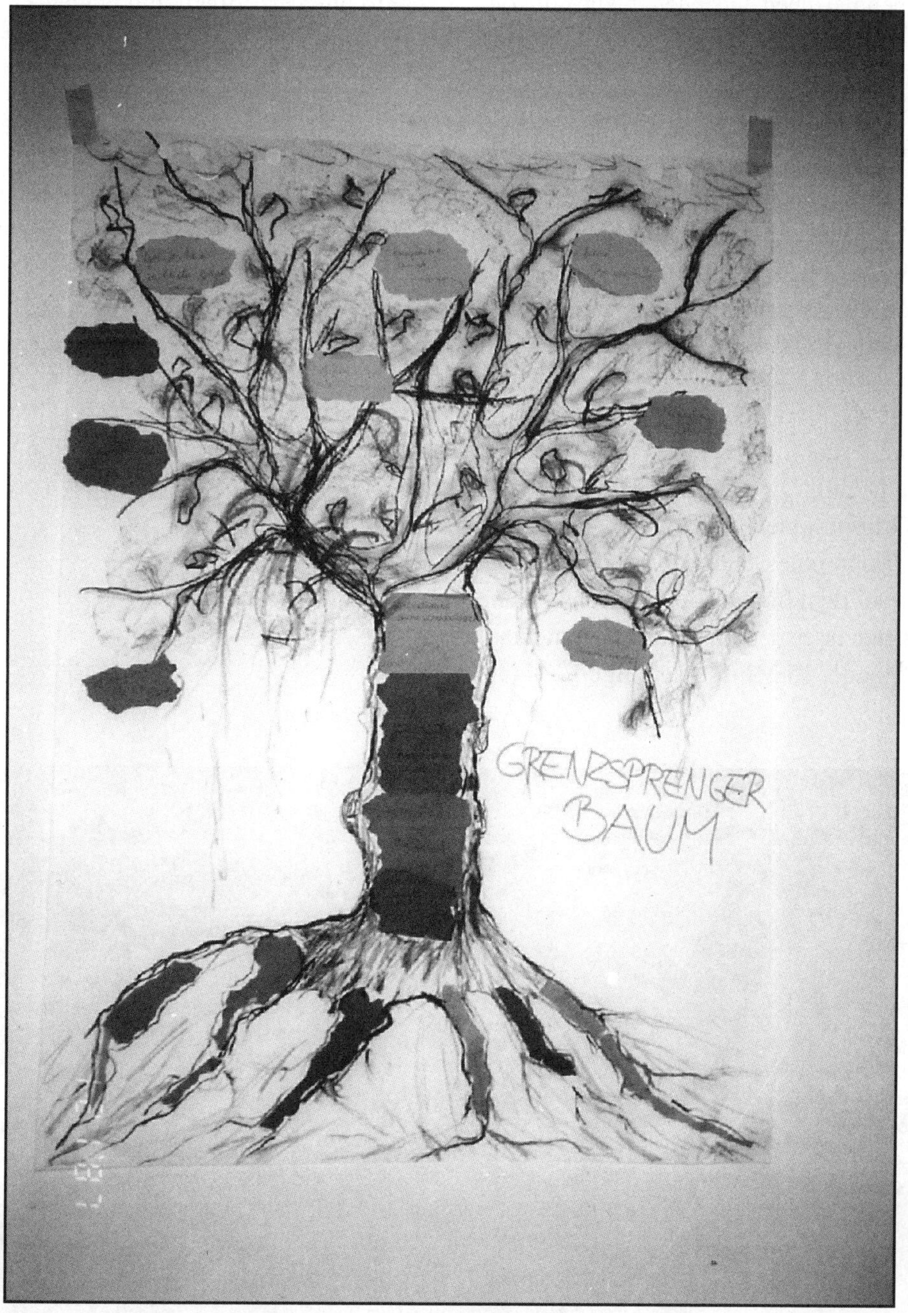

1.Schritt: Der Raum ist weitgehend leer, alle TeilnehmerInnen haben ein Schreibgerät und bekommen ca. 5 bis 10 leere, möglichst verschiedenfarbige Zetteln (Kärtchen); mit all dem in der Hand werden sie eingeladen, herumzuschlendern, sich auf sich selbst zu konzentrieren, d.h. auch den Kontakt untereinander auszublenden. Dann nennt die Leiterin das Thema, um das es hier geht, z.B. Aggression oder Liebe oder Gesundheit oder Musik oder ... ... Weisen Sie darauf hin, daß es ein umfassendes Thema ist, wo vielerlei dazugehört und daher auch Platz hat. ... Beim Herumgehen lassen sich die TeilnehmerInnen nun Stichworte, Gedanken, Fragen zu diesem Thema einfallen, notieren sie jeweils auf einen Zettel ... und lassen diesen Zettel, wo immer sie sich gerade befinden, fallen ... sagen Sie dazu, daß das die Bäume im Herbst so machen: sie lassen ihre Blätter fallen...

2.Schritt: Jetzt ist der Boden schon ziemlich bedeckt mit bunten Zetteln, manche TeilnehmerInnen sind schon fertig mit ihren Stichworten und helfen Ihnen dabei, die verkehrt liegenden Zetteln umzudrehen, sodaß alle Zetteln am Boden lesbar sind. Dann beginnen alle miteinander - in Ruhe! - die Zetteln mit ähnlichen Inhalten zusammenzuschieben - noch immer am Boden - solange, bis sich thematische "Blätterhaufen" gebildet haben, so zwischen 3 und 8 Häufchen ... man soll aber die Zetteln noch lesen können, nicht übereinander legen! ... Wenn alle TeilnehmerInnen sich daran beteiligt haben, kommt der

3.Schritt: Jeder Teilnehmer überprüft noch einmal, ob die von ihm selbst geschriebenen Zetteln jeweils beim richtigen "Häufchen" liegen, ob sie sich "in guter Gesellschaft" befinden.

Dann geben Sie den Impuls: "Entscheidet Euch, bei welchem thematischen Häufchen Ihr jetzt weiterarbeiten wollt. Wer seine Entscheidung getroffen hat, setzt sich dort auf den Boden. ..."

4.Schritt: Helfen Sie evwentuell mit, daß Kleingruppen zu 3 bis max. 7 TeilnehmerInnen entstehen, vielleicht können manche, die ohnehin zwischen zwei Häufchen geschwankt haben, noch wechseln, sodaß arbeitsfähige Gruppen entstehen. Die nicht "besetzten" Zetteln räumen Sie weg. Der Auftrag für die Kleingruppen lautet: "Es geht jetzt darum, daß diese Zetteln geordnet werden, und zwar in die Struktur eines Baumes: Überlegt, welche Aussagen, Stichworte, Fragen machen wohl die "Wurzel" des - noch ungenannten - Themas dieses Häufchens aus. Welche Aussagen, Fragen, Stichworte ordnet Ihr dem "Stamm" zu, der ja hier massiv im Zentrum sein wird? Und welche Zetteln gehören in die "Krone", welche bezeichnen also die Früchte dieses Themas, also die Auswirkungen, die Details?
Ich bringe jeder Gruppe einen großen Bogen Papier, eine Tube Klebstoff und eine Schachtel Wachskreiden. Ordnet Eure Zetteln auf dem Bogen, klebt sie dann an und zeichnet mit den Stiften noch den passenden Baum dazu! Diskutiert nicht zu lange, 15 Minuten genügen."

5.Schritt: Die "Themenbäume" werden aufgehängt, so daß anschließend jede Gruppe ihren Baum vorstellen kann. Dabei wird die Gruppe angeregt, ihrem Baum einen Namen zu geben. Sie kann von den anderen TeilnehmerInnen durch Assoziationen unterstützt werden, aber die Kleingruppe entscheidet! Der Name des Baumes wird unter würdigendem Applaus groß neben den Baum geschrieben.

6.Schritt: Jeder Teilnehmer geht noch mal von Baum zu Baum und sucht sich in Ruhe die Aussage aus, die ihn jetzt nach dem ganzen Prozeß am meisten beeindruckt oder anregt, die also für ihn jetzt am meisten bedeutsam ist. Eine große Runde, in der jeder diese persönlich bedeutsame Aussage mitteilt, beendet die Methode.

Man könnte die TeilnehmerInnen darauf hinweisen, wieviel sie über das Thema jetzt schon gelernt haben, ohne daß eine einzige Sachinformation vom Leiter dazu nötig war. Solche Prozesse nennen wir auch Interaktionslernen.

7. Schatten und Licht im Unterricht

Technische Medien sind nicht nur zur passiven Berieselung brauchbar, sie können vielfältig zur (Kre)Aktivität im Unterricht, aber auch in anderen pädagogischen Arbeitsfeldern dienen. Eine Fülle von Anregungen finden Sie im Buch von *Werner Wolf* (1989): Die Medien, das sind wir selbst. rororo Sachbuch 8505.
Für dieses Buch hat Brie Esslinger zwei Möglichkeiten der Arbeit mit Licht und Schatten bearbeitet:

Var.1: Schatten, Größe und Form
Erarbeitung von Lerninhalten mit der Methode des Schattentheaters.
Zielgruppe und Gruppengröße: Kinder und Jugendliche, eine Schulklasse.
Dauer: je nach Themenstellung.
Material: Overheadprojektoren, Leinwände oder Schattenspielrahmen aus Holzleisten und weißem Stoff.
Vorbereitung: Die SchülerInnen erarbeiten Szenen aus Geschichte, Literatur, Philosophie (idealtypisch: Platons Höhlengleichnis) oder Themen aus der Geometrie oder Mathematik.

Umsetzung in das Medium des Schattentheaters: Hier ist das Spiel mit Größe und Formen besonders reizvoll, da im Schattentheater gleichgroße Personen oder Gegenstände verschieden groß zu sehen sind, je nachdem, in welcher Entfernung zur Lichtquelle (Overhead) sie sich befinden. Daraus ergeben sich viele Möglichkeiten, 'Größe' zu thematisieren und spielerisch umzusetzen. Die SchülerInnen können in Themen wie z.B. 'Die Gesellschaftspyramide im Alten Ägypten' die unterschiedlichen Formen von Macht und Größenverhältnissen zum Ausdruck bringen. Auch das Spiel mit geometrischen Formen gelingt im Schattenspiel leicht, und der zweidimensionale Schattenriß als Wiedergabe dreidimensionaler Gegenstände kann das Vorstellungsvermögen der ZuschauerInnen auf die Probe stellen.
Die Fragen nach der Abbildung der Wirklichkeit im Schattenriß kann vom Theaterspiel über geometrische Formen auch zu philosophischen Fragen führen: Wie (re)konstruiere ich aus meiner Wahrnehmung meine Wirklichkeit?

Var.2: Der Eintritt ins Bild
Identifikationsübung mit Diapositiven (Geschichte, Deutsch, Fremdsprachen)
Zielgruppe und Gruppengröße: Kinder und Jugendliche, eine Schulklasse
Dauer: etwa 2 Doppelstunden
Material: Diapositive, Projektor, Leinwand
Vorbereitung: Diapositive zu wichtigen Personen einer Epoche auswählen, die sich durch charakteristische Körperhaltungen auszeichnen (aus Kunst- und Geschichtebüchern fotografiert).

Der Eintritt in die Projektion: Nachdem die SchülerInnen ausreichend über den jeweiligen Geschichtsabschnitt informiert wurden, treten einzelne SchülerInnen in die auf eine Leinwand projizierten Bilder. Dabei ist helle, ungemusterte Kleidung zu empfehlen, da sich so die Kleidung der Personen auf den Diapositiven ohne Verfremdung übernehmen läßt. Die Körperhaltungen der betreffenden Persönlichkeiten sowie ihre Positionen zueinander werden abbildgetreu nachgestellt und als 'Statuen' eingefroren. Dabei ist es wichtig, daß die SchülerInnen genau auf ihre Körpergefühle achten und ihre Empfindungen aussprechen. Jede Person formuliert zum Abschluß einen für die Figur charakteristischen Satz. Anschließend bieten sich Rollenspiele an.

Nachbereitung: Die Klasse reflektiert ihre Beobachtungen. Aus Fotokopien der Bildvorlagen können zusätzlich Collagen mit historischen Erläuterungen und persönlichen Bemerkungen angefertigt und vervielfältigt werden.

8. Das Worttheater

Bei dieser kreativen Darstellungsform können auch ansonsten ungeübte und unsichere DarstellerInnen etwas "auf die Bühne" bringen.

Zielgruppe: Jugendliche, Erwachsene
Gruppengröße: 8-12 oder mehrere Gruppen von je 8-1O Personen
Dauer: 3-4 Stunden
Material: Schminkmaterial, Tücher, beliebige Requisiten, Flipchart oder Papierbogen

1.Schritt: Schlüsselwörter finden: ein Gruppenmitglied setzt sich der Gruppe gegenüber, und diese assoziiert Hauptwörter, Eigenschaftswörter oder Verben zu ihm/ihr. Diese Wörter werden auf dem Flip-Chart festgehalten. Bei einer Anzahl von etwa 15 Wörtern wird abgebrochen und das Gruppenmitglied, zu dem assoziiert wurde, sucht sich ein Wort daraus aus, das besonders ansprechend, treffend oder verblüffend ist. Dieser Prozeß ist beendet, wenn jedes Gruppenmitglied ein Wort ausgesucht hat. Diese Wörter bilden das Rohmaterial.

2.Schritt: Schreiben einer Geschichte: Jedes Gruppenmitglied schreibt nun eine Geschichte oder ein Märchen, einen Unsinntext, ein Gedicht oder was auch immer, in dem alle Schlüsselwörter in beliebiger Reihenfolge vorkommen. Der Text soll nicht zu lang werden.

3.Schritt: Szenische Umsetzung der Geschichten: Jedes Gruppenmitglied lebt sich nun in sein Schlüsselwort ein, findet einen Körperausdruck, vielleicht auch Laute und Bewegungsmuster dafür. Dann schminken sich die Personen ihrem Wort entsprechend und kostümieren sich. Die Gruppenleiterin hat alle Geschichten gesammelt und Musik für die Zwischenpausen vorbereitet.

4.Schritt: Ist das Publikum (die anderen Gruppen) versammelt, stehen alle 'SchauspielerInnen mit dem Gesicht zur Wand in einer Reihe auf der improvisierten Bühne, und die Vorstellung beginnt mit der Vorstellung der Wörter. Dazu liest die Gruppenleiterin die Worte nacheinander vor, und der jeweilige Spieler stellt sich mit der für sein Wort charakteristischen Geste, Bewegung, Laut vor und dreht sich nach seiner Vorstellung wieder mit dem Gesicht zur Wand.

5.Schritt: Nach der Wortvorstellung beginnt die Gruppenleiterin, eine Geschichte nach der anderen vorzulesen, die 'Wörter' treten nach der Reihenfolge ihres Vorkommens in der jeweiligen Geschichte auf und beginnen miteinander zu agieren; was sich da im einzelnen entwickelt, ist der Improvisation überlassen. Die Leiterin muß das Tempo ihres Vorlesens auch gut mit den Interaktionen auf der Bühne abstimmen. Zwischen den einzelnen Geschichten stellen sich die SchauspielerInnen wieder mit dem Gesicht zur Wand auf, und Zwischenmusik trennt die einzelnen improvisierten 'Theaterstücke'.

9. Was ist das Leben?

Die szenische Bearbeitung einer Geschichte im Stile von "Jeux Dramatiques"; Idee und Gestaltung von Edeltraud Springer und Reinhold Rabenstein.
Eine Geschichte, die zur Darstellung von gewählten Lebenssprüchen führt bis zur Er-Findung meines aktuellen Lebensspruches.

Zielgruppe: Kinder, Jugendliche, Erwachsene
Gruppengröße: 13 bis 40
Dauer: ca. 2 Stunden
Material: Verkleidungsmaterialien (Tücher, Hüte, ...)

Was ist das Leben ?
(ein schwedisches Märchen)

An einem schönen Sommertage war um die Mittagszeit eine Stille im Wald eingetreten. Die Vögel steckten ihre Köpfe unter die Flügel. Alles ruhte.
Da streckte der **Buchfink** sein Köpfchen hervor und fragte: "Was ist eigentlich das Leben?" - Alle waren betroffen über diese schwierige Frage.
Die **Rose** entfaltete gerade ihre Knospe und schob behutsam ein Blatt ums andere heraus. Sie sprach: "Das Leben ist eine Entwicklung."
Weniger tief veranlagt war der **Schmetterling**. Lustig flog er von einer Blume zur anderen, naschte da und dort und sagte: "Das Leben ist lauter Freude und Sonnenschein."
Drunten am Boden schleppte sich eine **Ameise** mit einem Strohhalm, zehnmal länger als sie selbst, und sagte: "Das Leben ist nichts anderes als Mühe und Arbeit."
Geschäftig kam eine **Biene** von einer honighaltigen Blume zurück und meinte dazu: "Das Leben ist ein Wechsel von Arbeit und Vergnügen."
Wo so weise Reden geführt wurden, steckte der **Maulwurf** seinen Kopf aus der Erde und sagte: "Das Leben ist ein Kampf im Dunkeln."
Es hätte nun fast einen Streit gegeben, wenn nicht ein feiner **Regen** eingesetzt hätte, der sagte: "Das Leben besteht aus Tränen, nichts als Tränen." Dann zog er weiter zum Meer.
Dort brandeten die **Wogen** und warfen sich mit aller Gewalt gegen die Felsen und stöhnten: "Das Leben ist ein stets vergebliches Ringen nach Freiheit."
Hoch über ihnen zog majestätisch ein **Adler** seine Kreise, der frohlockte: "Das Leben, das Leben ist ein Streben nach oben."
Nicht weit davon stand eine **Weide,** die hatte der Sturm schon zur Seite gebogen. Sie sagte: "Das Leben ist ein sich Beugen unter eine höhere Macht."
Dann kam die Nacht. Mit lautlosem Flug glitt ein **Uhu** durch das Geäst des Waldes und krächzte: "Das Leben heißt: die Gelegenheit nutzen, wenn die anderen schlafen."
Und schließlich wurde es still im Wald. Nach einer Weile ging ein **junger Mann** durch die menschenleeren Straßen nach Hause; er kam von einer Lustbarkeit und sagte vor sich hin: "Das Leben ist das ständige Suchen nach Glück und eine Kette von Enttäuschungen."
Auf einmal stand die **Morgenröte** in ihrer vollen Pracht auf und sprach: "Wie ich, die Morgenröte, der Beginn des kommenden Tages bin, so ist das Leben der Anbruch der Ewigkeit!"

1.Schritt: Verkleidungsmaterialien werden gesammelt und auf einen Berg getürmt bzw. aus Koffern und Schachteln griffbereit gemacht. Dies können Tücher unterschiedlicher Größe sein oder einfach Kleidungsstücke aller Beteiligten.

2.Schritt: Zur Auflockerung können nun ein bis zwei Gruppentänze getanzt werden oder ein/zwei Lockerungsspiele durchgeführt werden.

3.Schritt: Geschichte vorlesen - Die Mitglieder suchen sich einen guten Platz im Raum zum Zuhören und die Leiterin liest die Geschichte vor - hier das schwedische Märchen "Was ist das Leben?"

4.Schritt: Rollen wählen - Jede Mitspielerin kann jetzt ihre Rolle aus der Geschichte wählen, die sie verkörpern und spielen will - nur mit Körperausdruck, ohne Text (Bei der Darstellung wird der Text wieder von der Leiterin gelesen)! Bei größeren Gruppen können auch mehrere die gleiche Rolle wählen und spielen.

5.Schritt: Verkleiden und Rollennest bauen - Jeder verkleidet sich nun nach eigenem Gutdünken und wählt sich für die Rolle einen geeigneten Platz im Raum, das Rollennest: Von hier aus startet und hier endet die jeweilige Darstellung. Hier ist es wichtig, genügend Decken als Grund und Boden für jedes Rollennest zu haben.

6.Schritt: Geschichte und Ausdrucksspiel - Alle sind in ihrem Rollennest. Die Spielleiterin liest nun wieder die Geschichte, und die MitspielerInnen spielen spontan und ohne Worte - nur mit Körperausdruck - ihre Rolle - so kurz oder solange sie wollen, mit so viel Interaktion zu den anderen Mitspielern, wie sie wollen. Die Vorleserin achtet in ihrem Lesetempo auf dieses Mitspielen und liest mit dementsprechenden Pausen.

7.Schritt: Ende und Würdigung - Am Ende der Geschichte können nach einigen Augenblicken Stille sich alle mit Applaus gegenseitig würdigen ; oder: in einem gemeinsamen Tanz können die einzelnen Rollen mit ihren Verkleidungen nacheinander in die Mitte tanzen und beklatscht werden.
Im Ausziehen und Aufräumen findet das Ausklingen statt.

Endet hier die Methode, dann ist jetzt - oder vor dem Entrollen - ein Erfahrungsaustausch und Feedback aneinander möglich und ratsam.

Eine Weiterarbeit - für etwas fortgeschrittene Teilnehmer Innen ist so möglich:

8.Schritt: Sprüche wählen - Am selben Tag oder beim nächsten Treffen schreiben Sie alle Lebenssprüche aus der Geschichte auf Papierblätter und hängen diese rundum an die Wände Ihres Raumes. Die Mitglieder gehen umher, finden "ihren Spruch" = der Spruch ihrer Rolle und suchen einen "Gegensatz", einen "Widerspruch". Dann wählt jeder eine Position im Raum, an der er beide Sprüche im Auge hat.

9.Schritt: Sprüche bewegen und dritte Bewegung erfinden - Zu einer neutralen Musik - ev. mit geschlossenen Augen - bewegt jeder nun seinen ersten Spruch, dann den anderen. Gut atmen! Die MitspielerInnen wechseln die Bewegungen ab, immer häufiger, und entwickeln aus diesem Zusammenspiel eine dritte Bewegung, die sie prägnant machen. In Dreier- oder Vierergruppen tanzen sie nun ihre dritte Bewegung vor, die anderen tanzen mit und geben nach kurzer Zeit ein beschreibendes Feedback: Was erlebe ich beim Mittanzen?... Dann die nächste...

10.Schritt: Neuen Spruch er-finden und gestalten - Nach diesem Zusammentanz sind größere Kartonkärtchen und Buntstifte/Ölkreiden bereit: Jede wählt sich ein Kärtchen und einen guten Platz im Raum und erfindet aus der Tanzerfahrung einen Spruch, der beginnt: "Mein Leben ist ..." Dieser Spruch wird auf dem Kärtchen in Schrift und Farbe gestaltet.

11.Schritt: Ende und Würdigung - Je nach Rahmen des Geschehens können diese Sprüche nun mitgeteilt, aufgehängt, eingepackt werden. Erfahrungsaustausch in Paaren, Kleingruppe oder ganzer Gruppe.

10. Abschied

Psychodramatische Abschlußzeremonie nach einer Idee von Marianne Wolf für eine Gruppe, die sich gut kennt und viel Zeit miteinander verbracht hat.

Zielgruppe: Jugendliche, Erwachsene
Gruppengröße: 8-16
Dauer: 3O Min pro TeilnehmerIn

1. Schritt: Jeder sucht in einem stillen Nachdenkprozeß für sich selbst eine Rolle in einer charakteristischen Gemeinschaft: z.B. Löwenbändiger in einem Zirkus, Stubenmädchen in einem Hotel, Minnesänger in einer höfischen Rittergesellschaft usw. und erfindet einen Grund, warum er diese Gemeinschaft eben jetzt verlassen muß (der Löwenbändiger macht eine Reise nach Afrika, das Stubenmädchen heiratet...). Rolle und Abschiedssituation zeigen vielleicht Parallelen zur eigenen Situation in der Gruppe.

2. Schritt: Ein Gruppenmitglied beginnt nun, den eigenen Abschied psychodramatisch zu gestalten: er teilt dazu seine gewählte Rolle und das dazugehörende Ambiente den übrigen Gruppenmitgliedern mit (z.B. der Löwenbändiger verläßt den Zirkus, um einmal die Heimat seiner Tiere mit eigenen Augen zu sehen) und setzt sich zusammen mit der Gruppenleiterin ein wenig außerhalb der Gruppe, so daß er das folgende Geschehen gut mitverfolgen kann und gleichzeitig 'nicht dabei' ist.

3. Schritt: Alle Gruppenmitglieder wählen sich jetzt eine Rolle in dem vorgegebenen Milieu: also im Zirkus gibt es dann vermutlich einen Direktor, einen Clown, eine Dompteuse usw. Eine Person wird von der Gruppe als Sprecher bestellt und das Spiel kann beginnen.

4. Schritt: Der Gruppensprecher teilt der Gruppe mit, daß der Löwenbändiger den Zirkus verlassen wird. Nun beginnen alle über ihn und die gemeinsam verbrachte Zeit zu reden, so als wäre er nicht da. Sie erinnern sich an gemeinsame Erlebnisse und vergessen auch Schwächen und Veränderungen nicht. Gemeinsam wird am Ende ein symbolisches Abschiedsgeschenk ausgesucht.

5. Schritt: Der am Rande Zuhörende wird gerufen, in einer Abschiedsrede gewürdigt, und das Abschiedsgeschenk wird überreicht.

6.Schritt: Der Abschiednehmende geht hinaus, legt seine Rolle ab, kommt wieder zurück, und das Spiel wird mit dem nächsten Gruppenmitglied weitergeführt

Kapitel 5

Aus- und Weiterbildungen

Einleitung
5.1. Fritz Perls Institut
5.2. Die Berliner Schulen (GZB, IGG)
5.3. Institut für Integrative Gestaltpädagogik und Seelsorge
5.4. Gestaltpädagogik Österreich

Einleitung

Gestaltpädagogik ist kein Werkzeug, sondern eine Arbeitshaltung, das sollte auf den vielen Seiten bis hierher deutlich geworden sein.

Wie läßt sich Haltung lernen?

Schwerlich aus Büchern, diese können Wegweiser und Landkarten sein in einem unübersichtlichen Terrain. Es genügt auch nicht, sich ein paar Methoden anzueignen. Methoden müssen erprobt und reflektiert sein, bevor sie in einem anderen Praxisfeld angewendet werden können, sonst wird mit ein paar Spielchen und Psychotechniken ein wenig aufgelockert, an den grundlegenden Problemen aber nichts verändert. Vor allem das „Sich Einlassen auf Prozesse" läßt sich nur mit sicherer und ermutigender Begleitung wagen. Aus diesem Grund wird Gestaltpädagogik gestaltpädagogisch gelehrt, die Methode durch die Methode erklärt.

"Der Erzieher steht vor zwei Kindern:
Dem zu erziehenden Kind vor ihm
und dem verdrängten in ihm.
Er kann gar nicht anders,
als jenes zu behandeln,
wie er dieses erlebte."
Siegfried Bernfeld

Der Lernprozeß in gestaltpädagogischen Fortbildungen fördert **Kompetenzen auf mehreren Ebenen:**

- Selbsterfahrung in Bezug auf meine Geschichte **(Ich-Kompetenz):** Wie bin ich die geworden, die ich bin? Wie bin ich der geworden, der ich bin? Welche Visionen leiten mich? Das geschieht durch die Aufarbeitung der persönlichen Lerngeschichte und von Themen, die im beruflichen Alltag wichtig sind (Aggression, Widerstand, Autorität, Werte u.a.)

- Erfüllung der Berufsrolle **(Sachkompetenz):** Das Arbeitsfeld und die eigene Rolle darin werden genau untersucht und das Methodenrepertoire aufdie Brauchbarkeit in der jeweiligen Situation überprüft und erweitert.

- Das Verhalten in sozialen Situationen **(Kommunikative Kompetenz):** Die Lehrgangsgruppe bietet ein reichhaltiges Trainingsfeld, um Verhaltensweisen zu erproben, Feedback zu bekommen und Erfahrungen auszutauschen.

- Reflexion der geistigen und gesellschaftlichen Hintergründe meiner Arbeit **(Politische Kompetenz):** Selbsterfahrung, Methodenrepertoire usw. müssen eingebettet werden in ein (sichweiterentwickelndes) Bild von meinem Platz in dieser Welt.

Die Erreichung dieser Ziele braucht Zeit, daher erstrecken sich auch alle der im folgenden vorgestellten Fortbildungskonzepte über zwei bis drei Jahre.

Die Auswertung dieser Fortbildungskonzepte ist auf Grund der diffizilen psychischen Prozesse, die untersucht werden müssen, naturgemäß schwierig und sehr aufwendig. In zwei schriftlichen Befragungen, die an die AbsolventInnen der Lehrgänge von "AGB" und "Gestaltpädagogik Österreich" ergingen, wurden folgende Feedbacks gegeben: bei 80 % hatte sich die berufliche Situation verbessert, bei 72 % die Lebenszufriedenheit. Auch wichtige Lernerfahrungen konnten beschrieben werden; diese reichten von geschärfter Wahrnehmung bis zur Fähigkeit, sich beruflich und privat besser abgrenzen zu können. Aber eine solche Befragung ist natürlich keine wissenschaftliche Evaluation, sondern gibt nur einen Trend wieder.

Einzig eine Studie von O.A.Burow (*Burow* 1993) erfaßt die Wirkungsweise zweier Fortbildungslehrgänge des "Gestaltzentrums Berlin". Ihre Ausgangslage beschreibt die Mehrzahl der TeilnehmerInnen mit dem Gefühl der Erstarrung und des Eingeschlossenseins in Berufsroutinen. Dieser beengende Rahmen wurde durch die Fortbildung aufgebrochen. Grenzerweiterungen, Erkennen von Wahrnehmungs- und Verhaltensmustern, Umorientierung von Kopflastigkeit zu mehr Emotion und Körperbewußtheit, Aufbau einer personenzentrierten Haltung und die Fähigkeit zum Durchschauen und Beeinflussen von Kommunikationsstrukturen sind schlagwortartig einige Bereiche, in denen die TeilnehmerInnen profitieren konnten. Der Autor hebt hervor, daß es von Bedeutung ist, daß die Trainerinnen über ihre therapeutische Kompetenz hinaus auch pädagogische Erfahrung mitbringen, da sonst die

Therapiebedürfnisse der TeilnehmerInnen zu bereitwillig verstärkt werden und die Verankerung in den Berufsalltag zu kurz kommt.

Eine weitere beachtenswerte Folgerung der Studie Burows: Individuelle soziale Kompetenz verhallt, wenn sie keinen institutionellen Rückhalt findet, sie bleibt dann im "Tanz ums goldene Selbst" gefangen. Ein wichtiger Schritt in Richtung auf mehr gesellschaftliche Relevanz ist die Arbeit an der Veränderung des eigenen institutionellen Rahmens und die Einbeziehung der gesellschaftlichen Bedingungen des eigenen pädagogischen Handelns.

Die nachfolgend vorgestellten Ausbildungsträger sind Vereinigungen, die Lehrgänge mit entwickelten Curricula anbieten. Daneben gibt es einige Institutionen und Personen, die einzelne Veranstaltungen zu gestaltpädagogischen Themen anbieten. Viele AbsolventInnen und TrainerInnen von gestaltpädagogischen Lehrgängen sind darüber hinaus in der "Gestaltpädagogischen Vereinigung e.V." verbunden, die gelegentlich Tagungen veranstaltet und die Zeitschrift "Gestaltpädagogik" herausgibt. Die jeweils aktuelle Adresse des Vereinssitzes oder der Redaktion ist bei jedem der folgenden Ausbildungsinstitute zu erfahren.

5.1. Das Fritz Perls Institut (FPI)

Die gestaltpädagogische Weiterbildung am FPI hat ihren Ausgangspunkt in der von Fritz Perls entwickelten Gestalttherapie - und zwar in jener Form, wie sie durch Hilarion Petzold und seinen MitarbeiterInnen am FPI als "Integrative Therapie und Agogik" weiterentwickelt wurde.

Durch die Anregungen der amerikanischen Gestalttherapeuten George und Judith Brown, die seit 1975 ihre schulpädagogisch akzentuierte Arbeit am FPI vorstellten, wuchs unter MitarbeiterInnen und AusbildungskandidatInnen das Interesse, eine eigenständige Weiterbildung in "Gestaltpädagogik" zu begründen. Beginnend 1978 mit einem Kompakt-Curriculum, wurde ab 1982 ein vierjähriges berufsbegleitendes Curriculum angeboten und ein eigenständiger Fachbereich begründet, der von Prof. Jörg Bürmann geleitet wird.
In den jährlich neu beginnenden Weiterbildungsgruppen finden sich vorwiegend LehrerInnen aller Schularten zusammen; vereinzelt nehmen auch TheologInnen, Hochschul-LehrerInnen und DozentInnen in der Erwachsenenbildung teil. 1996 wird erstmals ein Kompakt-Curriculum "Gestaltpädagogik im außerschulischen Bereich" angeboten.

Neben gestaltpädagogischer Unterrichtsgestaltung steht die Persönlichkeitsentwicklung der TeilnehmerInnen im Zentrum der Arbeit. Es geht darum, Beziehungen zwischen Lehrenden und Lernenden zu fördern, die Sachlernen in einer guten Atmosphäre erst möglich machen. Die Arbeit in der fortlaufenden Weiterbildungsgruppe über 3 Jahre soll als Modell dafür dienen, wie "persönlich bedeutsames Lernen" möglich wird, indem persönliche und Gruppenprozesse mit Methoden- und Theorielernen verknüpft werden. Ein "Einführungs- und Entscheidungsseminar" bietet InteressentInnen und TrainerInnen die Möglichkeit der Klärung von Motivation und Belastbarkeit.

Die sich dann bildende Gruppe mit bis zu 16 TeilnehmerInnen wird während der ersten 3 Jahre mit je 5 Wochenenden von einem Trainerpaar geleitet, wobei nach 2 Jahren ein Trainerwechsel stattfindet. Im 4. Jahr bilden sich Kleingruppen für die Supervision der Unterrichtspraxis, die in verschiedenen Regionen von MitarbeiterInnen des FPI geleitet werden. Parallel zur Gruppenarbeit werden pro Jahr 2 Theorie-Praxis-Seminare mit thematischem Schwerpunkt besucht (s. Strukturplan).

Der Abschluß der Weiterbildung wird mit einer Graduierungsarbeit über ein selbstgewähltes Thema erreicht. Das anschließende Kolloquium dient den Beteiligten zur Zusammenschau des Entwicklungsprozesses und der persönlich bedeutsamen Lernerfahrungen.

Jörg Bürmann, Monika Winschermann

Kontakt-Adresse: Fritz Perls Institut, Wefelsen 5, D-42499 Hückeswagen. Telefon: 02192-8580.

Strukturplan der Weiterbildung in Gestaltpädagogik

32 Std. Einführungs- und Entscheidungsseminar

1. Jahr	2. Jahr	3. Jahr	4. u. 5. Jahr
Grundstufe	Mittelstufe		Oberstufe
360 Std. Weiterbildungs- und Selbsterfahrungsgruppe			
40 Std. Kreative Medien für Gestaltpädagogen 40 Std. Pädagog. Psychodrama	40 Std. Bewegung und Körper in der Schule 24 Std. Theorie I: Grundlagen der Gestaltpädagogik	40 Std. Beratung in der Schule 40 Std. Gestaltpädagogik als Beitrag zur Schulreform	40 Std. Unterrichtsplanung und -gestaltung 24 Std. Theorie II: Persönlichkeitsentwicklung und schulisches Lernen
		60-90 Std. Kleingruppensupervision zur Unterrichtspraxis	
		80 Std. Gestaltpädagogisches Praktikum	

5.2. Die Berliner Schulen

Gestalt-Zentrum Berlin (GZB)

Zu unserer Einrichtung

Das Gestaltzentrum Berlin (GZB) besteht seit 1976. Auf dem Hintergrund der Studentenbewegung gründeten die TherapeutInnen einen gemeinnützigen Verein auf der Grundlage basisdemokratischer Strukturen mit erheblichen Mitspracherechten der TeilnehmerInnen der Therapeutenausbildung.
1982 wurde neben der therapeutischen eine pädagogische Sektion gegründet. Seitdem bieten wir in Zusammenarbeit mit der Technischen Universität Berlin und der Diesterweghochschule der GEW eine dreijährige Fortbildungsveranstaltung in Gestaltpädagogik an. Die Beteiligung dieser drei Institutionen soll eine Verbindung persönlicher, politischer und theoretischer Aspekte gewährleisten.

1986 begannen wir mit einer Fortbildung in der DDR. Dank der Unterstützung durch kirchliche Oppositionskreise war dies schon vor der Wende möglich. 1990 gab es dann eine Fortbildung nur für LehrerInnen aus der DDR. Dieses Konzept wurde anschließend zugunsten gemischter Gruppen aufgegeben, die TeilnehmerInnen aus den neuen Bundesländern sind allerdings deutlich in der Minderheit. Zehn Gruppen haben bislang ihre Ausbildung beendet, die elfte und zwölfte Gruppe läuft und eine dreizehnte beginnt in diesem Jahr.

Während sich das TrainerInnen-Team der GestaltpädagogInnen anfangs ausschließlich aus pädagogisch orientierten GestalttherapeutInnen zusammensetzte, die an den pädagogischen Instituten der Berliner Hochschulen tätig waren, besteht das Team jetzt aus GestalttherapeutInnen und LehrerInnen mit einer abgeschlossenen Gestaltpädagogikausbildung. Das Team plant die inhaltliche und organisatorische Ausbildung. Die Verbindlichkeit zwischen TrainerInnen und TeilnehmerInnen auf der Grundlage des erarbeiteten Programms wird dabei nicht vertraglich oder als starre Regel festgelegt, sondern in (oft intensiven) Auseinandersetzungen über Ziele, Inhalte und Umsetzungsmöglichkeiten immer wieder aufs neue hergestellt. Wenn sich auch die ursprünglich basisdemokratischen Strukturen verändert haben (so gab es früher einen Ausbildungsausschuß mit TrainerInnen, "Oldies" und AusbildungsteilnehmerInnen), so fehlt doch nicht die lebendige Auseinandersetzung mit auswärtigen FremdtrainerInnen, ehemaligen AusbildungskandidatInnen und den TeilnehmerInnen, so daß unser Konzept offen ist für innovative Impulse und kontinuierliche Veränderungen durchläuft.

Aufbau der Fortbildung

An einem Lehrgang nehmen 12 bis max. 14 Personen teil, überwiegend Frauen. In der Regel kommen 2/3 der TeilnehmerInnen aus unterschiedlichen Berliner Schulen, die anderen kommen aus den verschiedensten beruflichen Bereichen: Hochschule, freie Weiterbildungsträger, Kindergarten, Sozialarbeit. Alle TeilnehmerInnen haben einen Berufsabschluß und bringen eine mehrjährige Berufserfahrung mit.

Die Fortbildung beginnt mit einem Einzelinterview jeder InteressentIn, dann nehmen alle an einem Entscheidungsseminar teil. So besteht für die BewerberInnen wie für die TrainerInnen die Möglichkeit, Motivation und Belastbarkeit zu überprüfen. die letztliche Entscheidung über die Teilnahme treffen die drei hauptverantwortlichen TrainerInnen, die die Interviews führen und das Entscheidungswochenende leiten.

Die Fortbildung umfaßt dann drei Jahre mit jeweils 8 Wochenenden pro Jahr zu je 14 Stunden, hinzu kommt in jedem Fortbildungsjahr ein Kompakttraining in einer Intensivwoche. Alle zwei Wochen (ab dem 2. Jahr vierwöchig) treffen sich die TeilnehmerInnen zu sogenannten "Peergroup"-Treffen ohne Trainer, um gestaltpädagogische Übungen zum bewußten Erleben (Awareness) oder zur Gesprächsführung zu machen. Ab dem zweiten Jahr werden Gruppen zu 3 - 4 Personen gebildet, die von einer/m SupervisorIn betreut werden, die/der auch am Arbeitsplatz hospitiert. Wechselseitge Hospitationen im Arbeitsfeld der TeilnehmerInnen sind erwünscht.

Eine hauptverantwortliche TrainerIn begleitet die Gruppe die gesamten drei Jahre. Während des ersten Jahres stehen biographische Inhalte im Vordergrund, in dieser Phase arbeitet die hauptverantwortliche TrainerIn mit einem gestalttherapeutisch ausgebildeten Teamer zusammen. Die letzten beiden Jahre sind eher berufsorientiert, hier wechselt der/die zweite TrainerIn, er/sie bringt vor allem praktische pädagogische Erfahrungen mit ein. Für jeden Lehrgang sind also drei TrainerInnen verantwortlich, hinzu kommen verschiedene FremdtrainerInnen, die Wochenenden mit Spezialthemen leiten.

Übersichtsplan zur gestaltpädagogischen Fortbildung

<table>
<tr><td colspan="2">Interview und Entscheidungsseminar</td><td></td><td></td></tr>
<tr><td>1. Jahr</td><td>Biographisch orientierte Themen:
8 Wochenenden
Intensivwoche: Die Lehrerpersönlichkeit</td><td></td><td></td></tr>
<tr><td>2. Jahr</td><td>Berufsorientierte Themen:
5 Wochenenden
Intensivwoche: Körper u. Bewegung</td><td rowspan="2">6 Spezialseminare
u.a.: Rollenspiel; TZI; Musik, Sprache u. Bewegung; Theorie; Gesprächsführung; ursprüngliches Malen</td><td rowspan="2">Supervision und Hospitation:
12 Supervisionen á 3 Stunden; Besuch am Arbeitsplatz</td></tr>
<tr><td>3. Jahr</td><td>Berufsorientierte Themen:
5 Wochenenden
Intensivwoche: Gestaltpädagog. Projekte</td></tr>
<tr><td colspan="4">zweiwöchentlich Peergrouptreffen (ab dem 2. Jahr vierwöchentlich)</td></tr>
</table>

Kontaktadresse: Gestalt Zentrum Berlin - Geschäftsführung:
Wilfried Silbernagel, Pohlstr. 73, D-10785 Berlin,
Tel. 030-261 26 92

Institut für Gestalttherapie und Gestaltpädagogik e.V.

IGG Berlin

Das Institut für Gestalttherapie und Gestaltpädagogik (IGG) wurde 1982 von damals acht Gestalttherapeuten und Gestaltpädagogen als Ausbildungsinstitut in Berlin gegründet. Es ist ein als gemeinnützig anerkannter, von staatlichen und anderen Institutionen unabhängiger Verein schwerpunktmäßig in Berlin, Hamburg und Zürich tätig. Wir führen Weiterbildungslehrgänge in Gestalttherapie, Gestaltpädagogik, Gestalt-Kinder- und -Jugendlichentherapie, Gestaltberatung und Gestalt-Organisationsberatung durch.

Die gestaltpädagogischen Weiterbildungen werden geleitet und durchgeführt von einem festen Team, dem die Lehrerin und Gestalttherapeutin Susanne Zeuner, der Pädagoge/Soziologe und Gestalttherapeut Prof.Dr.Detlev Knopf und der Organisationsberater und Gestalttherapeut Dr. Wolfgang Loos angehören. Wir waren und sind haupt- und freiberuflich selbst in der pädagogischen Praxis engagiert. Unterstützt werden wir durch einen festen Kreis kontinuierlich mit uns zusammenarbeitender GestalttherapeutInnen mit psychologischem und pädagogischem Hintergrund, die im Rahmen der Weiterbildung gestalttherapeutische Selbsterfahrung anbieten.

Seit 1983 haben wir dreiundzwanzig Gruppen in Gestaltpädagogik ausgebildet, davon sechzehn in Berlin. Unsere Weiterbildungen richten sich an das ganze Spektrum pädagogisch Tätiger (LehrerInnen, (Sozial)pädagogInnen, SozialarbeiterInnen, ErzieherInnen, ErwachsenenbildnerInnen u.a.).
Gestaltpädagogik verstehen wir als Gestaltarbeit im pädagogischen Feld, nicht in erster Linie als eine Variante der Schulpädagogik. Dem entspricht, daß in den Weiterbildungsgruppen genuin pädagogische Probleme aus allen diesen Praxisfeldern zum Thema werden können: eine gute Gelegenheit, kollegial und fachlich voneinander zu lernen. Pro Gruppe nehmen wir nach einem sorgfältigen - beidseitigen - Kennenlern- und Entscheidungsprozeß maximal 13 Personen auf.

Unsere Weiterbildung soll den TeilnehmerInnen ermöglichen, wieder in einen intensiven Prozeß der Selbst-Bildung einzutreten, bildungsbiographische Entscheidungen zu überprüfen, pädagogische Kompetenzen zu erweitern und neue berufliche Herausforderungen anzunehmen. Gestaltpädagogische Erfahrungen "am eigenen Leibe" werden in ihren (Aus-)Wirkungen auf die Lebens- und Lerngeschichte und die berufliche Praxis bearbeitet: z.B. Beziehungen zu SchülerInnen, TeilnehmerInnen, KollegInnen, Institutionen; Auswirkungen der Arbeitssituation auf die private Existenz; Fragen der persönlichen, professionellen und politischen Identität.

Die dreijährige Weiterbildung besteht aus jährlich sechs Wochenend- und einem Blockseminar, die von den drei Gestaltpädagogen geleitet werden, regelmäßiger kollegialer Gruppenarbeit in zweiwöchigem Rhythmus (ohne Trainer) und - durchgängig - gestalttherapeutischer Selbsterfahrung (ca.. 3O Abendsitzungen pro Jahr) in der Gruppe. Im dritten Jahr kommt eine intensive Kleingruppenarbeit hinzu, die die Entwicklung individueller Abschlußprojekte begleitet.

In den Wochenend- und Blockseminaren wird kontinuierlich gestaltpädagogisch gearbeitet, so daß die spezifischen Herangehensweisen, Prinzipien, Arbeitsformen und Perspektiven des Gestaltansatzes im pädagogischen Feld erfahren werden können.

Thematische Schwerpunkte sind u.a.:

- Lebensgeschichten (Blockseminar)
- Gestalttherapeutische Arbeit mit der eigenen Biographie/Reflexion über die Beziehungsstrukturen und Lernmuster aus der Herkunftsfamilie
- Körper- und Bewegungsarbeit

- die Klärung von Werten und die Entwicklung von Fähigkeiten, sich gemäß den eigenen Wertvorstellungen einzumischen

- die Aufdeckung von Autoritätsstrukturen inder Auseinandersetzung mit 'Autoritäten' und im Umgang mit der eigenen Autorität

- Theoretische Grundlagen gestaltorientierter Arbeit: Figur/Grund, Kontaktzyklus, Kontaktfunktionen (Blockseminar)

- Zum Konzept des 'Widerstandes' in der Gestaltpädagogik

- Erklärungsansätze von gruppendynamischen Prozessen und Reflexion des 'Lernklimas' in der eigenen Weiterbildungsgruppe

- Rollenspiel: die Erarbeitung der methodischen Grundlagen beim Einsatz von Rollenspiel in Lerngruppen und die Wahrnehmung eigener Rollenmöglichkeiten und -begrenzungen , um diese per 'Experiment im geschützten Raum' auszuweiten

- Handeln in Institutionen: Die TeilnehmerInnen setzen sich mit ihren Handlungsmöglichkeiten in der Institution auseinander (Blockseminar):

  1. .Lernfeld 'Berufsrolle': die Berufsrolle als Bindeglied zwischen Person und Institution

  2. Lernfeld 'Institution': institutionelle Grundmuster klassischer Non-Profit-Einrichtungen werden untersucht

  3. Lernfeld 'Persönliche Strategie': Untersuchung bisheriger Strategien im Umgang mit Macht, Regeln und den normierten Verhaltenserwartungen der Institution (mögliche Ausweitung bis hin zur bewußten Übernahme von Leitungsfunktionen oder auch Verlassen der Institution)

Weitere Themen werden von der Gruppe ihren jeweiligen Interessen entspechend bearbeitet: z.B. Arbeit mit Kreativ-Medien, der rezeptive und produktive Umgang mit Texten, Beratung, pädagogische Diagnostik werden in die gestaltpädagogische Arbeit integriert.

Detlev Knopf, Wolfgang Looss und Susanne Zeuner

Kontaktadresse:
IIG
Wielandstraße 43
D-12159 Berlin
Tel.: 030-8593030

5.3. Institut für Integrative Gestaltpädagogik und Seelsorge (IIGS)

In den siebziger Jahren begannen Religionspädagogen und -pädagoginnen rund um den Grazer Univ.Prof. Albert Höfer sich zunehmend um eine stärkere Einbeziehung psychotherapeutischer Verfahren in den Religionsunterricht und in die Aus- und Fortbildung von ReligionslehrerInnen zu bemühen. Besonders befruchtend erwies sich die Einbeziehung der Integrativen Gestalttherapie und Gestaltpädagogik. Einige von ihnen absolvierten eine gestalttherapeutische Ausbildung, sahen aber weiterhin ihren Arbeitsschwerpunkt im pädagogischen Bereich bzw. in der Seelsorge. Bald entwickelten sie Konzepte für gestaltpädagogische LehrerInnenfortbildungen bzw. Fortbildungen für die pastorale Arbeit auf der Basis gestaltpädagogischer Selbsterfahrung und einer biblisch fundierten Anthropologie.

1983 gründeten diese den Verein "Institut für Integrative Gestaltpädagogik und Seelsorge", um die Arbeit auf eine gesicherte Basis zu stellen bzw. den Absolventen dieser Fortbildungskurse eine Vernetzung und weitere Möglichkeiten der Fortbildung zu bieten. Der Verein orientiert sich in seiner Arbeit an der Spiritualität der biblischen Botschaft und bezweckt das Studium, die Vermittlung und die Verbreitung und Weiterentwicklung der Integrativen Gestaltpädagogik und einer psychagogisch orientierten christlichen Religionspädagogik, christliche Lebens- und Sozialberatung und Seelsorge.
Zahlreiche Veröffentlichungen, Unterrichtskonzepte (Gestaltkatechese), Lehrbücher und praktische Handreichungen für den Religionsunterricht bzw. für die Seelsorge sind aus dieser Arbeit hervorgegangen (siehe auch die Literaturliste in diesem Buch).

In den letzten Jahren hat sich die Arbeit und die Mitgliederzahl so vervielfacht, daß im angrenzenden deutschen Sprachraum eigene "Tochterinstitute" gegründet wurden. Deutschland: "Institut für ganzheitliche Pädagogik und Seelsorge (IGPS) Rheinland-Pfalz-Saarland e.V." und "Institut für Gestaltpädagogik in der Schule, Seelsorge und Beratung - Bayern e.V. (IGB)"
Schweiz: "Arbeitsgemeinschaft für Integrative Gestaltpädagogik und Seelsorge". Weiters gibt es Kontakte bzw. Kursangebote in Polen und Slowenien.

Die **Arbeit und das Angebot unseres Institutes** umfaßt zwei- bis dreijährige **Grundkurse "Integrative Gestaltpädagogik** und **heilende Seelsorge"** und **Fortbildungsseminare** für Mitglieder, die einen Grundkurs abolviert haben und sich in spezielle Inhalte und Methoden vertiefen wollen, die ihr jeweiliges Berufsfeld betreffen. Die Kurse und Veranstaltungen werden zum Teil von öffentlichen und von kirchlichen Veranstaltern (Pädagogische Institute, Religionspädagogische Institute der einzelnen Diözesen, Ordensgemeinschaften, Bildungseinrichtungen u.ä.) mitgetragen.

Da gestaltpädagogischer Unterricht bzw. Seelsorge und Begleitung von Menschen als intersubjektiver Kontaktprozeß gesehen wird, ist die personale Kompetenz des Lehrers/der Lehrerin bzw. des Seelsorgers/der Seelsorgerin von besonderer Bedeutung. Daher steht auch diese im Mittelpunkt der Arbeit in den Seminaren.

Der **"Grundkurs: Integrative Gestaltpädagogik und heilende Seelsorge"** umfaßt ca. 33 Tage, die in Blöcken von drei bis sechs Tagen innerhalb von zwei bis drei Jahren durchgeführt werden. Es wird gemeinsam in einer **Gruppe** gearbeitet, die ca. 16 TeilnehmerInnen umfaßt und von zwei TrainerInnen begleitet wird. Großteils wird in zwei parallelen Gruppen gearbeitet, um zwischendurch auch das Großgruppensetting nutzen zu können. Praktische Basis ist die **Selbsterfahrung**. Es werden die Begegnung mit sich selbst und den anderen in der Gruppe gefördert und so die eigenen Möglichkeiten und Grenzen sichtbar. Die TeilnehmerInnen erleben Situationen des Unterrichts, der Begleitung und Beratung, indem sie sich selbst auf diesen Prozeß einlassen, ihn durcharbeiten und eigene Kräfte und Lösungsmöglichkeiten entdecken. Phasen der Reflexion bieten theoretische Einsicht und Integration des Erfahrenen. Die Gruppe wird zum schützenden, stützenden, aber auch konfrontierenden Raum des persönlichen Wachstums und der Erweiterung der personalen und fachlichen Kompetenz.

Der Kurs hat zum **Ziel**, neben der **personalen, pädagogischen** und **sozialen** auch die **religiöse Kompetenz** (Vertiefung religiöser Erfahrung und theologischer Einsicht) der TeilnehmerInnen im Bereich der Pädagogik und der Pastoral zu fördern und zu erweitern:

Thematische Schwerpunkte und Inhalte des Grundkurses:

a) Selbsterfahrung:
- individuelle Lebensgeschichte und Persönlichkeitsbildung
- Auseinandersetzung mit den Erfahrungen in der Ursprungsfamilie
- Leibarbeit

-Beziehungsmuster, Geschlechtsrolle und Sexualität
- Konfliktstrategien und Konfliktlösungen
- Umgang mit Gruppenprozessen
- Entfaltung des eigenen kreativen Potentials

b) Gestaltpädagogische Kompetenz:
- Theorie und Praxis der Integrativen Gestalt pädagogik
- Grundlagen einer heilenden Seelsorge und Beratung (Theorie und Praxis)
- Begleitung in Krisensituationen und lösungsorientiertes Handeln
- Förderung der fachlichen Kompetenz in den verschiedenen Berufsfeldern der TeilnehmerInnen

c) Religiöse Kompetenz:
- Entwicklung des Glaubens (Quellen und Ressourcen)
- Gottesbilder und Glaubensgeschichte im Lebensplan
- Umgang mit Schuld
- biblische Gestalten als Hoffnungsbilder
- Einübung von religiösen Haltungen.

Kontaktperson:
Prof. Hans Neuhold, Obmann des IIGS
Hönigtal 48, A-8301 Kainbach

Institutsadresse: Institut für Integrative Gestaltpädagogik und Seelsorge
A-8047 Graz, Postfach 13

5.4. Gestaltpädagogik Österreich

Nach ersten Versuchen seit 1988 schlossen sich 1990 zehn österreichische GestalttherapeutInnen, die einen ihrer Schwerpunkte in der pädagogischen Arbeit sahen, zum Verein **"Gestaltpädagogik Österreich - GPÖ"** zusammen. Sie entwarfen ein zweijähriges Curriculum für Personen aus Schule, Erwachsenenbildung, Heim, Kindergarten, Jugend- und Sozialarbeit. Zusammen mit der **"Arbeitsgemeinschaft für Gruppenberatung - AGB"**, die langjährige Erfahrungen mit außerschulischen Praxisfeldern einbrachte, wurden inzwischen ca. 20 Lehrgänge abgeschlossen, teilweise in Kooperation mit Pädagogischen Instituten der Bundesländer.
Auch mit dem Südtiroler Pädagogischen Institut wurden bereits Lehrgänge für LehrerInnen und Kindergärtnerinnen durchgeführt.

Im Zentrum des Lehrgangs steht die Entwicklung der Persönlichkeit der einzelnen TeilnehmerInnen, die im Prozeß der Gruppe und in den begleitenden Einzelseminaren eine Stärkung ihrer kommunikativen, methodischen und politischen Kompetenz erlangen sollen. In einer Lehrgangsgruppe nehmen etwa 16 Personen teil, die berufliche Zusammensetzung ist recht bunt; sie reicht vom Heimleiter über die Seniorenbetreuerin bis zum Berater im Arbeitsamt. Immer wieder betonen TeilnehmerInnen, wie wichtig und konstruktiv für sie diese berufliche Mischung ist. Nur an den Kursen der Pädagogischen Institute nehmen ausschließlich LehrerInnen teil.

Aufbau des Lehrgangs

Jeder Lehrgang wird von **zwei TrainerInnen** begleitet; es hat sich auch als günstig erwiesen, zwei Lehrgangsgruppen nebeneinander zu führen, weil so fallweise das Großgruppensetting genutzt werden kann.

In einem **Einführungsseminar** lernen die InteressentInnen die Art gestaltpädagogischen Arbeitens kennen und können entscheiden, ob sie sich auf einen längeren Prozeß einlassen wollen. Auch die TrainerInnen klären ab, ob ein Lehrgang das richtige Angebot für den Einzelnen ist.

Die zehn Lehrgangswochenenden haben thematische Schwerpunkte (z.B. individuelle Lerngeschichte, Ansprüche und Normen, Autorität, Macht-Ohnmacht...), diese stehen aber nicht fest, die Bedürfnisse der Gruppe gestalten den prozeßhaften Verlauf mit. Theoriefragen werden laufend in den Prozeß integriert, aber auch in einem eigenen Seminar zusammenfassend diskutiert.

Zu den 10 Wochenendseminaren kommen noch **vier längere Spezialseminare** (Theorie der Gestaltpädagogik, Kreative Selbsterfahrung, Gestaltung von Gruppenprozessen u.a.). Diese werden während der Kursdauer mehrmals für alle laufenden Lehrgänge und auch für andere Interessierte angeboten, so daß die TeilnehmerInnen in diesen Seminaren auf neue Gesichter stoßen bzw. auch andere LeiterInnen als Modell erleben. Fallweise wird auch die Teilnahme an Seminaren vergleichbarer Ausbildner angerechnet.

Ein Praxisbericht, der eine eigene gestaltpädagogische Arbeit dokumentiert, schließt die Fortbildung ab und ist die letzte Voraussetzung zur **Erlangung des Zertifikats.**

Weiterführungen

Als Fortsetzung des zweijährigen Lehrgangs hat das TrainerInnenteam Curricula für Speziallehrgänge entwickelt, die den unterschiedlichen beruflichen Schwerpunkten der einzelnen TeilnehmerInnen Rechnung tragen und ebenfalls ca. zwei Jahre dauern, z.B. Beratung, Leitung und Management.

Veränderungen und Weiterentwicklungen sind laufend im Gang.

Kontaktpersonen sind die Autoren dieses Buches.

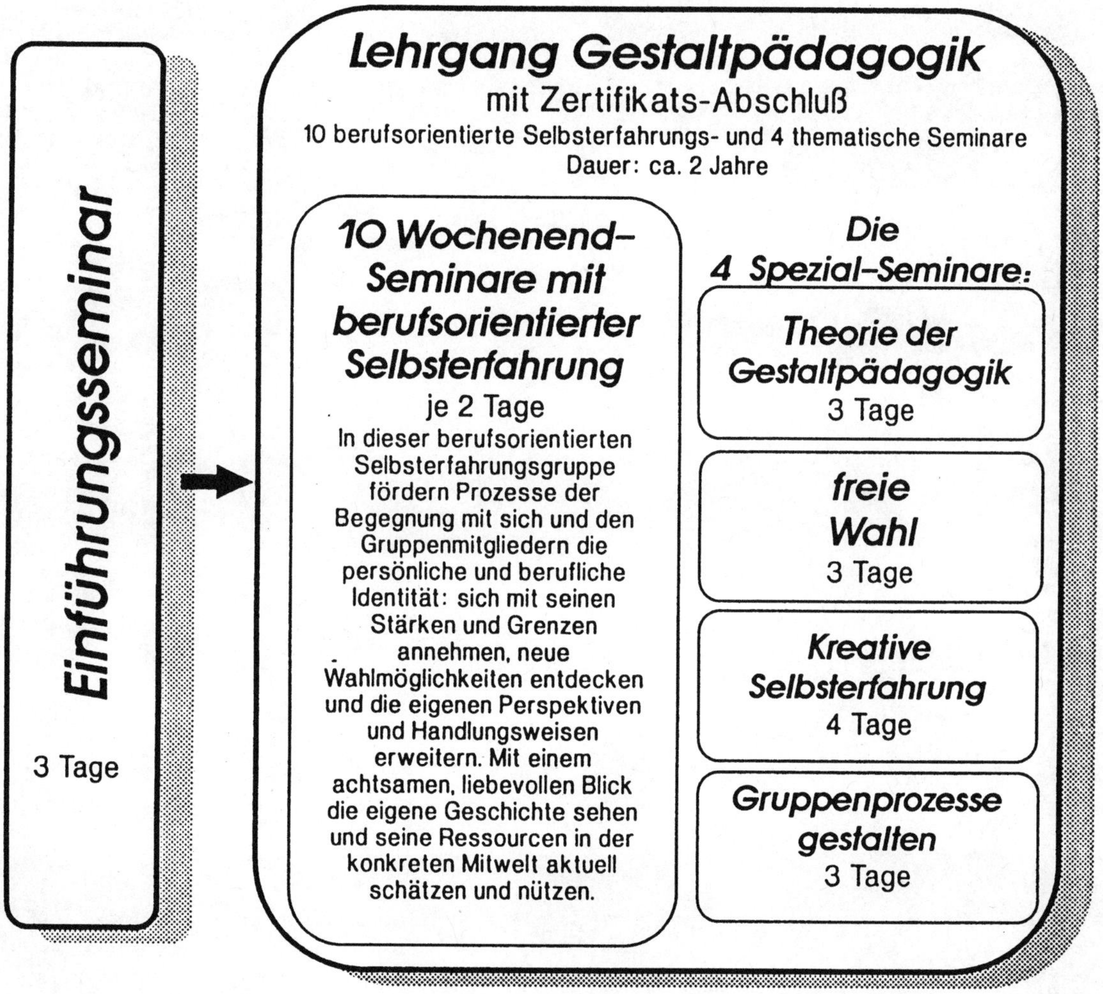
Einführungsseminar
3 Tage
Lehrgang Gestaltpädagogik
mit Zertifikats-Abschluß
10 berufsorientierte Selbsterfahrungs- und 4 thematische Seminare
Dauer: ca. 2 Jahre
10 Wochenend-Seminare mit berufsorientierter Selbsterfahrung
je 2 Tage
In dieser berufsorientierten Selbsterfahrungsgruppe fördern Prozesse der Begegnung mit sich und den Gruppenmitgliedern die persönliche und berufliche Identität: sich mit seinen Stärken und Grenzen annehmen, neue Wahlmöglichkeiten entdecken und die eigenen Perspektiven und Handlungsweisen erweitern. Mit einem achtsamen, liebevollen Blick die eigene Geschichte sehen und seine Ressourcen in der konkreten Mitwelt aktuell schätzen und nützen.
Die 4 Spezial-Seminare:
Theorie der Gestaltpädagogik
3 Tage
freie Wahl
3 Tage
Kreative Selbsterfahrung
4 Tage
Gruppenprozesse gestalten
3 Tage

Liebe Leserin, lieber Leser!

Wir sind nun am Ende des Buches angelangt ... und wie geht's weiter?

Der Buchtitel heißt "**Das ist** Gestaltpädagogik" und das kann nur bedeuten: "Das ist **jetzt** Gestaltpädagogik". Jedes Konzept ist ein Kind seiner Zeit.

Wir können nicht vorwegnehmen, was eine Weiterentwicklung in der Pädagogik bringen wird, da kommen viele unbestimmbaren Faktoren wie ökonomische, ökologische, politische Entwicklungen dazu. Wir können aber benennen, was wir als Impulse zur Weiterentwicklung in der Gestaltpädagogik wahrnehmen, und wir können sagen, was wir uns als Weiterentwicklung wünschen:

* **Die organisatorischen Rahmenbedingungen noch mehr zu beachten** bringt Verstärkung. Dazu gehört vor allem auch die Mitarbeit bei Organisationsentwicklungs-Projekten. Da gibt es neue Kooperationsformen, z.B. neue organisationsinterne Fortbildungsmodelle und natürlich Supervision. In Österreich verbergen sich etwa hinter der von oben verordneten "Schulautonomie" auch echte Möglichkeiten für Weiterentwicklungen im gestaltpädagogischen Sinn. Und gemeinsam auch organisatorisch etwas bewegt zu haben, bringt viel zusätzliche persönliche Kraft.

* **GestaltpädagogInnen können selbstbewußt auftreten,** heraus aus dem "Rechtfertigungseck". Da gibt es inzwischen unübersehbare gesellschaftliche Trends, die ihnen Rückenwind geben. Nicht die, die Kooperation, Kreativität und Lernfreude fördern wollen, müssen sich rechtfertigen, sondern diejenigen, die stumpfsinnig an unbrauchbaren Leistungsklischees kleben. Kreativität z.B. ist nicht weniger, sondern mehr Leistung als Auswendiglernen. Tendenzen zu solcher Neuorientierung und Unterstützung für Konzepte, wie sie in diesem Buch dargestellt werden, sind bis in höchste Amtsstuben und natürlich in vielen Bereichen der Wirtschaft spürbar, auch wenn es verfehlt wäre, hier in generellen Optimismus zu verfallen.
Kritisches Selbstbewußtsein ohne Berührungsängste auch bei politischen Kooperationen scheint uns wünschenswert und realistisch.

René Reichel Eva Scala

Literaturliste

Bach, G., Goldberg, H. (1981):
Keine Angst vor Aggression. Fischer, Frankfurt a.M.

Boal, Augusto (1989):
Theater der Unterdrückten. Suhrkamp, Frankfurt a.M.

Brooks, Charles (1979):
Erleben durch die Sinne (sensory awareness).
Junfermann, Paderborn.

Brown, G./Petzold, H.G. (1978):
Gefühl und Aktion. Flach, Frankfurt a.M.

Buddrus, Volker (Hrg., 1995):
Humanistische Pädagogik. Klinkhardt, Bad Heilbrunn.

Bürmann, Jörg (1992):
Gestaltpädagogik und Persönlichkeitsentwicklung.
Klinkhardt, Bad Heilbrunn.

Bürmann, Jörg (1993):
Gestaltpädagogik - Weiterbildung für Lehrende. In: Petzold/Sieper (1993):
Integration und Kreation. A.a.O.

Burow, O.A./Scherpp, K. (1981):
Lernziel: Menschlichkeit. Kösel, München.

Burow/Quitmann/Rubeau (1987):
Gestaltpädagogik in der Praxis. Otto Müller, Salzburg.

Burow, O.A. (1988):
Grundlagen der Gestaltpädagogik. verlag modernes lernen,
Dortmund.

Burow, O.A./Kaufmann, H. (1991):
Gestaltpädagogik in Praxis und Diskussion.
Hochschule der Künste, Berlin.

Burow, O.A. (1993):
Gestaltpädagogik. Trainingskonzepte und Wirkungen.
Junfermann, Paderborn.

Cohn, Ruth (1981):
Von der Psychoanalyse zur themenzentrierten Interaktion. Klett-Cotta, Stuttgart.

Czikszentmihalyi, M. (1993):
Flow. Das Geheimnis des Glücks. Klett-Cotta, Stuttgart.

Dufeu, Bernard (1996):
Wege zu einer Pädagogik des Seins. Edition Psychodramaturgie, Mainz.
Zu beziehen bei: Centre Psychodramaturgie,
Rilke Allee 187, D-55127 Mainz.

Fatzer, Gerhard (1987):
Ganzheitliches Lernen. Junfermann, Paderborn.

Fuhr, R., Gremmler-Fuhr, M. (1988):
Faszination Lernen. Transformative Lernprozesse im Grenzbe-reich von Pädagogik und Psychotherapie. Edition Humanistische Psychologie, Köln.

Fuhr, R., Gremmler-Fuhr, M. (1995):
Gestalt-Ansatz. Grundkonzepte und -modelle aus neuer Perspektive. EHP, Köln.

Groddeck, Norbert (1991):
Lernen im "Flow": Zur pädagogischen Bedeutung meditativer Lernformen. In: Burow/Kaufmann: Gestaltpädagogik in Praxis und Theorie. Hochschule der Künste, Berlin.

Gudjons, H. u.a. (1986):
Auf meinen Spuren. Das Entdecken der eigenen Lebensgeschichte. rororo 8304, Reinbek.

Höfer, A./Thiele, J. (1982):
Spuren der Ganzheit. Pfeiffer, München.

Höfer, A. u.Mitarb. (1982):
Gestalt des Glaubens. Pfeiffer, München.

Jonas, Hans (1984):
Das Prinzip Verantwortung. Suhrkamp, Frankfurt/Main.

Kägi-Romano, Urs und Damaris (1993):
Schul-Leben/Lebens-Schule. Innenansicht der Demokratisch-kreativen Schule. Zytglogge, Bern.

Klaushofer, J. (1991):
Gestalt, Ganzheit und heilsame Begegnung im Religionsunterricht. Otto Müller, Salzburg.

Luca, R./Winschermann, M. (1995):
Gestaltpädagogik - Die Wiederentdeckung des Nicht-Machbaren. In: Buddrus, V.: Humanistische Pädagogik.

Macy, J. (1994):
Die Wiederentdeckung der sinnlichen Erde. Theseus, Zürich.

Orth, Ilse, Petzold, H.G. (1993a):
Zur "Anthropologie des schöpferischen Menschen". In: Petzold/Sieper (1993): a.a.O., S. 93-116.

Orth, Ilse, Petzold, H.G. (1993b):
Beziehungsmodalitäten - ein integrativer Ansatz für Therapie, Beratung, Pädagogik. In: Petzold/Sieper (1993): a.a.O., S. 117-124.

Perls, Fritz, u.a. (1951):
Gestalttherapie. Lebensfreude und Persönlichkeitsentfaltung. Klett-Cotta, Stuttgart.

Perls, Fritz (1976):
Grundlagen der Gestalttherapie. Pfeiffer, München.

Petzold, H.G./Brown, G. (1977):
Gestaltpädagogik. Pfeiffer, München.

Petzold, H.G., Orth, I. (1990):
Die neuen Kreativitätstherapien. 2 Bände. Junfermann, Paderborn.

Petzold, H.G., Sieper, Johanna (Hrg., 1993):
Integration und Kreation. 2 Bände. Junfermann, Paderborn.

Petzold, H.G. (1993):
Integrative Therapie. 3 Bände. Junfermann, Paderborn.

Petzold, H.G. (1993a):
Das Ko-respondenzmodell als Grundlage der Integrativen Therapie und Agogik. In: Integrative Therapie. Junfermann, Paderborn, S. 19-90.

Petzold, H.G. (1993b):
Gestalt und Rhizom. Postmoderne Marginalien zu Einheit und Vielfalt. In: Integrative Therapie. Junfermann, Paderborn, S. 397ff.

Plattner, M., Reichel, R., Gumplmaier, H. (1996):
Arbeit macht das Leben... Lebenslange Berufsorientierung. Bohmann, Wien

Portele, H. (1992):
Der Mensch ist kein Wägelchen. EHP, Köln

Praxisberichte sind Abschlußarbeiten von TeilnehmerInnen an Gestaltpädagogik-Lehrgängen. Nähere Infos dazu bei den Autoren.

Prengel, A. (1983):
Gestaltpädagogik. Therapie, Politik und Selbsterkenntnis in der Schule. Beltz, Weinheim.

Rabenstein, R., Reichel, R. (6.Aufl. 1993):
Großgruppen-Animation. Lernen und Spielen in großen Gruppen. Ökotopia, Münster.

Rabenstein, R., Reichel, R., Thanhoffer, M. (Neub. 1995):
Das Methoden-Set
5 Bücher für Referenten und Seminarleiter. Ökotopia, Münster.

Rahm, D. u.a. (1993):
Einführung in die Integrative Therapie. Junfermann, Paderborn.

Reichel, Gusti (1989):
Lebendig statt brav. Ökotopia, Münster.

Reichel, René (1983):
Methoden der Jugendarbeit. Die Jugend 1/83, Wien.

Reichel, René (1987):
Spielpädagogik. Ökotopia, Münster.

Reichel, R., Rabenstein, R. (1979):
Teamarbeit. AGB-Heft 5, Linz.

Rogers, Carl (1974):
Lernen in Freiheit. Kösel, München.

Rogers, Carl (1984):
Freiheit und Engagement. Personenzentriertes Lehren und Lernen. Kösel, München.

Scala, Eva (1990):
Das Modellschulbuch. Leycam, Graz.

Scala, Eva (1992):
Gestaltpädagogik. Warum gibt es eine Gestaltpädagogik? In: Krisch/Ulbing (Hrg.): Zum Leben finden. Edition Humanistische Psychologie, Köln.

Schmölz, Irene (1992):
Gestaltpädagogische Intervention im Rahmen der Aus- und Weiterbildung von AHS-LehrerInnen. Phil.Diss., Uni Wien.

Sieper, J., Petzold, H.G. (1993):
Integrative Agogik - ein kreativer Weg des Lehrens und Lernens. In: Petzold, Sieper (1993): a.a.O., S. 359-370.

Stevens, John O. (1975):
Die Kunst der Wahrnehmung. Chr.Kaiser, München.

Suzuki, D.T. (1972):
Über Zen-Buddhismus. In: Fromm, E.: Zen-Buddhismus und Psychoanalyse. Suhrkamp, Frankfurt am Main.

Svoboda, Ursula (1987):
Gestaltpädagogik - Eine Möglichkeit persönlich bedeutsamen Lernens in der Musik- und Tanzerziehung. Phil.Diss., Universität Salzburg.

Teml, Hubert (1990):
Gestaltpädagogik in der schulischen Praxis. Beiheft zur Video-Dokumentation der "Demokratisch-kreativen Schule" Schweiz. PädAk der Diözese Linz.

Teml, Hubert (1991):
Entspannt lernen. Veritas, Linz.

Teml, H., Teml, H. (1991):
Komm mit zum Regenbogen. Phantasiereisen für Kinder und Jugendliche. Veritas, Linz.

Thanhoffer, M./Reichel, R./Rabenstein, R. (1992):
Kreativ Unterrichten. Ökotopia, Münster.

Vester, F. (1975):
Denken, Lernen, Vergessen. DVA, Stuttgart.

von Foerster, H. (1993):
Wissen und Gewissen. Versuch einer Brücke. Suhrkamp, Frankfurt a.M.

Winnicott, D.W. (1983):
Vom Spiel zur Kreativität. Klett Cotta, Stuttgart.

Wolf, Werner (1989):
Die Medien, das sind wir selbst. rororo Sachbuch 8505, Reinbek.

Zeuner, S. (1990):
"Jetzt bin ich fünfzehn und denke nach..." In: Pädagogik 5/90, S. 17-23, Pädagogische Beiträge Verlag, Hamburg.

Zinker, Joseph (1984):
Gestalttherapie als kreativer Prozeß. Junfermann, Paderborn.

Unser Team

ReferentInnen und TrainerInnen der AGB

Lisa Kolb,
A-1070 Wien, Neubaugasse 51/1/10,
Tel/Fax: 01/524 45 01
DSA, Körpertherapeutin (Radix, Zenbodytherapie) und Trainerin für interaktive Theaterpädagogik (nach Boal) und kreative Gruppenarbeit.

Dr. Michael Thanhoffer,
A-1140 Wien, Waidhausenstraße 13,
Tel: 01/ 914 10 51, Fax:01/ 914 10 53.
Trainer für Kreativität u. Kommunikation. Moderator, Berater, Buch-Autor. Spezielle Themen: Trainingsqualität, Kreativität, Spielend Trainieren, Animation, Projekte und Veranstaltungen gestalten.

Paul Lahninger,
A-5020 Salzburg, Süßmayerstraße 20,
Tel: 0662/824 777, Fax:+4.
Lehr-Trainer für Moderatorinnen und Trainer an der Wirtschaftskammer Salzburg, in Hochschullehrgängen und im Ausbildungsinstitut AGB. Psychotherapeut, Berater für Personal- und Teamentwicklung, Konfliktmanagement, Autor.

Toni Wimmer,
A-2392 Sulz 154/3/2,
Tel: 02238/84 29 , Fax: 02238/88 85
Sozialpädagoge, Supervisor (ÖVS), Einzel- Paar- und Teamberatung, Systemischer Familientherapeut. Trainer für Spielpädagogik & Animation, Team- und Gruppenarbeit.

Reinhold Rabenstein,
A-4040 Linz, Kleinstraße 36,
Tel/Fax: 0732/750 540
Trainer für kreatives ganzheitliches Lernen, Gestaltpädagogik. Berater für Team- und Organisationsentwicklung-OE. Supervisor. Psychotherapeut:Systemische- u. Gestalt-Therapie.

Dr. Bernhard Weiser,
A-6130 Schwaz, Hußlstraße 56,
Tel: 05242/667 382, Fax: 667 384.
Trainer für Integrative Tanzpädagogik, Integrative Bewegungstherapie und kreatives Lernen. Lehrerausbildner an der Uni-Innsbruck. Klinischer Psychologe, Psychotherapeut

Dr. René Reichel,
A-3105 St. Pölten, Radlberger Hauptstr. 27, Tel/Fax: 02742/363 574.
Psychotherapeut, Supervisor, Lehrer an der Sozialakademie, Trainer für Gestaltpädagogik und kreative Gruppenarbeit, Lehrtherapeut und Lehrsupervisor. Buch-Autor.

Professor E.,
Lehr-Trainer für ganzheitlichen Ausdruck und spielerische Lebensqualität, Animateur und Zuhörer. Senior-Mitglied des Material-Staffs, Experte für Trainer-Materialien im Shop:

AGB-Shop

Bücher - Spiele - Jonglieren - Animationsmaterial.
Versand & Verleih
A-1140 Wien, Waidhausenstr. 13.
Tel: 01/ 914 10 51, Fax:01/ 914 10 53.
Im Internet: www.agbshop.at

AGB

für Seminare und Lehrgänge, Moderation und Begleitung,
Supervision und Beratung,
Aktion, Animation und Gestaltung von Veranstaltungen.

Kompetenz. Kreativ. Entfalten.

Ökotopia Spiele- und Buchversand

Der Fachversand für umwelt- und spielpädagogische Materialien

Fordern Sie unser kostenloses Versandprogramm an:

Ökotopia Verlag
Hafenweg 26
D-48155 Münster
Tel.: (02 51) 66 10 35 · Fax: 6 38 52

Kinder spielen Geschichte

Im KIGA, Hort, Grundschule, Orientierungsstufe, offene Kindergruppen, bei Festen und Spielnachmittagen

Die erfolgreiche Reihe aus dem Ökotopia Verlag

G. + F. Baumann
Mit Mammut nach Neandertal
Kinder spielen Steinzeit

ISBN: 3-925169-81-4

G. + F. Baumann
ALEA IACTA EST
Kinder spielen Römer

ISBN: 3-9321902-24-2

J. Sommer
OXMOX OX MOLLOX
Kinder spielen Indianer

ISBN: 3-925169-43-1

B. Schön
Wild und verwegen übers Meer
Kinder spielen Seefahrer und Piraten

ISBN (Buch): 3-931902-05-06
ISBN (MC): 3-931902-07-2
ISBN (CD): 3-931902-08-0

P. Budde + J. Kronfli
Fliegende Feder
Indianische Kultur in Spielen, Liedern, Tänzen und Geschichten

Box incl. CD 3-931902-26-9
CD 3-931902-23-4
Indianerpuppe Avyleni 3-931902-27-7

Hoffmann - Pieper
Das große Spectaculum
Kinder spielen Mittelalter

ISBN: 3-925169-78-4

Auf den Spuren fremder Kulturen

M. Rosenbaum - A. Lührmann-Sellmeyer
PRIWJET ROSSIJA
Spielend Rußland entdecken

ISBN: 3-931902-33-1

G. Schreiber – P. Heilmann
Karibuni Watoto
Spielend Afrika entdecken

ISBN (Buch): 3-931902-11-0
ISBN (MC): 3-931902-13-7
ISBN (CD): 3-931902-12-9

Miriam Schultze
Sag mir wo der Pfeffer wächst
Spielend fremde Völker entdecken
Eine ethnologische Erlebnisreise für Kinder

ISBN: 3-931902-15-3